10|18
12, avenue d'Italie – Paris XIIIe

Du même auteur
dans la collection 10/18

LA MALÉDICTION DES HALLMAN, n° 2145
UN REGARD D'ADIEU, n° 2464
L'HOMME CLANDESTIN, n° 2465
LA BELLE ENDORMIE, n° 2516
LE SANG AUX TEMPES, n° 2517
BLACK MONEY, n° 2535
LA MINEURE EN FUGUE, n° 2572

LA FACE OBSCURE DU DOLLAR

PAR

ROSS MACDONALD

Traduit de l'américain
par Michel DEUTSCH

10 18

« Grands Détectives »
dirigé par Jean-Claude Zylberstein

Si vous désirez être régulièrement tenu au courant
de nos publications, écrivez-nous :
Éditions 10/18
12, avenue d'Italie
75627 Paris Cedex 13

Titre original :
The Far Side of the Dollar

ISBN 2-264-02233-7

1

On était au mois d'août et la pluie avait surpris tout le monde. Le terme de pluie était peut-être un peu fort pour désigner ce crachin qui brouillait le paysage et m'obligeait à faire marcher mes essuie-glaces. Je roulais plein sud. J'étais à mi-chemin de Los Angeles et de San Diego.

L'institution dont le domaine s'étendait jusqu'à la côte se trouvait à droite de l'autoroute. J'entr'aperçus en direction de la mer le miroitement des terres marécageuses auxquelles elle devait son nom : Laguna Perdida. La silhouette d'un héron bleu ou, plutôt, à cette distance, d'une miniature de héron bleu se détachait comme un camée à la limite des vagues.

Les grilles s'ouvrirent automatiquement au passage des roues sur la pédale de commande. Un homme grisonnant vêtu d'un uniforme de serge bleue sortit de la guérite et s'approcha en claudiquant.

– Vous avez un laissez-passer ? me demanda-t-il.

– Le Dr Sponti m'attend. Je suis Lew Archer.

– Oui, votre nom est marqué là, confirma-t-il en agitant sous mon nez une liste de noms tapée à la machine qu'il sortit de sa poche intérieure, apparemment tout fier de m'apporter ainsi la preuve qu'il savait lire et écrire. Vous n'avez qu'à vous ranger en face du pavillon administratif. Le bureau de Sponti est juste là, ajouta-t-il en tendant la main vers un bâtiment qui se dressait à une centaine de mètres du portail.

Je le remerciai et il repartit vers sa guérite en boitant. Brusquement, il se retourna et se donna une claque sur la jambe.

– J'ai le genou en compote, m'expliqua-t-il. Un souvenir de la Première Guerre.

– Vous ne paraissez pourtant pas assez vieux pour l'avoir faite.

– Le fait est que je me suis engagé à quinze ans en racontant que j'en avais dix-huit, avoua-t-il en jetant un bref coup d'œil à la ronde. Parmi les mômes d'ici il y en a quelques-uns à qui ça ne ferait pas de mal de savoir ce qu'était le front...

Il n'y avait strictement personne en vue. Sous ce ciel gris les différents bâtiments disséminés au milieu des champs, protégés par des bouquets d'eucalyptus ruisselants d'eau, faisaient penser à une ville en chantier, abandonnée avant l'achèvement des travaux.

– Vous connaissez le jeune Hillman ? demandai-je au gardien.

– J'ai entendu parler de lui : une forte tête, à ce qu'il paraît, il a mis le pavillon est sens dessus dessous avant de se faire la malle. Un coup dur pour Patch, soit dit en passant.

– Patch ? Qui est-ce ?

– M. Patch est le surveillant du pavillon est, me répondit-il sur un ton pincé. A force de vivre avec les garçons, il a les nerfs fragiles.

– Qu'a fait exactement Hillman ?

– D'après Patch, il a essayé de déclencher une émeute ; paraît que les pensionnaires devraient avoir les mêmes droits que les autres citoyens. Non mais, je vous demande un peu ! Alors qu'ils sont tous mineurs ! Sans compter que pour la plupart d'entre eux, ça ne tourne pas rond dans leur tête ! Il y a quatorze ans que je suis gardien, ici, et si je vous racontais toutes les sottises que j'ai pu entendre depuis que j'occupe ce poste, vous ne voudriez pas me croire.

– Tommy Hillman est sorti par la grande porte ?

– Sûrement pas ! Il a escaladé la clôture, après avoir cisaillé l'écran métallique de la fenêtre. C'est comme ça qu'il a fait la belle.

– C'était avant-hier ?

– Oui, pendant la nuit. Probable qu'il est rentré chez lui à l'heure qu'il est.

Ce en quoi le gardien se mettait le doigt dans l'œil : si le jeune Hillman était rentré chez lui, je n'aurais pas été là, moi.

Le Dr Sponti avait dû me voir arriver car il m'attendait devant la porte de son bureau, un verre de babeurre dans la main gauche et, dans la droite, une biscotte qu'il fourra dans sa bouche pour me serrer la main.

– Heureux de vous voir, parvint-il à articuler tout en mastiquant.

C'était un gaillard corpulent, au teint rubicond, qui avait cette expression de désarroi qu'affichent les hommes obligés de suivre un régime amaigrissant ; un émotif, sans doute, à en juger par un je-ne-sais-quoi d'inconsistant dans le regard, mais qui était aussi capable de cacher ses sentiments. Son costume sombre à rayures faisait des plis et sa poignée de main, molle et froide, me rappelait celle de certains entrepreneurs de pompes funèbres que j'avais eu l'occasion de rencontrer. Cette impression persista quand j'entrai dans son bureau dont le mobilier d'acajou foncé, qu'éclairait le jour grisâtre filtrant par la fenêtre, avait quelque chose de funèbre : à croire que l'établissement et son directeur portaient en permanence le deuil de leurs élèves.

– Asseyez-vous, fit-il en me désignant un siège d'un geste las plein d'affectation. Comme je vous le disais au téléphone, nous avons un petit problème. Il n'est pas dans nos habitudes de faire appel aux services d'un détective privé pour... euh... pour convaincre les enfants qui font des fugues de rentrer au bercail. Mais il s'agit en l'occurrence, je le crains, d'un cas un peu particulier.

– Qu'entendez-vous par là ?

Sponti but une gorgée de laitage et se lécha la lèvre.

– Pardonnez-moi... peut-être voudriez-vous déjeuner ?

– Non, merci.

– Non, pas ça, fit-il avec agacement en agitant son verre. Je peux demander aux cuisines de vous apporter un repas chaud. Nous avons des escalopes de veau au menu, aujourd'hui.

– Non, merci, répétai-je. Je préfère que vous me mettiez au courant de la situation sans tarder afin que je puisse commencer mes recherches le plus vite possible. J'aimerais savoir pourquoi vous m'avez contacté dans ce cas précis : les fugues sont sûrement fréquentes chez vous.

– Pas autant que vous pourriez le croire. La plupart de nos enfants finissent par s'attacher à l'établissement. Les activités que nous leur proposons sont multiples et variées. Mais Thomas Hillman, qui était ici depuis moins d'une semaine, ne me semblait guère susceptible de s'adapter. C'est un garçon très difficile.

– En quoi est-il un cas particulier ?

– Je serai franc avec vous, monsieur Archer. Cette affaire nous place dans une position délicate, poursuivit-il après une légère hésitation. Je n'ai admis dans notre établissement le jeune Hillman qu'à mon corps défendant et sans connaître pleinement ses antécédents. En fait, j'ai cédé à l'insistance de son père. Et maintenant, M. Hillman nous tient pour responsables de l'évas... je veux dire de l'escapade de son fils. Il menace de porter plainte si jamais il arrivait quelque chose à Thomas. Il serait débouté – ce ne serait pas la première fois que nous serions assignés dans un procès de ce genre –, mais la publicité donnée à cet incident serait extrêmement préjudiciable pour notre réputation. Patch s'est réellement mis dans son tort, ajouta-t-il comme s'il se parlait à lui-même.

– Qu'a-t-il fait, ce M. Patch ?

– Il a eu des réactions d'une brutalité injustifiée, encore que, soit dit entre nous, je ne la lui reproche pas entièrement. Mais il serait préférable que vous ayez un entretien avec lui. Il pourra vous fournir toutes les précisions utiles sur l'é... le départ de Tom.

– Je lui parlerai plus tard. Pour le moment, je souhaiterais que vous m'en disiez plus sur ce garçon.

– Je voudrais bien pouvoir vous donner plus de renseignements : en règle générale, nous demandons aux parents ou au médecin traitant de nous fournir le *curriculum vitae* complet de l'enfant et M. Hillman avait promis de nous faire parvenir celui de Thomas, mais nous n'avons encore rien reçu. J'ai d'ailleurs eu les plus grandes difficultés à obtenir les quelques informations indispensables. C'est un homme fier dont il faut ménager la susceptibilité.

– Il est riche ?

– J'ignore quels sont ses revenus mais la plupart de nos élèves sont issus de familles fortunées, expliqua-t-il avec un imperceptible sourire de satisfaction.

– J'aimerais voir Hillman. Il habite en ville ?

– Oui, mais n'essayez pas de le rencontrer. Pas aujourd'hui, du moins. Je viens de l'avoir une fois de plus au téléphone et votre visite ne ferait qu'envenimer les choses.

Sponti se leva et alla se planter devant la fenêtre qui donnait sur le parking. Je le suivis.

– J'ai quand même besoin d'un signalement précis du garçon et d'un maximum de renseignements concernant ses habitudes.

– Patch vous les donnera mieux que je ne pourrais le faire. Il était quotidiennement en contact avec lui. Voyez aussi Mme Mallow, la gouvernante. Elle a un sens aigu de l'observation.

Encore une chance qu'il y ait quelqu'un capable de me fournir des précisions ! Ce Sponti commençait à m'agacer. On aurait dit qu'il espérait effacer cette disparition en parlant le moins possible de son fugueur.

– Vous pouvez peut-être me dire son âge si ce n'est pas top secret...

J'eus l'impression que mon interlocuteur se mettait à loucher. Ses bajoues – un peu flasques, disons-le tout net – se mouchetèrent d'imperceptibles marbrures.

– Je trouve votre ton déplaisant, monsieur Archer.

– C'est votre droit le plus strict. Quel âge a Tom Hillman ?

– Dix-sept ans.

– Avez-vous une photo de lui ?

– La famille ne m'en a pas donné bien que notre règlement exige qu'on nous en remette une ; mais je peux vous le décrire succinctement. C'est un beau garçon si l'on fait abstraction de sa mine perpétuellement renfrognée. Il est grand, dans les un mètre quatre-vingt et il fait plus que son âge.

– La couleur de ses yeux ?

– Bleus, je crois, bleu foncé ; des cheveux blond cendré ; un profil aquilin, qu'il tient de son père.

– Des signes particuliers ?

– Pas à ma connaissance, répondit Sponti avec un haussement d'épaules.

– Pourquoi a-t-il été placé chez vous ?

– Parce qu'il avait besoin d'être mis en réadaptation, évidemment. Mais il n'est pas resté assez longtemps pour tirer un bénéfice quelconque de notre traitement.

– Qu'est-ce qu'il a au juste ? Vous dites que c'est un enfant difficile : c'est un peu vague.

– C'est volontairement que je suis resté imprécis. Il est malaisé de déterminer de quoi souffrent ces gamins en proie aux angoisses de la puberté. Nous parvenons souvent à les aider, mais nous ne savons ni comment ni pourquoi. D'ailleurs, je ne suis pas médecin.

– Ah bon ? Je croyais.

– Non. Nous avons naturellement des médecins, des généralistes et des psychiatres, attachés à l'établissement, mais je ne pense pas qu'il vous serait très utile de les interroger. Le passage de Tom chez nous a été trop bref pour qu'ils aient eu le temps de l'examiner ; mais une chose est certaine : il était arrivé au point de rupture.

– Dans quel sens ?

– Il était émotionnellement à bout. Quand son père nous l'a confié, il était dans un état lamentable. Nous l'avons mis sous tranquillisants mais tous les sujets ne réagissent pas forcément de la même façon à ce traitement.

– Il vous a causé beaucoup d'ennuis ?

– Ça, vous pouvez le dire ! Pour être franc, je doute que nous le reprenions s'il revient.

– Pourtant, si vous m'avez engagé c'est pour que je vous le ramène.

– Je n'avais pas le choix.

Nous abordâmes la question argent, et il me remit un chèque. Je pris enfin congé pour me rendre au pavillon est où je devais voir ce M. Patch. En chemin, je me retournai : de l'autre côté de la vallée, les montagnes nimbées de nuages bas ressemblaient à des visages à demi oubliés. Le héron bleu qui montait la garde, solitaire, à la limite des marécages, prit son essor et fila à tire-d'aile dans leur direction.

2

Le pavillon est était un vaste bâtiment à un étage qui avait un je-ne-sais-quoi d'incongru dans le décor. Son aspect rébarbatif tenait pour une part à ses fenêtres hautes et étroites masquées de grillages, mais aussi, et ceci était la conséquence de cela, au fait que c'était une sorte de prison qui n'osait pas dire son nom. Les buissons d'épineux qui bordaient la pelouse sur laquelle donnait la façade faisaient davantage penser à une clôture qu'à une plantation ornementale. Malgré la pluie, le gazon avait l'air cafardeux.

Tout aussi cafardeux que la file d'adolescents qui franchissaient la porte en marquant le pas au moment où j'arrivais : des garçons de tous les âges entre douze et dix-huit ans, de tous les gabarits, et dont le seul point commun était l'impression qu'ils donnaient de former une armée en déroute. Ils me rappelaient les tout jeunes soldats allemands que nous capturions sur le Rhin à la fin de la dernière guerre.

Deux responsables faisaient de leur mieux pour les maintenir approximativement en rang. Je leur emboîtai le pas et je pénétrai derrière eux dans une grande salle au mobilier passablement délabré. Les deux responsables se dirigèrent d'un pas décidé vers la table de ping-pong installée dans un coin du foyer, s'emparèrent chacun d'une raquette et commencèrent à se renvoyer frénétiquement la balle que l'un d'eux avait sortie d'une poche de son blouson. Six ou sept pensionnaires s'approchèrent pour suivre la partie, quelques autres s'assirent par terre pour lire des B.D., mais la plupart restèrent debout à m'examiner de la tête aux pieds.

Un garçon dont les joues s'ombraient de duvet – à se demander pourquoi il ne se rasait pas encore – marcha vers moi, le sourire aux lèvres. Son sourire épanoui se dissipa aussitôt comme une illusion d'optique. Il ne s'arrêta que lorsque son épaule effleura mon bras. Il y a des chiens qui vous poussent de la même manière pour éprouver vos dispositions à leur égard.

– Vous êtes le nouveau surveillant ? me demanda-t-il.

– Non. Je croyais que M. Patch était votre surveillant.

– Plus pour longtemps.

A ces mots, quelques garçons plus jeunes pouffèrent et mon barbu en herbe, stimulé par cette marque d'approbation, réagit à la manière d'un acteur qui brûle les planches quand le public l'applaudit :

– Ici, c'est le pavillon des violents. Et au pavillon des violents, ils ne font jamais long feu, les surveillants.

– Vous ne donnez pas l'impression d'être tellement violents. Où est M. Patch ?

– Au réfectoire. Il va arriver d'une minute à l'autre. On passera alors à une phase de loisirs organisés.

– Tu me parais bien cynique pour ton âge. Quel âge as-tu ?

– Quatre-vingt-dix-neuf ans, répondit-il, encouragé par les gloussements de l'aimable assistance. M. Patch n'en a que quarante et un. Pas facile pour lui de faire fonction d'image du père.

– Je pourrais peut-être parler à Mme Mallow ?

– Elle est dans sa chambre en train de boire son déjeuner. Son déjeuner, Mme Mallow le boit toujours.

La lueur d'espièglerie qui scintillait dans ses prunelles s'éteignit et son regard s'assombrit.

– Vous êtes le père d'un élève ?

– Non.

Le claquement régulier de la balle de ping-pong sur les palettes constituait un fond sonore rassurant.

– C'est pas un père, lança une voix.

– C'est peut-être une mère, répliqua Poils-au-Menton. Êtes-vous une mère ?

– Y ressemble pas à une mère, y n'a pas de nichons.

Un troisième larron intervint :

– La mienne n'en a pas non plus. C'est pour ça que je me sens rejeté.

– Laissez tomber, les gars.

Le pire était qu'ils auraient voulu que je sois un père ou même, à la rigueur, une mère, en tout cas un des leurs, cela se lisait dans leurs yeux.

– Vous ne voulez tout de même pas que je me sente rejeté, non ?

Silence. Le barbu me sourit. Cette fois, son sourire persista un peu plus longtemps.

– Comment vous vous appelez ? Moi, c'est Frederick Tyndal, troisième du nom.

– Et moi Lew Archer, premier du nom.

Il eut un mouvement de recul quand je le pris par le bras mais, finalement, il se laissa faire et nous nous assîmes sur un divan au cuir craquelé. Des élèves, plus jeunes, avaient mis sur l'électrophone un disque usé à force d'avoir été écouté et deux d'entre eux commencèrent à danser au rythme d'une chanson, égrenée d'une voix rauque, parodie de voix, dont le refrain était : *Surfin' ain't no sin.*

– Connaissais-tu Tom Hillman, Fred ?

– Un peu. Vous êtes son père ?

– Non. Je t'ai déjà dit que je ne suis pas parent d'élève.

– Les adultes ne disent pas obligatoirement la vérité.

Il tiraillait les poils qui barbelaient son menton comme s'il voulait les arracher, comme si ce signe visible de l'approche de la maturité lui répugnait.

– Mon père m'a raconté qu'il m'envoyait dans un prytanée militaire. C'est un ponte de la haute administration, précisa-t-il d'une voix dépourvue d'émotion avant d'ajouter : Tom ne s'entendait pas avec le sien, lui non plus. Alors, il s'est fait expédier ici en moins de deux, par express à destination du Royaume Magique !

Un sourire féroce, tout à la fois exalté et désespéré, ponctua ces derniers mots.

– Tom t'a parlé de cet épisode ?

– Un peu. Il n'est pas resté longtemps ici. Cinq jours. Non, six. Arrivé dimanche soir, il s'est tiré samedi soir.

Il se tortilla d'un air gêné, faisant grincer les ressorts du divan.

– Vous êtes un flic ?

– Non.

– Je me demandais ça parce que vous posez des questions comme un flic.

– Tom a-t-il fait quelque chose qui serait de nature à intéresser les flics ?

– On en est tous là, non ? répliqua-t-il en balayant la pièce de son regard tour à tour brûlant et glacé, s'attardant sur les mornes pitreries des deux garçons qui dansaient ensemble. Pour être admis au pavillon est, il faut être un jeune délinquant. Moi, j'étais un cerveau du crime. J'ai imité la signature de mon père au bas d'un chèque de cinquante dollars et j'ai passé le week-end à San Francisco.

– Mais Tom, qu'a-t-il fait, lui ?

– Il a volé une voiture, je crois. C'était sa première infraction, qu'il disait, et il aurait obtenu la probation sans problème. Mais son paternel ne voulait pas de cette publicité-là. Alors il l'a amené ici. Et puis, je crois aussi que Tom s'était bagarré avec lui.

– Je vois.

– Pourquoi est-ce qu'il vous passionne tant que ça ?

– Je suis chargé de le retrouver, Fred.

– Et de le ramener à Laguna Perdida ?

– Il y a peu de chances qu'on le reprenne.

– Il a de la veine.

A nouveau, et de façon plus ou moins consciente, il se rapprocha de moi. Je sentais l'odeur de ses cheveux et de son corps mal lavés. Et sa détresse.

– Moi aussi, je me ferais la paire si j'avais un endroit où aller, ajouta-t-il. Mais le vieux me filerait aussi sec entre les mains des services de protection de la jeunesse. En plus, ça lui ferait faire des économies.

– Tom avait-il un endroit où aller, lui ?

Tyndal se redressa vivement et m'étudia du coin de l'œil.

– J'ai pas dit ça.

– Je te le demande.

– S'il en avait un, il m'aurait mis au parfum.

– Qui était son ami le plus intime ici ?

– Il n'avait pas d'ami intime. Il était tellement déboussolé quand il est arrivé qu'on lui a donné une chambre pour lui tout seul. Une nuit, j'ai été causer avec lui mais il ne m'a pas dit grand-chose.

– Il n'a pas parlé de l'endroit où il se proposait d'aller ?

– Il ne se proposait rien du tout. Le samedi, il a essayé de déclencher une révolte, mais les autres se sont dégonflés. Alors, il s'est tiré. Il avait l'air très surexcité.

– Était-il émotionnellement perturbé ?

– Est-ce qu'on ne l'est pas tous ? rétorqua-t-il en se tapotant la tempe du bout de l'index avec une grimace qui lui donnait une expression hagarde et hébétée. Vous devriez voir mon Rorschach.

– Une autre fois, peut-être.

– Je suis à votre disposition.

– Écoute-moi, Fred. C'est important, tu sais. Tom est très jeune et il est dans un état de surexcitation dangereuse comme tu disais. Cela fait maintenant quarante-huit heures qu'il a disparu et il se peut qu'il soit dans une situation très grave.

– Pire qu'ici ?

– Tu le sais très bien sinon tu aurais déjà fait le mur, toi aussi. Tom n'a pas dit où il comptait aller ?

Comme il ne répondait pas, j'ajoutai :

– Ton silence est éloquent. J'en conclus qu'il t'a fait des confidences.

– Non.

Mais il évitait obstinément mon regard.

L'arrivée de Patch fit diversion et c'en fut fait de l'atmosphère d'insouciance qui régnait jusque-là dans le foyer. Les deux garçons qui dansaient feignirent aussitôt de se battre tandis que les bandes dessinées se volatilisaient comme autant de liasses d'argent volé. Les joueurs de ping-pong rangèrent leur balle.

Patch n'était plus de la première jeunesse, ses cheveux s'éclaircissaient autour de son visage empâté. Les boutons de son veston de gabardine tiraient sur son ventre bedonnant. Un rictus féroce tordait sa bouche, petite et sensuelle. Lorsqu'il regarda autour de lui, je remarquai que le blanc de ses yeux était injecté de sang. Il alla droit au tourne-disque, l'arrêta, et sa voix perçante déchira le silence :

– L'heure du déjeuner n'a pas à être consacrée à la musique, messieurs. La musique, c'est après le dîner, de dix-neuf heures à dix-neuf heures trente. Gardez cela en mémoire, Deering, précisa-t-il en s'adressant à un joueur de ping-pong : pas de musique dans la journée. Je vous tiendrai pour responsable de toute infraction.

– Oui, m'sieu.

– N'étiez-vous pas en train de jouer au ping-pong ?

– On faisait juste des balles, m'sieu.

– Mais cette balle, justement, où l'avez-vous trouvée ? Si je ne m'abuse, elles doivent être sous clé dans mon bureau.

– Oui, m'sieu.

– D'où vient donc celle que vous utilisiez ?

– J'sais pas, m'sieu, j'crois bien que j'l'ai trouvée.

Deering tiraillait sur son blouson. C'était un garçon dégingandé dont la pomme d'Adam proéminente aurait pu être une balle de ping-pong clandestine.

– Où ça ? Dans le tiroir de mon bureau ?

– Oh non, m'sieu ! Dans la cour, j'crois.

M. Patch s'approcha de Deering à pas comptés. Sa démarche avait quelque chose de mélodramatique. A mesure qu'il avançait, les garçons faisaient des grimaces, gesticulaient et se donnaient des coups de coude. Sans bruit, l'un des danseurs se laissa glisser à terre en se passant le doigt en travers de la gorge et, avant de se relever, mima l'espace d'une seconde le gladiateur mourant.

– Vous l'avez achetée, n'est-ce pas, Deering ? laissa enfin tomber Patch d'un ton affligé. Vous savez pourtant que le règlement interdit aux pensionnaires de posséder leurs balles de ping-pong personnelles. Vous le savez, n'est-ce pas ? Vous êtes le président du comité consultatif du pavillon est et vous avez vous-même participé à l'élaboration de ce règlement, n'est-il pas vrai ?

– Oui, m'sieu.

– Allons, donnez-moi cette balle, Deering.

Deering la lui tendit. Patch se baissa pour la poser par terre – tandis qu'un élève esquissait le geste de lui botter les fesses – et l'écrasa sous son talon.

– Je suis désolé, Deering, dit-il à l'adolescent en lui rendant les morceaux de sa balle, mais je dois me plier au règlement, tout comme vous.

Il se retourna et, comme par enchantement, les adolescents se figèrent dans une attitude pleine de soumission.

– Eh bien, susurra alors le surveillant, qu'avons-nous au programme, mes enfants ?

Je me levai du divan.

– Moi, je crois.

Je me présentai et je lui demandai si je pouvais lui parler en privé.

– Bien sûr, répondit-il avec un sourire lugubre, s'imaginant peut-être que j'étais son successeur. Passons dans mon bureau – si on peut lui donner ce nom. Deering et Bronson, vous êtes chargés de maintenir l'ordre.

Son bureau était un cagibi sans fenêtres dont l'ameublement se réduisait à une table qui disparaissait sous la paperasse et à deux chaises inconfortables. Le vacarme provenant du foyer s'atténua quand il eut refermé la porte. Il alluma une lampe de bureau et s'assit derrière la table en exhalant un soupir las.

– Il faut en permanence leur montrer qui est le plus fort, marmonna-t-il à mi-voix comme s'il récitait ses prières. Vous voulez me parler d'un de mes garçons ?

– De Tom Hillman.

Sa mine s'allongea.

– Vous représentez son père ?

– Non. C'est le Dr Sponti qui m'a suggéré d'avoir un entretien avec vous. Je suis détective privé.

– Je vois, fit-il avec une sorte de moue. Je suppose qu'il me met tout sur le dos comme d'habitude.

– Il a fait allusion à des actes d'une violence injustifiée.

– C'est insensé !

Il assena un coup de poing sur son bureau. Son visage se congestionna, puis devint blême. On eût dit une photo surexposée. Les seules taches de couleur étaient les minuscules vaisseaux qui injectaient le blanc de ses yeux.

– Sponti n'est pas en contact avec ces petits fauves ! poursuivit-il. Il me semble que je suis seul à même de savoir quand il est nécessaire de recourir à la force physique pour maintenir la discipline. Cela fait vingt-cinq ans que je m'occupe de jeunes.

– Ça n'a pas l'air de vous enthousiasmer.

Il fit un effort visible pour recouvrer le contrôle de lui-même avant d'expliquer :

– Non, n'en croyez rien. J'aime ce métier. Je l'aime vraiment. C'est tout ce que je sais faire. J'aime ces garçons. Et ils m'aiment aussi.

– C'est ce que j'ai pu constater.

Mon ironie tomba à plat.

– On serait devenus une paire d'amis, Tom Hillman et moi, s'il était resté assez longtemps.

– Pourquoi n'est-il pas resté ?

– Il s'est sauvé, vous le savez bien. Il a volé des cisailles au jardinier et il a fait un trou dans le grillage de sa fenêtre.

– Quand s'est-il enfui exactement ?

– Dans la nuit de samedi, entre ma tournée de vingt-trois heures et celle du matin.

– Que s'était-il passé avant ?

– Dans la soirée du samedi ? Il a incité ses camarades à se révolter contre le personnel d'encadrement. J'avais laissé les enfants seuls dans le foyer après le dîner et je l'ai entendu d'ici haranguer les élèves. Il essayait de leur faire croire qu'on les avait dépouillés de leurs droits et qu'ils devaient se battre pour les reconquérir. Les plus influençables semblaient prêts à se rallier à lui mais quand je lui ai ordonné de se taire, il s'est retrouvé seul et s'est jeté sur moi.

– Il vous a frappé ?

– Je l'ai frappé le premier et je ne le regrette pas, assura-t-il en massant son poing fermé. Il fallait que je préserve mon autorité, vis-à-vis des autres garçons. Je l'ai étendu sur place. Il est indispensable de faire une démonstration de force de temps en temps. Et quand je cogne, ils vont au tapis. Il est important de leur donner de l'éducateur une image qui impose le respect.

– Et ensuite ? coupai-je pour endiguer ce flot de paroles.

– Je l'ai aidé à regagner sa chambre et je suis allé voir Sponti pour lui signaler l'incident. J'estimais qu'il convenait de placer Hillman dans une cellule capitonnée, mais le patron n'était pas de mon avis. Jamais ce garçon ne se serait fait la belle si on avait suivi mon conseil. De vous à moi, c'est la faute de Sponti.

Il s'interrompit net avant d'ajouter d'une voix grêle :

– Ne lui répétez surtout pas ça.

– Soyez sans crainte.

Je commençai à désespérer d'obtenir de Patch le moindre renseignement utile. Il était aussi peu reluisant que le mobilier du foyer d'où nous parvenait un vacarme de plus en plus inquiétant.

Patch se leva lourdement.

– Il faut que j'y retourne avant qu'ils n'aient tout saccagé.

– Je voudrais vous poser une dernière question : avez-vous une idée de l'endroit où Tom Hillman a pu aller après avoir pris la poudre d'escampette ?

Il réfléchit. Apparemment, il éprouvait quelque difficulté à se représenter le monde extérieur dans lequel le fugitif s'était comme volatilisé.

– Los Angeles, laissa-t-il finalement tomber. C'est généralement là qu'ils échouent. A moins qu'ils ne prennent la direction du sud – San Diego et la frontière du Mexique.

– Ou de l'est ?

– Parfois, quand leur famille habite dans l'Est.

– Ou de l'ouest avec l'intention de traverser l'océan ?

Il mordit à l'appât.

– C’est vrai. Il y en a même un qui a volé une vedette de neuf mètres et qui a mis le cap sur les Iles.

– On dirait que vous avez beaucoup de fugues.

– D’une année sur l’autre, il y a pas mal de mouvement, en effet. Sponti s’oppose à ce que nous prenions des mesures de sécurité strictes comme nous le faisions à la maison de redressement. Compte tenu de toutes les évasions que nous enregistrons, je m’étonne qu’il fasse tant de cas de celle-là. Hillman finira bien par revenir – ils reviennent à peu près tous.

Quelqu’un frappa à la porte.

– Monsieur Patch ? fit une voix féminine.

– Oui, madame Mallow.

– Je n’arrive plus à tenir les enfants. J’ai beau m’égosiller, ils ne m’écoutent pas. Qu’est-ce que vous fabriquez là-dedans ?

– Je suis en conférence avec un homme que le Dr Sponti m’a envoyé.

– Bonne idée. Le besoin d’un homme commence à se faire sérieusement sentir.

– Ah vraiment ? répliqua Patch en passant devant moi pour aller ouvrir. Je vous conseille de garder vos plaisanteries pour vous, madame Mallow. Je suis au courant d’une ou deux petites choses que le Dr Sponti serait ravi d’apprendre, sachez-le.

– J’en ai autant à votre service.

Mme Mallow était maquillée à outrance et ses cheveux teints en roux retombaient en une frange épaisse sur le front. Elle portait une robe noire, trop habillée, qui devait avoir été à la mode une dizaine d’années auparavant et plusieurs rangs de fausses perles autour du cou. Son expression était avenante bien que son regard reflétât la présence de démons qui l’habitaient sûrement. Son visage s’éclaira à ma vue.

– Bonjour.

– Lew Archer. M. Sponti m'a appelé pour que j'enquête sur la disparition de Tom Hillman.

– Un bien joli garçon... Enfin, il l'était jusqu'à la correction que lui a infligée notre marquis de Sade au petit pied ici présent.

– J'étais en état de légitime défense, protesta Patch d'une voix forte. Rosser les enfants ne me procure aucun plaisir, mais je représente l'autorité dans le pavillon est : ils doivent savoir que s'ils m'attaquent, c'est exactement comme s'ils commettaient un meurtre sur la personne de leur père.

– Vous seriez bien inspiré en allant au foyer faire étalage de votre autorité paternelle. Mais si vous avez le malheur d'en rosser un cette semaine, je vous arrache le cœur de mes propres mains.

Patch la considéra comme s'il l'estimait capable de mettre sa menace à exécution, puis, tournant les talons, il se dirigea à grands pas vers le foyer où régnait un chahut assourdissant. Le tumulte s'arrêta net : on aurait cru qu'il avait refermé une porte insonorisée derrière lui.

– Pauvre vieux Patch, murmura Mme Mallow. Il y a trop longtemps qu'il fait ce métier. Pauvres de nous ! Quand on reste plus de quelques années en contact avec ces adolescents, on finit par craquer. C'est vrai pour tout le monde.

– Pourquoi restez-vous, alors ?

– Au bout d'un certain temps, il n'est plus possible de vivre au-dehors. Comme les détenus libérés. C'est ça, l'enfer.

– Les gens que j'ai rencontrés ici ont une extraordinaire propension à exposer leurs états d'âme...

– C'est l'environnement psychiatrique qui veut ça.

– Malheureusement, ils ne sont guère bavards quand il s'agit de répondre à mes questions, poursuivis-je. Pourriez-vous, vous, me faire un portrait précis de Tom Hillman ?

– Je peux toujours vous faire part de mon impression personnelle.

Les deux derniers mots avaient eu du mal à passer, ce qui parut avoir des répercussions sur l'équilibre de Mme Mallow. Elle entra dans la pièce et s'appuya sur le bureau, face à moi. Son visage que la lampe éclairait en contre-plongée me faisait un peu penser à celui d'une devineresse antique.

– Tom Hillman était un charmant garçon, qui n'avait pas sa place ici. Il s'en est rendu compte très vite. Et il en a tiré les conclusions qui s'imposaient : il a pris la fuite.

– Pourquoi dites-vous que sa place n'était pas ici ?

– Vous voulez des détails ? Eh bien, allons-y ! Le pavillon est est essentiellement destiné aux garçons qui sont en crise d'identité, et qui souffrent de troubles caractériels. C'est au pavillon ouest que nous accueillons les jeunes les plus perturbés, garçons et filles.

– Et c'est au pavillon ouest que Tom Hillman aurait dû être envoyé ?

– Ne me faites pas dire ce que je n'ai pas dit. On n'aurait jamais dû l'envoyer à Laguna Perdida, voilà. C'est mon opinion personnelle, mais je ne pense pas qu'elle soit totalement dénuée d'intérêt. J'ai reçu une bonne formation de psychologue sur le tas...

– Le Dr Sponti a l'air de penser que Tom était gravement perturbé.

– Ça, c'est systématique chez lui ! s'exclama-t-elle avec un rire dur. Savez-vous combien paient les parents de ces gosses ? Mille dollars par mois, plus les suppléments – leçons de musique, thérapie de groupe, etc. Une fois sur deux, c'est eux qu'on devrait expédier ici. Et encore, je suis gentille en disant ça. Oui, mille dollars par mois, répéta-t-elle. Ce qui rapporte annuellement vingt-cinq mille dollars au soi-disant Dr Sponti, soit six fois plus que ce qu'il me donne pour tenir la main de ces gosses.

Cette femme en avait gros sur le cœur. La rancœur conduit parfois à la vérité, parfois, mais pas toujours...

– Le soi-disant Dr Sponti ? Qu'entendez-vous par là ?

– Il n'est pas médecin. Ce n'est pas un vrai docteur : il a fait des études de gestion et d'administration dans une de ces universités du Sud qui ne sont que des machines à fabriquer des diplômes. Vous voulez savoir quel a été son sujet de thèse ? La logistique des cuisines dans un pensionnat de taille moyenne.

– Revenons-en à Tom. Pourquoi son père l'a-t-il mis en pension s'il n'avait pas besoin d'un traitement psychiatrique ?

– Je n'en sais rien, je ne connais pas le père. Sans doute parce qu'il voulait se débarrasser du gosse.

– Pourquoi ?

– Tom avait fait une bêtise.

– Il vous l'a dit ?

– Non, il n'en a parlé à personne. Mais il y a des signes qui ne trompent pas.

– Savez-vous qu'on raconte qu'il aurait volé une auto ?

– Non ; mais cela expliquerait bien des choses : ce garçon était très malheureux et très culpabilisé. Rien à voir avec nos jeunes délinquants. Encore qu'aucun d'eux ne soit un vrai dur.

– Apparemment, vous l'aimiez bien ?

– Je le connaissais peu, mais il me plaisait, oui. Il n'était pas d'un naturel causant et je n'essaie jamais de violer nos petits gars. Il passait le plus clair de son temps enfermé dans sa chambre, sauf aux heures de classe. A mon avis, il avait une idée derrière la tête.

– Quoi, par exemple ? Fomenter une émeute ?

Une lueur d'amusement pétilla dans les yeux de Mme Mallow.

– On vous a raconté ? Ce Tom avait plus d'astuce que je ne le pensais. Ne soyez pas étonné : je suis du côté des garçons. Sinon, qu'est-ce que je ferais ici ?

Elle commençait à me botter, cette femme. Elle parut en être consciente et se pencha vers moi, en posant la main sur mon bras.

– J'espère que c'est pareil pour vous... Que vous êtes du côté de Tom, je veux dire.

– J'attendrai d'avoir fait sa connaissance pour en décider. N'importe comment, ce n'est pas important.

– Oh ! que si ! C'est toujours important.

– Que s'est-il passé entre lui et M. Patch samedi soir ?

– Franchement, je l'ignore. Le samedi, je ne suis pas de service. Notez-le à toutes fins utiles, monsieur Archer. Enfin... si le cœur vous en dit.

Elle sourit et, dans un éclair, j'entrevis ses motivations profondes : elle s'intéressait aux gens, et personne ne s'intéressait à elle.

3

Elle me fit sortir par une petite porte qu'il fallait ouvrir avec une clé. La pluie était tout juste assez forte pour me mouiller le visage, mais d'épais nuages se rassemblaient au-dessus des montagnes, ce qui indiquait que ce temps de chien allait continuer.

Je me dirigeai à nouveau vers le pavillon administratif, bien décidé à annoncer à Sponti que j'allais rendre visite aux parents de Tom, que ça lui plaise ou non. Ce que j'avais appris sur ce garçon, sur les différents aspects de sa personnalité, me laissait sur ma faim. Je ne parvenais pas à cerner le personnage. Il pouvait s'agir d'un adolescent persécuté aussi bien que d'un psychopathe juste assez habile pour faire fondre les dames d'âge mûr... Ou quelque chose entre les deux – comme Fred, troisième du nom...

Comme je traversais le parking, perdu dans mes réflexions, je ne vis pas venir un taxi qui faillit me renverser. Quand l'homme installé à l'arrière en descendit, je crus qu'il allait me présenter ses excuses ; mais non : il ne parut même pas me voir.

Vêtu d'un élégant costume de tweed, grand, soigné, le teint florissant, il devait habituellement porter beau mais, pour le moment, il avait l'air hagard. Il se rua à l'intérieur du bâtiment. Quand j'y pénétrai à mon tour, il discutait avec la secrétaire de Sponti.

– Je suis vraiment désolée, monsieur Hillman, lui disait-elle, mais le Dr Sponti est en conférence. Il ne m'est pas possible de le déranger.

– Je vous conseille d'aller le prévenir que je suis là, répliqua Hillman d'une voix dure.

– Je suis navrée, mais vous allez être obligé d'attendre.

– Je ne peux pas attendre. Mon fils est entre les mains de bandits qui essaient de me rançonner.

– C'est vrai ?

La question avait été posée d'une voix aiguë qui n'avait plus rien de professionnel.

– Je n'ai pas pour habitude de mentir.

La jeune fille, après s'être excusée, entra dans le cabinet du Dr Sponti dont elle referma soigneusement la porte. Je me présentai à Hillman.

– Je suis détective privé. Le Dr Sponti m'a chargé d'enquêter sur la disparition de votre fils et je voulais avoir une entrevue avec vous. Mes souhaits sont exaucés.

– Je vous répondrai avec joie.

Nous nous serrâmes la main. Hillman avait une carrure impressionnante avec un torse avantageux et des épaules massives ; ses traits aristocratiques, s'ils ne dénotaient pas forcément l'intelligence, étaient de ceux qui désignent l'homme riche. Mais sa poignée de main était molle et il tremblait de la tête aux pieds, comme un chien terrorisé.

– Vous parliez de bandits et de tentative d'extorsion de fonds ?

– Oui.

Ses yeux gris à l'éclat métallique étaient comme aimantés par la porte du cabinet du directeur. Ce qu'il voulait, c'était parler à quelqu'un sur qui faire retomber sa colère.

– Mais qu'est-ce qu'ils fabriquent ? gronda-t-il avec une certaine véhémence.

– C'est sans grande importance. Si votre fils a été enlevé, ce n'est plus du ressort du Dr Sponti mais de la police.

– Pas question de faire appel à la police ! Les instructions qui m'ont été données sont formelles sur ce point. Il ne faut pas qu'elle soit avertie.

Pour la première fois depuis le début de notre entretien, il me dévisagea. Son regard était dur et empreint de méfiance.

– Vous n'êtes pas de la police, j'espère ?

– Je suis détective privé, je vous l'ai déjà dit. J'arrive de Los Angeles. Comment avez-vous été mis au courant du rapt de Tom et qui vous a donné ces instructions ?

– Un des membres de la bande : j'ai reçu un coup de téléphone à l'heure du déjeuner au moment où nous nous mettions à table. Mon interlocuteur m'a prévenu que si je n'observais pas la règle du silence, je ne reverrais jamais Tom.

– Ce sont les termes mêmes que votre correspondant a employés ?

– Oui.

– Qu'a-t-il dit d'autre ?

– Qu'ils étaient disposés à m'informer, moyennant finances, de l'endroit où se trouvait mon fils. Ce qui était un euphémisme pour ne pas prononcer le mot de rançon.

– Combien exigent-ils ?

– Vingt-cinq mille dollars.

– Vous les avez ?

– Je les aurai dans le courant de l'après-midi. J'ai donné l'ordre à mon agent de change de vendre un certain nombre de titres. Je suis passé chez lui avant de venir ici.

– Vous êtes un homme de décision, monsieur Hillman, dis-je pour le réconforter. Mais je ne comprends pas pourquoi vous êtes justement venu ici.

– Je n'ai pas confiance dans ces gens-là, fit-il en négligeant, apparemment, le fait que j'avais été engagé par Sponti. Pour moi, Tom a été incité à s'enfuir, peut-être grâce à des complicités intérieures, et on s'efforce de brouiller les pistes.

– J'en doute fort. J'ai parlé avec l'un des membres du personnel, directement concerné par cette affaire. Lui et Tom se sont battus samedi soir et, pendant la nuit, votre fils a cisaillé l'écran métallique de sa fenêtre et il a filé en escaladant le mur d'enceinte. Un de ses camarades m'a plus ou moins confirmé cette version des faits.

– Un pensionnaire n'oserait pas démentir la thèse officielle.

– Pas ce garçon, monsieur Hillman. Si votre fils a été kidnappé, l'enlèvement a eu lieu après son évasion. Je voudrais vous demander une chose : avait-il des rapports quelconques avec le monde de la pègre ?

– Tom ? Vous perdez la tête ?

– J'ai entendu dire qu'il avait volé une voiture.

– C'est Sponti qui vous a parlé de cette histoire ? Il n'en avait pas le droit !

– Non, je le sais par d'autres sources. En général, quand un jeune garçon vole une voiture, c'est qu'il s'est déjà mis en infraction avec la loi, peut-être en fréquentant une bande de jeunes délinquants...

– Il ne l'a pas volée, répliqua-t-il avec un regard évasif. Il l'a simplement empruntée à nos voisins. Il l'a démolie, soit, mais c'était un accident purement et simplement. Il était perturbé...

Hillman aussi. Il s'interrompit, le souffle court, incapable de trouver ses mots. Il ouvrait la bouche et la refermait spasmodiquement : on aurait dit un énorme poisson qui avait eu le malheur de se faire ferrer et qui se trouvait soudain à l'air libre.

– Que devez-vous faire de ces vingt-cinq mille dollars ? Les garder en attendant de nouvelles instructions ?

Il hocha affirmativement la tête avant de s'affaler dans un fauteuil, l'air accablé. La porte du bureau s'ouvrit brusquement. Sponti devait nous écouter depuis un certain temps. Il vint vers nous, flanqué de la secrétaire et suivi d'un homme au visage cadavérique.

– Qu'est-ce que c'est que cette histoire d'enlèvement ? glapit-il. Je suis désolé, monsieur Hillman, ajouta-t-il d'un ton plus modéré.

Toujours assis dans son fauteuil, Hillman arrondit les épaules, tel un fauve qui se prépare à bondir...

– Et ce n'est qu'un début, docteur Sponti ! Je veux savoir qui a fait sortir mon fils de cet établissement, dans quelles circonstances et avec quelles complicités.

– Il est parti de son plein gré, monsieur Hillman.

– Et vous vous en lavez les mains, c'est ça ?

– Pas du tout, ce n'est pas le genre de la maison, et la durée du séjour de nos pensionnaires n'entre pas en ligne de compte dans ces cas-là. J'ai demandé à M. Archer de nous apporter son concours. Et je viens de parler avec M. Squerry, notre commissaire aux comptes.

L'homme au visage cadavérique, dont les quelques mèches noires soigneusement plaquées sur la tonsure ne faisaient que souligner la quasi-calvitie, s'inclina avec solennité et déclara d'une voix précise :

– Le Dr Sponti et moi-même avons décidé de vous restituer intégralement la somme que vous nous avez remise la semaine dernière. Voici le chèque.

Il tendit un rectangle de papier jaune à Hillman qui s'en saisit et le froissa pour en faire une boule qu'il lui lança à la figure. Le projectile rebondit sur la maigre poitrine de M. Squerry et acheva sa course en retombant mollement à ses pieds. Je le ramassai et le dépliai. C'était un chèque de deux mille dollars.

Hillman sortit en trombe de la pièce et je m'élançai sur ses talons sans laisser à Sponti le temps de m'annoncer qu'il me rendait ma liberté. Je le rejoignis au moment où il allait remonter dans son taxi.

– Où allez-vous ? lui demandai-je.

– Je rentre chez moi. Ma femme ne va pas bien.

– Permettez-moi de vous reconduire.

– Si vous êtes de connivence avec Sponti, il n'en est pas question.

– Je n'ai de comptes à rendre à personne, monsieur Hillman. Je travaille en toute indépendance. Sponti m'a engagé pour retrouver votre fils et j'ai l'intention de faire tout ce qu'il est humainement possible de faire pour le retrouver. Mais, pour cela, j'ai besoin de votre coopération et de celle de Mme Hillman.

– Que pouvons-nous faire ? s'exclama-t-il en levant les bras dans un geste d'impuissance.

– Me dire quel genre de garçon est Tom, qui sont ses amis, quels endroits il fréquentait...

– A quoi bon ? Il est entre les mains d'une bande de gangsters. Ils veulent de l'argent. Je suis prêt à passer par leurs exigences.

Le chauffeur qui avait mis pied à terre pour ouvrir la portière restait bouche bée, en écarquillant les yeux.

– Ce n'est peut-être pas aussi simple que cela. Mais le lieu est mal choisi pour en discuter.

– Vous pouvez vous fier à moi, intervint alors le chauffeur d'une voix enrouée. J'ai un beau-frère qu'est de la police de la route. Et puis, j'ai pour principe de ne jamais déblatérer sur mes clients.

– Vous avez intérêt à vous y tenir, laissa sèchement tomber Hillman.

Il régla sa course et me suivit jusqu'à ma voiture.

– A propos d'argent, lui dis-je quand nous fûmes montés, vous n'aviez quand même pas l'intention de flanquer deux mille dollars à la poubelle, je présume ?

Je passai la paume de la main sur le chèque jaune pour le déchiffonner et le lui tendis.

On ne sait jamais ce qui est capable de faire craquer un homme. Un silence prolongé, une sonnerie de téléphone, une fausse note dans la voix d'une femme... Dans le cas de Hillman, ce fut un chèque de deux mille dollars. Il le rangea dans un portefeuille en croco, avec une sorte de gémissement et, en se prenant le front à deux mains, s'écroula contre le tableau de bord. Aux râles qu'il exhalait, on aurait pu croire qu'un corbeau en furie lui dépeçait les entrailles.

– Je n'aurais jamais dû le mettre dans cette boîte, murmura-t-il au bout d'un moment d'une voix soudain plus humaine, comme s'il prenait subitement conscience de la profondeur de ses sentiments.

– A chose faite point de remède.

Il se redressa.

– Je ne pleurais pas.

C'était vrai. Il avait l'œil sec.

– N'en parlons plus, monsieur Hillman. Où demeurez-vous ?

– A El Rancho. C'est à mi-chemin de la ville. Je vous indiquerai la route la plus directe.

Le gardien sortit en claudiquant de sa guérite ; nous échangeâmes un vague salut et il ouvrit le portail. Hillman me fit prendre une route qui s'enfonçait à travers une étendue désertique où les merles piaillaient au milieu des roseaux, avant de déboucher sur un paysage de désolation suburbaine où se bousculaient des H.L.M. toutes neuves et de contourner un campus. Comme nous passions devant un aéroport, Hillman suivit d'un regard mélancolique un avion en train de décoller. Apparemment, il aurait donné gros pour être à son bord.

– Pourquoi avez-vous inscrit votre fils au centre médico-pédagogique de Laguna Perdida, monsieur Hillman ?

Il ne répondit pas tout de suite.

– J'avais peur, il se préparait à faire des bêtises, c'était visible, débita-t-il, mal à l'aise. J'ai pensé que je devais l'en empêcher d'une manière ou d'une autre. J'espérais que, là-bas, ils lui mettraient un peu de plomb dans la cervelle et qu'au bout d'un mois, je pourrais l'envoyer dans un établissement scolaire normal.

– Pourriez-vous être plus précis à propos de ces fameuses bêtises ? Est-ce à ce vol de voiture que vous pensez ?

– Entre autres choses, oui. Mais ce n'était pas un vol à proprement parler, je vous l'ai déjà dit.

– Oui, mais vos explications étaient plutôt floues.

– Il a pris la voiture de Rhea. Rhea et Jay Carlson sont nos plus proches voisins. Quand on laisse une Dodge flambant neuve dehors toute la nuit avec la clé de contact sur le tableau de bord, j'estime que c'est de la provocation. C'est ce que je leur ai dit et Jay l'aurait reconnu s'il n'avait pas été aussi monté contre Tom, ou si Tom n'avait pas démoli l'auto. Mon assurance et la leur couvraient tous les dégâts, certes, mais Rhea a eu une réaction passionnelle.

– La voiture a donc été abîmée ?

– Ce n'était plus qu'une épave bonne pour la ferraille. Je ne sais pas comment il s'est débrouillé pour la mettre dans un état pareil, mais il a parfaitement réussi son coup. Par chance, il en est sorti sans une égratignure.

– Où allait-il ?

– Il rentrait à la maison. L'accident s'est pratiquement produit devant notre porte. Je vous montrerai l'endroit.

– Et d'où venait-il ?

– Il ne nous l'a pas dit. Il avait passé toute la nuit dehors mais ce qu'il avait fait : mystère ! Impossible de lui tirer un mot.

– Quelle nuit était-ce ?

– La nuit de samedi à dimanche, la semaine dernière. La police l'a ramené à six heures du matin. Ils m'ont conseillé d'appeler notre médecin pour qu'il l'examine, ce que j'ai fait. Physiquement, Tom n'avait rien, mais il ne paraissait pas dans son état normal. Il est entré dans une rage folle quand je lui ai demandé où il avait passé la nuit. C'est un garçon plutôt calme d'habitude ; je ne l'avais jamais vu comme ça. Soi-disant que je n'avais pas le droit de lui poser de questions, que je n'étais pas son vrai père... que sais-je ? J'avoue que j'ai perdu mon sang-froid en l'entendant dire de telles inepties. Je l'ai giflé. Alors, il m'a tourné le dos et il n'a plus ouvert la bouche.

– Avait-il bu ?

– Je ne pense pas. Non... j'aurais senti l'odeur de l'alcool.

– Et la drogue ?

Du coin de l'œil, je vis sa tête pivoter : son visage déformé était flou.

– C'est hors de question !

– Je l'espère... Le Dr Sponti m'a dit que votre fils réagissait mal aux tranquillisants. C'est parfois le cas chez les toxicomanes.

– Mon fils n'est pas un toxicomane.

– Beaucoup de jeunes se droguent à l'heure actuelle et leurs parents sont les derniers à s'en apercevoir.

– Non, je suis sûr de ce que j'avance, répliqua-t-il. Il était resté choqué après l'accident.

– Est-ce aussi l'opinion de votre médecin ?

– Le Dr Shanley est orthopédiste, pas psychiatre. Néanmoins, il ignorait tout de ce qui s'était passé ce matin-là quand je suis allé voir le juge pour m'entendre avec lui sur la caution. Je n'en avais parlé à personne.

Je n'insistai pas. Seul le chuintement des balais d'essuie-glace brisait le silence. J'aperçus au bord de la route un panneau vert et blanc portant l'indication : El Rancho.

– Vous prendrez à droite à cinq cents mètres, fit Hillman, heureux, semblait-il, de pouvoir prononcer quelques mots qui n'engageaient à rien.

Je ralentis.

– Vous vous prépariez à me parler dc cc qui s'est passé ce dimanche matin.

– Non, je n'ai rien à dire là-dessus. Cela n'a aucun rapport avec la situation présente.

– Qu'en savez-vous ?

Pas de réponse : peut-être était-ce la crainte de ce que pourraient penser sa famille ou les voisins qui le rendait muet.

– Vous m'avez bien dit que le torchon brûlait entre les Carlson et Tom ?

– Je vous l'ai dit et c'est la vérité.

– Connaissez-vous la raison de ces mauvaises relations ?

– Ils ont une fille, Stella. Et Stella et Tom s'aimaient beaucoup. Cela déplaisait à Jay et à Rhea. A Rhea, surtout. A Elaine aussi, d'ailleurs – ma femme.

Je virai entre les deux hauts montants d'un portail en pierre pour prendre une petite route bordée de palmiers qui s'enfonçait à travers le domaine. J'avais pénétré dans l'une de ces luxueuses résidences occupées par des gens fortunés qui cherchent avant tout à protéger leur tranquillité. L'allée centrale que j'avais empruntée longeait le terrain de golf privé. J'aperçus l'éclat métallique du plongeoir en aluminium qui dominait la plage, privée elle aussi, luisant sous la pluie.

Seulement, les ennuis, c'est comme le crachin : ils vous tombent dessus à l'improviste et personne n'y échappe.

L'allée contournait le golf. Hillman tendit soudain le doigt vers un talus dont le flanc semblait comme labouré. Le tronc du pin qui se dressait au-dessus de ce profond sillon était abîmé, sabré de marques brunâtres.

– C'est ici qu'il s'est planté.

Je fis halte.

– Vous a-t-il expliqué comment l'accident s'est produit ?

Hillman feignit d'ignorer ma question. Nous descendîmes. Rien ne bougeait en dehors de deux voiturettes où avaient pris place quatre fanatiques du golf.

– Je ne vois pas de traces de freinage ni de dérapage. Votre fils sait-il conduire ?

– Oui, je lui ai moi-même donné des leçons. Je lui consacrais beaucoup de temps. En fait, j'ai volontairement réduit mon activité professionnelle depuis plusieurs années, en partie pour avoir la joie de le voir grandir.

Je trouvai cette façon de s'exprimer un peu curieuse : c'était à croire qu'il élevait son fils pour son seul plaisir ! Si Hillman avait été vraiment aussi proche de son enfant, pourquoi l'avait-il bouclé à l'institut de Laguna Perdida au premier écart de conduite ? A moins que Tom n'eût antérieurement déjà commis des actes de délinquance sur lesquels son père préférait faire le silence.

En passant devant nous, l'un des golfeurs agita le bras. Hillman répondit à son salut par un geste de la main dépourvu de cordialité, apparemment gêné d'avoir été vu à l'endroit de l'accident.

– Je serai franc avec vous et je souhaiterais que vous le soyez aussi avec moi, lui dis-je après avoir redémarré. Laguna Perdida est un établissement qui accueille les mineurs perturbés et les jeunes délinquants. Je ne vois pas très bien en quoi les actes de Tom, ou son état, justifiaient qu'il soit mis en pension.

– C'était une mesure de protection. Notre cher voisin Carlson menaçait de porter plainte contre lui pour vol de voiture.

– Cela n'avait rien de bien tragique. Il aurait été placé en probation si c'était son premier délit. Était-ce le premier délit dont il se rendait coupable ?

– Évidemment.

– Alors, de quoi aviez-vous peur ?

– Je n'avais pas...

Mais il était trop honnête – ou sa peur était trop forte – pour aller jusqu'au bout de sa phrase.

– Qu'est-ce que Tom a fait exactement le dimanche matin quand vous vous êtes rendu chez le juge ?

– Absolument rien. Il ne s'est rien passé.

– Mais ce « rien », comme vous dites, vous a à tel point retourné que vous ne voulez pas aborder ce sujet.

– En effet. Ni avec vous ni avec qui que ce soit. Ce qui s'est produit ou aurait pu se produire dimanche dernier a été complètement effacé par les récents événements. Mon fils a été enlevé. C'est une victime innocente, comprenez-vous ?

Cette déclaration méritait réflexion, elle aussi. Vingt-cinq mille dollars, pour moi c'était beaucoup d'argent, mais cela ne semblait pas être le cas pour Hillman. Si Tom était vraiment aux mains de professionnels du crime, ils réclameraient davantage.

– Quelle somme exacte seriez-vous en mesure de réunir si c'était nécessaire, monsieur Hillman ?

Il me décocha un regard perçant.

– Je ne comprends pas le sens de votre question.

– En général, les exigences des ravisseurs vont jusqu'à la limite extrême des possibilités financières de la famille. Je présume que vous pourriez payer une rançon très supérieure à vingt-cinq mille dollars.

– Oui, avec l'aide de ma femme.

– Espérons que cela ne sera pas nécessaire.

4

Le chemin privé grimpait à l'assaut d'une butte plantée de chênes en faisant des méandres : nous contournâmes enfin la pelouse qui se déployait devant une vaste et ancienne demeure de style espagnol – murs de crépi blanc, fenêtres obturées de grilles de fer forgé, toit de tuiles rouges qui brillaient sous la pluie. Une étincelante Cadillac noire était rangée devant nous.

– Je voulais prendre le volant ce matin, mais je ne me suis pas senti en état de conduire, m'expliqua Hillman. Je vous remercie de m'avoir ramené.

C'était un congé poli ou je ne m'y connaissais pas ! Et quand il escalada les marches du perron, j'éprouvai un vif sentiment de frustration. Mais ravalant ma déception, je lui collai aux talons et me glissai dans la place avant qu'il eût refermé la porte.

C'était l'état de sa femme qui le préoccupait. Elle l'attendait dans le hall d'entrée, assise, les épaules voûtées, dans un fauteuil espagnol à haut dossier qui la faisait paraître encore plus menue qu'elle ne l'était. Ses escarpins en lézard ne touchaient pas les dalles bien polies du carrelage. Mince et blonde, bien faite, elle avait dépassé la quarantaine. Il émanait d'elle une détresse pleine de résignation qui permettait de penser qu'elle était réellement la poupée décolorée qu'elle donnait l'impression d'être. Sa robe verte faisait ressortir la pâleur de son teint.

– Elaine ?

Elle était parfaitement immobile, les poings posés sur ses genoux serrés. Elle regarda son mari, puis leva les yeux vers l'énorme lustre espagnol suspendu par une chaîne au centre du haut plafond aux poutres apparentes. Les ampoules, tels des fruits vénéneux, émergeaient d'un fouillis de feuillages de bronze.

– Ne reste pas sous ce lustre, dit-elle. J'ai toujours peur qu'il tombe. Tu aurais dû le décrocher.

– C'est toi qui as voulu qu'on le rapporte et qu'on le suspende ici.

– Cela fait longtemps, je pensais qu'il fallait meubler l'espace ; c'était trop vide ici.

– Il remplit parfaitement sa fonction et il n'y a absolument rien à craindre, répliqua Hillman en s'approchant d'elle pour lui toucher le front. Tu es trempée. Tu n'aurais pas dû sortir dans ton état.

– J'ai juste fait quelques pas pour voir si tu rentrais. Tu es resté longtemps absent.

– Je n'ai pas pu faire autrement.

Comme il esquissait le geste d'ôter sa main, elle la saisit et la pressa contre sa poitrine.

– As-tu du nouveau ?

– Nous ne pouvons pas espérer avoir de nouvelles avant un certain temps. J'ai pris les dispositions nécessaires pour la rançon. Dick Leandro apportera les fonds dans le courant de l'après-midi. D'ici là, il faut attendre un appel téléphonique.

– Attendre... c'est atroce.

– Je sais. Tu devrais essayer de penser à autre chose.

– A quoi ?

Je crois qu'il chercha à trouver un sujet de réflexion mais il y renonça.

– N'importe comment, c'est très mauvais de rester assis dans ce vestibule glacial. Tu risques d'attraper une pneumonie. Viens au salon. Je vais te préparer un verre.

Se souvenant soudain de moi, Hillman m'inclut dans son invitation mais il ne me présenta pas à son épouse : peut-être parce qu'il ne m'en jugeait pas digne, peut-être pour ne pas encourager le dialogue entre elle et moi. Je les suivis avec le sentiment d'être de trop dans une pièce plus petite à laquelle on accédait par trois marches d'ardoise. Elaine Hillman alla droit vers la cheminée allumée et offrit son dos aux flammes, tandis que son mari se dirigeait vers la niche ornée d'affiches de corridas où était installé le bar.

La main qu'Elaine me tendit était glacée.

– Je ne voudrais pas monopoliser toute la chaleur, me dit-elle. Êtes-vous de la police ? Je croyais que nous devions la tenir en dehors de tout ça...

– Je suis détective privé. Lew Archer.

– Qu'est-ce que tu veux boire, ma chérie ? lui demanda son mari depuis le bar.

– Une absinthe.

– Tu crois que c'est une bonne idée ?

– Le goût amer de l'absinthe convient à mon état d'esprit. Mais un scotch léger fera l'affaire.

– Et vous, monsieur Archer ?

J'optai moi aussi pour un scotch. J'en avais besoin. Ils m'étaient plutôt sympathiques, tous les deux, mais ils me tapaient un peu sur les nerfs. Il y avait quelque chose de quasi professionnel dans la manière dont ils jouaient de leur angoisse en se donnant la réplique. On aurait dit un couple d'acteurs improvisant une tragédie à l'intention d'un auditoire réduit à un unique spectateur ; ce qui ne veut pas dire que leur angoisse n'était pas sincère : elle les étouffait.

Hillman traversa la pièce avec un plateau sur lequel étaient posés trois verres qu'il déposa sur la longue table en face de la cheminée. Il nous tendit les nôtres, puis tisonna le feu. Des langues de flamme s'élevèrent en sifflant. L'espace d'un instant, leur rougeoyant éclat plaqua sur son visage un masque sauvage. Celui de sa femme, flottant au-dessus de son verre, évoquait plutôt une lune morte.

– Nous aimons beaucoup notre fils, monsieur Archer. Pouvez-vous nous aider à le retrouver ?

– Je peux toujours essayer. Mais je ne suis pas sûr qu'il soit très raisonnable de tenir la police à l'écart de cette affaire. Je ne suis qu'un homme et, qui plus est, je n'agis pas sur mon territoire habituel.

– Qu'est-ce que cela change ?

– Ici, je n'ai pas d'informateurs.

– Tu as entendu, Ralph ? dit Elaine Hillman à son mari, prostré, la tête rentrée dans les épaules. M. Archer pense que nous devrions avertir la police.

– J'ai entendu. Mais c'est impossible, affirma-t-il en se redressant et en exhalant un soupir, comme s'il portait tout le poids de la maison sur ses épaules. Je ne veux rien faire qui risque de mettre la vie de Tom en danger.

– Je suis d'accord avec toi. Je suis prête à payer tout ce qu'il faudra pour qu'il revienne. A quoi bon avoir de l'argent si nous ne pouvons pas le dépenser pour un fils ?

Une fois encore je trouvai à cette phrase quelque chose de vaguement incongru. J'avais un peu le sentiment que Tom était le centre, le pivot de ce foyer, mais un centre abstrait. On semblait le considérer comme une divinité à laquelle on offrait des sacrifices et dont on attendait des bienfaits en échange. Et peut-être aussi des châtiments. Je commençais à me ranger du côté de Tom.

– Parlez-moi de Tom, madame Hillman.

Son visage livide s'anima imperceptiblement mais, avant qu'elle ait ouvert la bouche, Hillman s'interposa :

– Non ! Vous n'imposerez pas cette torture à Elaine.

– Mais je n'ai qu'une idée très vague de votre fils. J'essaie de comprendre comment il a pu se jeter dans les bras de ses ravisseurs, et de savoir où il est allé.

– Je ne sais absolument pas où il a bien pu aller, assura Mme Hillman.

– Moi non plus. Si je le savais, je serais déjà allé le chercher.

– Eh bien, je vais vous laisser et tâcher d'obtenir les renseignements dont j'ai besoin. Pouvez-vous me confier une photo de votre fils ?

Hillman alla dans la pièce attenante. Les rideaux étaient tirés et dans la pénombre émergeait la silhouette d'un piano à queue. Il revint avec le portrait encadré d'un garçon dont les traits avaient une certaine ressemblance avec les siens. Ses yeux noirs me parurent ceux d'un être en pleine révolte mais peut-être extrapolais-je. Son regard en tout cas dénotait une vive intelligence et une certaine imagination. Sa bouche exprimait une bouderie involontaire.

– Est-ce que je peux sortir cette photo de son cadre ? A moins que vous n'en ayez une d'un format plus petit : ce serait plus commode pour la montrer.

– Comment ça, la montrer ?

– Eh oui, monsieur Hillman : pour la montrer. Si je vous demande une photographie de votre fils, ce n'est pas pour la garder dans mon album de souvenirs.

– Il y a celle qui est sur ma coiffeuse, fit Elaine Hillman. Je vais la chercher.

– Je peux vous accompagner ? lui demandai-je. J'aimerais jeter un coup d'œil dans la chambre de Tom. Elle me fournira peut-être quelques indications.

– D'accord, je vous autorise à y jeter un coup d'œil, mais je ne veux pas que vous la fouilliez, fit Hillman.

– Pourquoi ?

– Ça ne me plaît pas, c'est tout. Même maintenant, Tom a le droit qu'on respecte sa vie privée.

Nous montâmes tous les trois au premier en nous observant mutuellement avec méfiance. Je me demandais si Hillman ne craignait pas que je fasse une découverte gênante mais j'hésitais à lui poser directement la question. Il était tout à fait capable de prendre la mouche pour un simple détail et de me flanquer à la porte séance tenante.

Il resta sur le pas de la porte tandis que j'examinais superficiellement la chambre. C'était une vaste pièce donnant sur la façade. Elle était luxueusement meublée, d'une commode, de chaises, d'une table et d'un lit. Un téléphone rouge était posé sur la table de chevet. Des gravures représentant des voiliers et des reproductions d'œuvres abstraites ornaient les murs. Le parquet disparaissait sous des tapis indiens et la descente de lit provenait visiblement des ateliers des Navajos.

– Tom s'intéressait-il à la navigation ? demandai-je à Hillman.

– Pas particulièrement mais, à l'occasion, il me donnait un coup de main sur le sloop quand je n'avais pas d'équipage pour la manœuvre. C'est important ?

– J'aimerais seulement savoir s'il traînait souvent du côté du port.

– Non, pas du tout.
– S'intéressait-il aux oiseaux ?
– Je ne crois pas.
– Qui a choisi les gravures ?
Ce fut Elaine qui répondit :
– Moi. C'est moi qui ai décoré la chambre de Tom. Il s'y sentait bien, n'est-ce pas, Ralph ?
Hillman marmonna quelque chose d'inintelligible. Je m'approchai de la fenêtre qui s'ouvrait sur l'allée semi-circulaire. On apercevait le terrain de golf et, au-delà, la route et ses voitures qui ressemblaient à des jouets d'enfants. J'imaginais Tom, la nuit, suivant les phares des yeux.
Une épaisse partition musicale était posée, ouverte, sur un fauteuil de cuir. Je regardai la couverture. C'était une méthode aux pages écornées : *Clavier bien tempéré*.
– Tom joue-t-il du piano, monsieur Hillman ?
– Oui. Très bien, même. Il l'étudie depuis dix ans. Mais un beau jour, il a voulu...
Sa femme eut un claquement de langue désapprobateur.
– Pourquoi revenir là-dessus ?
– Quoi, là-dessus ? Il est aussi difficile de vous tirer des renseignements que d'essayer de faire saigner une pierre.
– J'ai tout à fait l'impression d'être une pierre exsangue, répliqua-t-elle avec une vague grimace. Je crois que le moment est assez mal choisi pour ranimer de vieilles querelles de famille.
– Il n'y a pas eu de querelles, rétorqua le mari. C'est la seule chose sur laquelle nous ayons jamais eu un désaccord, Tom et moi. Et il s'est passé de mon approbation. Point à la ligne.
– Comme vous voudrez, monsieur Hillman. Que faisait votre fils quand il n'était pas à la maison ?
Ils se regardèrent comme si le secret des balades de leur fils était mystérieusement caché dans leurs regards res-

pectifs, mais la sonnerie brutale du téléphone rouge interrompit leur muette communion, semblable à une pensée proférée à haute voix. Elaine Hillman sursauta et la photographie qu'elle tenait à la main lui échappa. Elle parut sur le point de s'affaisser et son mari la retint.

– Ce ne doit pas être pour nous, dit-il. C'est la ligne personnelle de Tom.

La sonnerie retentit une seconde fois.

– Voulez-vous que je prenne la communication ? leur proposai-je.

– Si vous voulez bien...

Je m'assis sur le lit et décrochai.

– Allô ?

– Tom ? fit une voix de jeune fille. C'est toi, Tommy ?

– Qui est à l'appareil ? demandai-je en essayant de prendre, moi aussi, une voix juvénile.

Il y eut comme une exclamation de dépit et on raccrocha. Je reposai le récepteur sur sa fourche.

– C'était une jeune fille ou une jeune femme. Elle voulait parler à Tom.

– Cela n'a rien d'extraordinaire, dit Elaine avec un rien de malveillance qui parut la requinquer. Je suis certaine que c'était Stella Carlson. Elle n'a pas arrêté d'appeler pendant la semaine.

– Et elle raccroche toujours comme ça au nez des gens ?

– Non. Je lui ai parlé hier. Elle m'a accablée de questions auxquelles j'ai naturellement refusé de répondre. Mais je voulais être sûre qu'elle n'avait pas vu Tom. Et elle ne l'a pas vu, je suis formelle.

– Est-elle au courant de ce qui s'est passé ?

– J'espère bien que non, fit Hillman. Rien de tout cela ne doit sortir de la famille. Plus il y aura de gens au courant, plus grave...

Cette fois encore, il laissa sa phrase en suspens.

Je me relevai pour aller ramasser la photo. Elaine s'approcha du lit d'une démarche saccadée et tira sur le couvre-pieds à l'endroit où je m'étais assis : si tout n'était pas parfaitement en ordre dans la chambre, la divinité ne serait pas apaisée et ne reviendrait jamais plus. Quand Mme Hillman eut fini d'effacer ces marques de profanation, elle se jeta sur le lit et ne bougea plus.

Son mari et moi nous retirâmes sans bruit et nous redescendîmes attendre le seul coup de téléphone qui importait. Il y avait un appareil dans la niche qui servait de bar et un autre poste dans l'office d'où je pourrais écouter la conversation. Pour nous y rendre, nous dûmes traverser le salon de musique où trônait le piano et une salle à manger du genre solennel, aussi lugubre qu'une reconstitution dans un musée.

Le passé collait aux murs, les imprégnait comme une odeur persistante et indéfinissable. Il semblait faire partie intégrante de l'architecture de la maison, de ses poutres sombres et massives, de ses cloisons épaisses, de ses fenêtres en arceau, obligeant quasiment son propriétaire à se sentir l'âme d'un seigneur moyenâgeux. Mais le costume d'hidalgo seyait mal à Hillman : c'était comme un déguisement de bal masqué, une parure coupée à la va-vite qui faisait des plis. Même quand leur fils était là, sa femme et lui devaient sonner faux dans ce décor somptueux.

Quand nous eûmes regagné le salon et sa cheminée aux flammes vacillantes, je posai encore quelques questions au maître de céans. Les Hillman avaient deux domestiques, un couple, les Perez, qui s'étaient toujours occupés de Tom. Mme Perez était probablement dans la cuisine. Son époux était allé rendre visite à sa famille au Mexique.

– Vous êtes absolument sûr qu'il est au Mexique ? demandai-je à Hillman.

– Sa femme a reçu une carte postale du Sinaloa. N'importe comment, les Perez nous sont entièrement dévoués, à nous et à Tom. Ils sont à notre service depuis que nous avons acheté la maison et que nous nous y sommes installés.

– Cela fait longtemps ?

– Plus de seize ans. Nous avons emménagé après que j'ai quitté la marine. Nous avons monté notre société, un autre ingénieur et moi-même, les Technical Entreprises. L'affaire s'est rapidement développée. Au début, nous fabriquions des composants électroniques pour l'armée, puis nous avons eu des commandes de la N.A.S.A. J'ai pu prendre une semi-retraite depuis quelque temps.

– Vous êtes bien jeune pour un retraité, monsieur Hillman.

– Peut-être... admit-il en regardant autour de lui avec une certaine nervosité comme s'il se débattait avec lui-même. Je suis toujours président-directeur général, évidemment. Je vais au bureau tous les matins. Je joue beaucoup au golf, je chasse et je fais beaucoup de voile. Cet été, j'ai initié Tom au calcul intégral, une matière qu'on n'enseigne pas dans son lycée. J'ai pensé que cela lui serait utile s'il allait au Cal Tech [1] ou au M.I.T. [2]. Je suis moi-même sorti du M.I.T. et Elaine a fait ses études à Radcliffe [3]. Elle avait toujours vécu dans Beacon Street, n'est-ce pas ?...

» Autrement dit : nous sommes des gens riches et cultivés, des citoyens de première classe, en quelque sorte. Comment l'univers a-t-il pu nous faire une vacherie pareille ?

Il baissa la tête et se prit le visage dans les mains.

Le téléphone du bar sonna. La seconde sonnerie retentit alors que je venais de traverser la salle à manger. A la

1. Institut de technologie de Californie.
2. Institut de technologie du Massachusetts.
3. Université féminine, Cambridge, Massachusetts.

porte de l'office, je faillis rentrer dans une petite bonne femme rondouillarde qui s'essuyait les mains avec son tablier.

– J'allais répondre, fit-elle.

– C'est moi qui répondrai, madame Perez.

Elle battit en retraite dans la cuisine dont elle referma la porte. La seule source de lumière dans l'office était l'œil-de-bœuf en demi-lune qui s'ouvrait sur la salle à manger. Le téléphone posé sur la planchette du passe-plat était à présent silencieux. Je décrochai le combiné avec précaution.

– Qu'est-ce qui se passe ? demandait une voix masculine. Le F.B.I. est sur la ligne ou quoi ?

L'homme parlait avec l'accent vaguement chantant de l'Ouest.

– Absolument pas. J'ai suivi vos instructions à la lettre.

– Espérons-le. Je veux bien vous croire, monsieur Hillman. Si quelque chose me donnait à penser que cette communication est enregistrée, je raccrocherais – et vous pourriez dire adieu à Tom. Définitivement.

Il y avait une sorte de jubilation dans cet avertissement, lourd de menaces.

– Non, ne raccrochez pas, supplia Hillman d'une voix altérée par une haine perceptible. J'ai la somme que vous m'avez demandée. Enfin, je l'aurai dans un très bref délai. Je serai prêt à vous la remettre quand vous me donnerez le feu vert.

– Vingt-cinq mille dollars en petites coupures ?

– Les plus grosses seront de vingt dollars.

– Et les billets ne seront pas marqués ?

– Je vous répète que j'ai suivi vos directives à la lettre. La seule chose qui compte pour moi est de retrouver mon fils sain et sauf.

– Je suis bien content que vous mesuriez exactement la gravité de la situation, monsieur Hillman. Vous pigez vite et c'est une bonne chose. En fait, ça ne m'amuse pas de vous causer tout ce tintouin. Et, sincèrement, je serais très ennuyé d'être obligé de me montrer désagréable avec ce garçon qui est charmant.

– Tom est-il là ?

– Plus ou moins. C'est-à-dire qu'il n'est pas loin.

– Est-ce que je peux lui parler ?

– Non.

– Comment puis-je avoir la certitude qu'il est vivant ?

Silence à l'autre bout de la ligne. Puis :

– Vous n'avez pas confiance en moi, monsieur Hillman. Ça ne me plaît pas.

– Comment pourrais-je...

Hillman dut se mordre les lèvres : il laissa la fin de sa phrase en suspens.

– Je sais très bien ce que vous alliez dire. Comment pourriez-vous faire confiance à l'immonde salaud que je suis, hein ? Ce n'est pas notre problème, Hillman. Le problème est de savoir si, moi, je peux faire confiance à un salopard de votre espèce. J'en sais plus long sur vous que vous ne le supposez, Hillman.

Nouveau silence ponctué d'une respiration sifflante.

– Alors, est-ce que je peux ?

– Est-ce que vous pouvez quoi ? demanda Hillman, presque aux limites du désespoir.

– Vous faire confiance.

– Oui, entièrement.

Encore un temps mort coupé de petits sifflements.

– Je pense que je suis bien forcé de vous croire sur parole. D'accord. J'imagine que vous passeriez volontiers la journée à répéter sur tous les tons que je suis la pire des ordures, mais le moment est venu de passer aux choses sérieuses. Je veux l'argent. Mais attention : que ce soit bien clair : il ne s'agit pas d'une rançon. Votre fils n'a pas été kidnappé. Il est venu à nous de son plein gré...

– Je ne...

Les paroles que se préparait à prononcer Hillman ne franchirent pas ses lèvres.

– Vous ne me croyez pas ? Vous n'aurez qu'à le lui demander si jamais vous en avez l'occasion. Vous ne vous rendez pas compte que vous êtes en train de bousiller vos chances ? J'essaye de vous faire comprendre que vous devez me payer certains renseignements, hein ? Il ne s'agit pas d'autre chose ! Mais vous vous obstinez à me traiter de menteur, de salopard et Dieu sait quoi d'autre.

– Non. Cela n'a rien de personnel.

– Que vous dites.

– Écoutez... vous disiez que le moment était venu de passer aux choses sérieuses. Indiquez-moi seulement où et quand la somme doit être remise. Elle le sera. Je vous le garantis.

Hillman avait parlé d'une voix cassante qui provoqua la réaction hargneuse de son correspondant.

– Ne soyez pas si pressé. C'est moi qui commande, ne l'oubliez pas.

– Allez-y, je vous écoute. Parlez.

– Quand j'en aurai envie, pas avant. Je crois préférable de vous laisser réfléchir un peu, Hillman. Descendez de vos grands chevaux et mettez-vous à genoux : c'est l'attitude qui convient dans votre cas.

Il raccrocha.

Quand je revins au salon, Hillman était encore debout derrière le bar, l'écouteur à la main. Il le reposa distraitement et vint vers moi en secouant sa chevelure argentée.

– Il refuse de me donner l'assurance que Tom est sain et sauf.

– J'ai entendu. C'est toujours comme ça qu'ils procèdent. Vous ne pouvez compter que sur sa pitié.

– Sa pitié ! Il parlait comme un maniaque. On aurait dit qu'il jouissait de... de ma douleur.

– Vous avez raison, ça l'excitait. Il ne reste qu'à espérer qu'il se contentera de ces chatouillements – et de l'argent.

Hillman baissa la tête.

– Vous croyez que Tom est en danger ?

– Oui. Je ne pense pas que vous ayez affaire à un névropathe à cent pour cent, mais cet individu ne m'a pas donné l'impression d'être parfaitement équilibré. A mon avis, c'est un amateur ou, peut-être, un petit malfrat qui a saisi une occasion inespérée de faire un gros coup. Mais je penche tout de même pour la première hypothèse, celle de l'amateur doué. Est-ce le même personnage que celui qui vous a téléphoné ce matin ?

– Oui.

– Il travaille peut-être en solo. Pensez-vous que vous seriez en mesure de reconnaître sa voix ? J'ai eu la vague impression de liens entre lui et vous. Peut-être est-ce quelqu'un qui vous en veut ? Un de vos anciens employés, par exemple ?

– J'en doute fort. Nous n'employons que du personnel qualifié et ce type m'a fait l'effet de descendre tout droit de l'âge de pierre. Et vous me dites que je suis à sa merci !

– Votre fils l'est. Pourrait-il y avoir une part de vérité dans ce qu'il a déclaré au sujet de Tom... qu'il se soit rendu spontanément auprès de lui ?

– Absolument aucune. Tom est un bon garçon.

– Et sa faculté de jugement ? Qu'en pensez-vous ?

Le silence de Hillman contenait une réponse implicite. Il alla se verser un bourbon qu'il avala d'un trait. Je le rejoignis au bar.

– Et si Tommy avait monté lui-même cette escroquerie avec la complicité d'un de ses copains, voire d'un intermédiaire salarié ?

Il leva le bras comme s'il allait m'envoyer son verre à la tête. Il se détourna *in extremis* mais j'eus le temps de m'apercevoir qu'il avait le visage congestionné par la colère.

– C'est entièrement exclu. Faut-il vraiment que vous me tourmentiez avec ce genre d'hypothèses ?

– Je ne connais pas votre fils. Vous, vous êtes censé le connaître.

– Jamais il ne lui serait venu à l'esprit de me faire une chose pareille.

– Vous l'avez expédié à Laguna Perdida, n'oubliez pas.

– J'y ai été forcé.

– Pourquoi ?

Il me dévisagea. La fureur se lisait dans son regard.

– Votre insistance frise la stupidité. Je ne vois pas le rapport.

– J'essaie de découvrir jusqu'où Tom a pu aller. S'il existe une raison de penser qu'il a lui-même organisé son enlèvement dans l'intention de vous punir ou de vous faire casquer, il serait bon de mettre la police dans le coup.

– Vous êtes fou ?

– Et Tom ? Est-il fou ?

– Bien sûr que non. Franchement, monsieur Archer, je commence à en avoir assez de vous et de vos questions. Si vous voulez rester dans cette maison, d'accord, mais ce sera à mes conditions.

J'eus la tentation de prendre la porte aussi sec mais quelque chose me retint : l'affaire commençait à m'intéresser sérieusement.

Hillman remplit à nouveau son verre – de whisky, cette fois – et en avala la moitié d'un seul trait.

– A votre place, je m'abstiendrais de boire, monsieur Hillman. Vous allez avoir des décisions graves à prendre. Ce jour pourrait bien être le plus important de votre vie.

Il opina lentement du chef.

– Vous avez raison.

Il vida le reste de son verre dans l'évier en inox du bar, puis s'excusa et remonta auprès de sa femme.

5

Je quittai discrètement la demeure, sortis un chapeau et un imper du coffre de ma voiture et descendis à pied l'allée sinueuse. Sous les chênes, la pluie tombait à grosses gouttes sur les feuilles mortes avec un petit bruit de froissement et l'odeur d'humus réveillait mes souvenirs. J'avais travaillé tout un été dans un ranch des contreforts de la Sierra. Vers la fin août, j'avais fait la connaissance d'une fille et nous nous rencontrions dans les bois. Depuis, j'avais gardé au fond de moi la nostalgie de cette époque.

Grandir semblait chose difficile. En tout cas, il était de plus en plus compliqué de comprendre ce que les jeunes avaient dans la tête. Si je réussissais à joindre cette ancienne compagne peut-être m'aiderait-elle à déchiffrer la personnalité de Tom.

La boîte aux lettres des Carlson était plantée à quelque deux cents mètres de la route, réplique miniature de leur maison de style colonial blanche aux volets verts – rien n'y manquait. Cette reproduction d'un goût douteux m'arracha une grimace. Néanmoins, j'escaladai les marches de brique et frappai à la porte.

La jolie rousse aux yeux verts qui m'ouvrit m'enveloppa d'un regard froid.

– Vous désirez ?

Il était clair que je ne pourrais pas franchir le seuil sans mentir un peu.

– Je suis dans les assurances...

– L'accès de la résidence d'El Rancho est interdite aux démarcheurs.

– Je ne suis pas un représentant, madame Carlson. Je suis inspecteur du contentieux.

– S'il s'agit de ma voiture accidentée, je crois que tout a déjà été réglé la semaine dernière.

– Ce qui nous intéresse, c'est la cause du sinistre : pour nos statistiques, comprenez-vous ?

– Eh bien, moi, vos statistiques ne m'intéressent nullement.

– Votre véhicule y figure déjà. Sauf erreur de ma part, il vous avait été volé.

Elle parut hésiter et se retourna pour jeter un coup d'œil derrière son épaule comme s'il y avait une autre personne dans l'entrée.

– Oui, se décida-t-elle enfin. Il a été volé.

– Par un petit voyou du voisinage, n'est-ce pas ?

Je cherchais à la pousser dans ses retranchements ; la manœuvre réussit : elle rougit.

– Oui, et je doute fort que ce soit un accident malencontreux : il a pris mon auto et l'a délibérément démolie, par dépit.

Les mots tombaient de sa bouche avec un grésillement de gouttes d'eau tombant sur une plaque chauffante, comme s'ils cuisaient à petit feu dans sa tête depuis plusieurs jours.

– C'est une hypothèse qui ne manque pas d'intérêt, madame Carlson. Puis-je entrer ? J'aimerais l'examiner avec vous.

– Si vous voulez.

Elle me fit entrer dans le vestibule. Je m'assis à la table du téléphone et sortis mon calepin noir de ma poche. Elle demeura debout, une main sur le pilastre de l'escalier.

– Avez-vous des indices étayant cette hypothèse ? lui demandai-je, le crayon levé.

– L'hypothèse selon laquelle c'est volontairement qu'il a cassé ma voiture ?

– Oui.

Ses dents blanches se plantèrent dans sa lèvre rouge et pleine, y laissant une marque qui s'effaça rapidement.

– Vous ne pourrez jamais mettre ça dans vos statistiques. Le garçon en question – il s'appelle Tom Hillman – faisait les yeux doux à notre fille. A ce moment-là, il était charmant – pas comme maintenant. Il passait la majeure partie de son temps libre chez nous et nous le traitions comme s'il était notre propre fils. Mais nos rapports se sont détériorés. Fortement détériorés.

Elle paraissait à la fois en colère et pleine de regrets.

– Pourquoi se sont-ils détériorés ?

Elle eut un mouvement d'agacement.

– Je préfère ne pas parler de ce sujet. Cela ne regarde pas une compagnie d'assurances. Ni personne d'autre d'ailleurs.

– Je pourrais peut-être discuter avec ce garçon. Il habite juste à côté, n'est-ce pas ?

– Ses parents habitent là, oui, mais je crois qu'ils l'ont mis en pension quelque part. Nous n'adressons plus la parole aux Hillman, ajouta-t-elle d'un ton pincé. Ce sont des gens tout à fait fréquentables, je ne dis pas le contraire, mais ils se sont couverts de ridicule avec leur fils.

– Où l'ont-ils envoyé ?

– Dans une sorte de maison de redressement, sans doute. Il en avait besoin. Ce garçon filait un mauvais coton.

– Dans quel sens ?

– Dans tous les sens. Il a démoli ma voiture, ce qui signifie qu'il était probablement ivre. Je sais qu'il passait son temps dans les bars de Main Street.

– Il avait fait la tournée des bars le soir de l'accident ?

– Tout l'été, il n'a fait que ça. Il a même essayé d'entraîner Stella. C'est la raison pour laquelle nos relations se sont détériorées, si vous voulez le savoir.

Je griffonnai une note.

– Pourriez-vous être un peu plus précise, madame Carlson ? Le contexte social est important dans ce genre de sinistres.

– Eh bien, il a réussi à entraîner Stella dans une de ces affreuses boîtes dont il était un pilier. Vous rendez-vous compte ? Emmener une innocente jeune fille de dix-sept ans dans un bistrot d'ivrognes du bas Main Street ? Après cela, nous avons tiré un trait sur Tom Hillman.

– Et Stella ?

– C'est une fille raisonnable, répondit-elle en levant la tête vers le premier étage. Son père et moi lui avons fait comprendre que la fréquentation de ce garçon ne pouvait que lui être néfaste.

– Donc, elle n'a été pour rien dans « l'emprunt » de votre véhicule ?

– Absolument pour rien.

– Ce n'est pas vrai, mère, tu le sais très bien, fit alors une voix claire venant du palier. Je t'ai expliqué...

– Veux-tu te taire, Stella ! Et retourne te coucher. Si tu étais trop malade pour rester dans ton camp de vacances, ta place est dans ton lit.

Tout en parlant, Mme Carlson avait grimpé la moitié de l'escalier. Elle avait de fort belles jambes, les mollets un rien trop musclés, peut-être. Sa fille descendit à sa rencontre. Stella avait une silhouette élancée et ses yeux ravissants lui dévoraient le visage. Ses cheveux châtains étaient tirés en arrière. Elle portait un pantalon et sous son pull de laine bleu à col cheminée, ses seins pointaient insolemment.

– Je me sens mieux, merci, répliqua-t-elle avec cette froideur glaciale des adolescents. Tout du moins, je me sentais mieux jusqu'au moment où je t'ai entendue raconter ces mensonges sur Tom.

– Comment as-tu l'audace de me parler sur ce ton ? Retourne dans ta chambre !

– D'accord, mais à condition que tu arrêtes de salir Tom.

– Je te prie de te taire.

Mme Carlson négocia en coup de vent les trois ou quatre marches qui la séparaient encore de sa fille, l'empoigna par les épaules, l'obligea à faire demi-tour et l'entraîna *manu militari.* « Menteuse ! Menteuse ! » ne cessait de répéter la voix cristalline de Stella. Puis une porte claqua et ce fut le silence.

Mme Carlson redescendit quelques minutes plus tard. Elle s'était remaquillée et portait un manteau écossais, un chapeau vert égayé d'une plume et elle avait mis des gants. Elle ouvrit toute grande la porte de l'entrée.

– Je suis désolée, mais je dois maintenant vous prier de sortir. Mon coiffeur a horreur de me voir arriver en retard. D'ailleurs, vous avez obtenu bien plus de renseignements que vous n'en souhaitiez.

– Au contraire, les remarques de votre fille m'ont beaucoup intéressé.

Elle me sourit avec une politesse féroce.

– Ne faites pas attention à Stella. Elle a la fièvre et elle se conduit comme une hystérique. La pauvre enfant a été vivement choquée par cet accident.

– Parce qu'elle y était impliquée ?

– Ne dites pas de sottises ! répliqua-t-elle en tambourinant sur le bouton de la porte. Il faut vraiment que je m'en aille, maintenant.

Je sortis. Elle me suivit et la porte claqua bruyamment derrière moi en se refermant. Mme Carlson avait apparemment un sérieux entraînement pour ce qui était de faire claquer les portes.

– Où est votre voiture ? me cria-t-elle.

– Je suis arrivé en parachute.

Elle me suivit des yeux, immobile, jusqu'à ce que j'atteigne le bout de l'allée. Alors, elle rentra dans la maison.

Une fois parvenu à leur boîte aux lettres, je m'engageai sur le chemin privatif des Hillman. Un bruit de feuilles froissées attira mon attention et je me dis que ce devait être un pinson qui grattait la terre. Mais ce n'était pas un pinson : c'était Stella.

Elle apparut soudain, derrière un tronc d'arbre. Le capuchon de son parka de ski bleu qui recouvrait ses cheveux était noué sous son menton. On ne lui aurait pas donné plus de douze ans. Elle me fit signe d'approcher en mettant dans son geste toute la dignité d'une femme adulte et posa un doigt sur ses lèvres.

– Il vaut mieux que je ne me fasse pas voir. Mère va me chercher.

– Je croyais qu'elle avait rendez-vous chez le coiffeur ?

– C'était un mensonge de plus, rétorqua Stella d'une voix sèche. Depuis quelque temps, elle ment beaucoup.

– Pourquoi ?

– Je suppose que l'on finit par en prendre l'habitude. Mère était la franchise même, avant. Papa aussi, d'ailleurs. Mais cette histoire avec Tom les a complètement chamboulés. Moi aussi, ajouta-t-elle en toussant dans le creux de sa main.

– Vous ne devriez pas sortir par ce temps humide. Vous êtes malade.

– Pas vraiment. Enfin, je veux dire... pas physiquement. Je ne me sens pas d'attaque pour affronter les copains du camp de vacances et répondre à leurs questions, voilà tout.

– Leurs questions à propos de Tom ?

Elle confirma d'un mouvement du menton.

– Je ne sais même pas où il est. Et vous, vous savez ?

– Non.

– Vous êtes un policier ou un machin quelconque ?

– Policier, je l'ai été. Maintenant, je suis un machin quelconque.

Son nez se plissa et elle pouffa. Brusquement, elle se raidit, l'oreille aux aguets. Elle me faisait penser à une biche traquée.

– Vous avez entendu ? C'est ma mère qui me cherche.

J'entendis effectivement une voix lointaine appeler « Stella... Stella ».

– Elle va m'arracher les yeux, reprit la jeune fille, mais il faut quand même que quelqu'un dise la vérité de temps en temps. Moi, je sais ! Tommy a une cabane dans un arbre, là-haut. J'y allais quand j'étais petite. Nous pourrons y parler tranquillement.

Je la suivis le long d'un sentier qui disparaissait à moitié sous les herbes. Une petite cabane en bois de séquoia recouverte d'une toile goudronnée était nichée dans les ramures d'un chêne. Une échelle de fortune, aussi érodée par les intempéries que la cabane, permettait d'accéder à une plate-forme. Stella monta la première. Quand elle pénétra à l'intérieur, un pivert à tête rouge s'envola par le trou béant de la fenêtre et alla se percher sur l'arbre voisin d'où il se mit à nous haranguer. La voix de Mme Carlson parvenait toujours à nos oreilles. Elle avait du coffre, cette femme, mais elle commençait à s'enrouer.

– La famille des Robinson suisses, dit Stella, assise au bord d'un bat-flanc équipé d'un matelas mais démuni de couvertures quand j'entrai à mon tour dans son repaire. Nous y passions des journées entières quand nous étions gosses, Tommy et moi.

Elle parlait de cette époque, pas si lointaine pourtant, avec nostalgie.

– Évidemment, nous avons cessé de nous y retrouver quand nous avons atteint l'âge de la puberté. Ce n'aurait pas été convenable.

– Vous avez de l'affection pour Tommy ?

– Oui. Je l'aime. Plus tard, nous nous marierons. Mais ne vous faites pas de fausses idées. Il ne s'agit pas de se fréquenter, nous ne flirtons pas et nous ne voulons pas non plus vivre à la colle, déclara-t-elle du bout des lèvres comme si ce mot même avait une odeur déplaisante. Nous nous marierons seulement quand Tommy aura terminé ses études ou qu'il aura, au moins, le pied à l'étrier. Nous ne voulons pas avoir de problèmes d'argent, vous comprenez ?

Elle se servait de l'interlocuteur que j'étais pour se consoler un peu avec une histoire, une histoire simple qui finissait bien.

– Comment cela ?

– Les parents de Tommy ont une très grosse fortune.

– Et les vôtres ? Vous laisseront-ils l'épouser ?

– Ils ne pourront pas m'en empêcher.

Je la croyais. A une restriction près : que Tommy soit encore en vie. Elle dut lire dans mes pensées, voir une ombre traverser mon regard. C'était une fille qui ne manquait pas de clairvoyance.

– Tom va bien ?

Son ton n'était plus le même.

– Je l'espère.

Elle agrippa ma manche.

– Où est-il, monsieur ?...

– Je ne sais pas, Stella. A propos, je m'appelle Lew Archer. Je suis détective privé et je suis de son côté. Cela étant, vous devez me dire la vérité sur l'accident.

– Oui. C'est ma faute. Papa et maman ont l'air de penser qu'ils doivent me couvrir mais cela ne fait qu'aggraver la situation de Tommy. Je suis la seule responsable.

Son regard direct levé vers moi, son sérieux et sa fraîcheur étaient ceux d'un enfant en prière.

– Vous conduisiez ?

– Non. En fait, je n'étais pas avec lui. Mais je lui ai dit qu'il pouvait prendre la voiture et j'ai été chercher les clés dans la chambre de ma mère. C'est aussi ma voiture, quoi ! Enfin, j'ai le droit de m'en servir.

– Votre mère est au courant ?

– Oui. Je lui ai tout raconté dimanche, à elle et à papa. Mais ils avaient déjà fait une déclaration à la police et ils n'ont pas voulu modifier ni me laisser modifier leur déposition. Cela ne changeait rien au fait que Tom l'avait prise, m'ont-ils expliqué.

– Pourquoi l'aviez-vous laissé la prendre ?

– Je reconnais que ce n'était pas une très bonne idée. Mais il fallait absolument qu'il aille quelque part pour voir quelqu'un et son père lui interdisait de toucher à ses voitures. Il était coincé. Mes parents étaient absents pour la soirée et Tommy m'avait promis qu'il n'en aurait que pour deux heures. Il était huit heures à peu près, et j'ai pensé qu'il n'y aurait pas de problème. Je ne savais pas qu'il ne rentrerait qu'au matin.

Elle ferma les yeux et se recroquevilla sur elle-même.

– Je n'ai pas fermé l'œil. J'ai passé la nuit à guetter son retour.

– Où est-il allé ?

– Je ne sais pas.

– Qu'avait-il l'intention de faire ?

– Ça non plus, je ne le sais pas. Il m'a dit que c'était pour la chose qui comptait le plus dans sa vie.

– Faisait-il allusion à une beuverie ?

– Tommy ne boit pas. Non, il devait voir quelqu'un, quelqu'un qui avait une très grande importance pour lui.

– Un pourvoyeur de drogue, par exemple ?

Elle me dévisagea avec ébahissement en ouvrant de grands yeux.

– Vous déformez tout ce que je dis comme papa quand il est en colère contre moi. Êtes-vous en colère contre moi, monsieur Archer ?

– Non. Je vous suis, au contraire, reconnaissant de votre franchise.

– Alors, pourquoi vous obstinez-vous à ramener tout ce que je dis à des histoires sordides ?

– L'habitude d'interroger des gens sordides, je suppose. Et il arrive que ni la mère ni la fiancée d'un drogué ne se doutent de son état.

– Je suis sûre que Tommy ne se droguait pas. Il était absolument contre. Il savait ce que la drogue avait fait à...

Elle porta vivement la main à sa bouche et je remarquai qu'elle se rongeait les ongles.

– Qu'alliez-vous dire ?

– Rien.

Quelque chose s'était soudain cassé entre nous. Je fis de mon mieux pour rétablir le climat de confiance :

– Écoutez-moi, Stella. Si je remue la boue, ce n'est pas pour le plaisir. Tommy est en danger. Vraiment en danger. S'il a des contacts avec des toxicos, vous devez me le dire.

– C'étaient juste certains de ses amis musiciens, murmura-t-elle. Ils ne chercheraient pas à lui faire de mal.

– Eux, peut-être. Mais des gens qu'ils connaissent... Qui sont ces garçons ?

– Des types avec qui Tommy jouait cet été. Il tenait le piano jusqu'à ce que son père le lui interdise. Il allait tous les dimanches après-midi écouter leurs jam-sessions au Barroom Floor.

– Une de ces affreuses boîtes dont parlait votre mère ?

– Pas du tout. Tommy ne m'emmenait pas dans des bistrots louches. C'était tout simplement un endroit où ils se réunissaient pour faire de la musique. Il voulait que j'écoute ses copains jouer.

– Et il jouait avec eux ?

Elle opina énergiquement.

– Tommy est un excellent pianiste. Il pourrait gagner sa vie comme ça. La preuve, on lui a proposé de tenir le piano pendant le week-end.

– Qui ça, on ?

– Le groupe qui anime le Barroom Floor. Mais le père de Tom s'y est opposé, évidemment.

– Parlez-moi un peu des membres de ce groupe.

– Le seul que je connaisse est Sam Jackman. Il était garçon de cabine au Beach Club. Il joue du trombone. Il y avait aussi un saxo, un trompettiste et un batteur. Je ne me rappelle plus leurs noms.

– Quelle est votre opinion sur ces garçons ?

– Je ne les trouvais pas tellement terribles. Mais, d'après Tommy, ils devaient faire un disque.

– Ça, c'est ce que prétendent tous les musiciens. Ce que je voudrais savoir, c'est quel genre de types c'étaient.

– Ce sont des musiciens, qu'est-ce que vous voulez que je vous dise de plus ? Tommy avait l'air de bien s'entendre avec eux.

– Et il passait beaucoup de temps avec ce groupe ?

– Il n'allait là-bas que le dimanche après-midi. Mais je crois que, certains soirs, il se rendait au Barroom Floor pour les écouter. C'était son autre vie, comme il disait.

– Son autre vie ?

– Oui. Chez lui, vous savez, il fallait qu'il ait l'air de toujours travailler pour faire plaisir à ses parents, et tout ce qui s'ensuit. Exactement comme moi. Mais ça ne colle plus tellement depuis l'accident, à la maison. Ils marchent tous à côté de leurs pompes.

Elle frissonna. Un vent froid et humide s'engouffrait par la fenêtre béante de la cabane. On n'entendait plus les appels de Mme Carlson. Ça m'embêtait d'empêcher cette petite de rejoindre sa mère mais, d'un autre côté, je ne voulais pas qu'elle s'en aille avant de m'avoir dit tout ce qu'elle était capable de me dire.

Je m'accroupis en tailleur devant elle.

– Stella, est-ce que vous croyez que, ce soir-là, Tom devait aller retrouver ses amis musiciens ?

– Non. Il me l'aurait dit. C'était quelque chose de plus secret.

– Il vous l'a dit expressément ?

– Pas la peine. Il s'agissait d'une affaire secrète et très importante, c'était visible. Il était dans un état d'excitation inhabituel.

– Dans le bon ou le mauvais sens ?

– Je ne sais pas comment vous expliquer. En tout cas, il n'avait pas peur si c'est à cela que vous pensez.

– Je vous demande simplement s'il était malade.

– Malade ?

– Psychologiquement parlant.

– Non. Je... C'est ridicule !

– Alors, pourquoi son père l'a-t-il envoyé dans cette institution ?

– Pourquoi il l'a mis à l'asile, c'est ça ?

Elle se pencha vers moi. Elle était si proche que son haleine me caressait le visage.

– Si l'on veut. Parce que l'institut de Laguna Perdida... Je ne voulais pas aborder ce sujet avec vous et je vous demanderai de ne pas le répéter à vos parents.

– Ne vous inquiétez pas, avec eux, je la boucle. Alors, c'est à l'asile qu'ils l'ont expédié ? Les sales hypocrites ! s'exclama-t-elle, le regard fixe et les yeux embués de larmes. Qu'est-ce qu'ils vont lui faire ? Lui taillader le lobe frontal comme dans une pièce de Tennessee Williams ?

– Non. Là-bas, il n'était pas en danger. Seulement, il s'est évadé il y a deux jours et il est tombé entre les mains de gangsters. Mais je ne veux pas vous créer de soucis supplémentaires... Je regrette d'avoir trop parlé.

– Ne vous en faites pas pour ça, répliqua-t-elle en me décochant un regard qui se voulait celui de la femme qu'elle n'était pas encore. Tout ce qui arrive à Tommy, c'est comme si ça m'arrivait à moi... Alors il est tombé entre les mains de gangsters ? Qui sont ces gangsters ?

– Je voudrais bien pouvoir répondre à cette question, et vite. A votre avis, peut-il s'agir de ses amis du Barroom Floor ?

Elle eut un geste de dénégation.

– Ils le retiennent prisonnier ou quelque chose comme ça ?

– Oui. Et je voudrais bien les identifier avant que la situation ne soit désespérée. Si vous avez connaissance d'autres relations qu'il aurait pu avoir, en particulier dans le monde de la pègre...

– Non, absolument pas. En fait, il ne menait pas une double vie. Il ne faisait que parler. Parler et jouer de la musique.

Ses lèvres étaient décolorées. Brusquement, je me vis comme dans un film – et ce n'était pas joli, joli : contre-plongée d'un costaud en train de torturer une petite fille qui souffrait déjà trop. J'étais effrayé par les saloperies qu'on est capable de faire au nom d'une juste cause.

– Vous devriez rentrer chez vous, Stella.

Elle croisa les bras sur sa poitrine.

– Pas avant que vous m'ayez tout dit. Je ne suis plus une enfant.

– Mais il s'agit d'informations confidentielles dont je n'ai pas l'intention de débattre sur la place publique. Si certaines personnes ont vent de ce que je sais déjà, cela aura pour seul effet de compliquer les choses.

– Vous êtes comme papa, lâcha-t-elle avec mépris. Vous tournez autour du pot. A-t-on enlevé Tommy pour obtenir une rançon, oui ou non ?

– Oui, mais je suis convaincu que ce n'est pas un kidnapping ordinaire : il se serait rendu de son plein gré auprès de ses ravisseurs.

– De qui tenez-vous ce renseignement ?

– De l'un d'entre eux, précisément.

Elle plissa le front.

– Alors, pourquoi Tommy serait-il en danger ?

– S'il connaît ceux qui le détiennent, il y a peu de chances pour qu'ils le relâchent. Il pourrait les identifier.

– Oui, je comprends, murmura-t-elle, le regard sombre. J'avais peur, en effet, qu'il ne se soit mis dans un pétrin pas croyable. Sa mère n'a rien voulu me dire au téléphone. Je me suis demandé s'il ne s'était pas tué et si ses parents ne voulaient pas étouffer l'affaire.

– Qu'est-ce qui vous fait penser ça ?

– Tommy. Il m'a appelée pour me donner rendez-vous à la cabane le dimanche matin après l'accident. Je ne devais en principe en parler à personne. Mais comme vous avez été honnête avec moi... bref, il voulait me voir – en copains, hein ? – pour me dire adieu. Un adieu définitif. Je lui ai demandé s'il s'en allait, ce qu'il envisageait de faire... mais il a refusé de me répondre.

– Avait-il des tendances suicidaires ?

– Je n'en suis pas sûre mais je le craignais. Après, il ne m'a plus donné signe de vie et je me suis fait un sang d'encre. Je me sens un peu soulagée maintenant que je vous ai raconté tout ça. Mais... mais pourquoi serait-il volontairement allé rejoindre des criminels ?

– Difficile de répondre à cette question. Il ne savait peut-être pas que c'étaient des criminels. Si vous voyez quelqu'un...

– Je cherche.

Elle plissa le front, puis secoua la tête.

– Non, je ne vois vraiment pas. A moins que ce soient les gens qu'il devait absolument rencontrer samedi soir. Quand il a emprunté la voiture.

– Vous a-t-il parlé de ces gens ?

– Il m'a seulement dit qu'il devait les voir le plus vite possible.

– C'étaient des hommes ou des femmes ?

– Je serais bien incapable de vous répondre.

– Revenons au dimanche matin quand vous vous êtes retrouvés à la cabane. Vous a-t-il parlé de ce qui s'était passé au cours de la nuit ?

– Non. Il était en pleine déprime après l'accident, sans compter la bagarre qu'il avait eue avec ses parents. Je ne lui ai pas posé de questions. Peut-être que j'aurais dû, vous ne croyez pas ? Je fais toujours ce qu'il ne faut pas faire et inversement.

– Bien au contraire ! J'ai l'impression que vous faites justement ce qu'il faut faire, ce n'est pas le cas de la plupart des gens.

– Ce n'est pas l'avis de ma mère, ni celui de mon père.

– Les parents se trompent parfois.

– Vous êtes parent, vous ?

La question me rappela celle que m'avaient posée les mômes paumés de Laguna Perdida.

– Non. Sur ce plan-là, je suis vierge.

– Vous vous moquez de moi, fit-elle avec tristesse.

– Moi ? Je ne me moque jamais des gens. Enfin... presque jamais.

Elle eut un sourire fugitif.

– Ça, ça vient tout droit d'une comédie de Gilbert et Sullivan. Je n'imaginais pas les détectives privés comme ça.

– Je suis un cas particulier, répliquai-je, heureux que le temps variable soit revenu au beau fixe entre nous. Je voulais vous demander encore une chose, Stella : votre mère semble croire que Tommy a volontairement accidenté sa voiture...

– Oui, je sais qu'elle le croit.

– Pourrait-il y avoir une part de vérité dans cette insinuation ?

Elle réfléchit.

– Je ne crois pas. Tommy n'aurait pas fait ça ni à moi ni même à elle. A moins...

Elle leva la tête. Son regard reflétait un étonnement mêlé d'épouvante.

– Achevez.

– A moins qu'il n'ait eu l'intention de se tuer...

– Qu'en pensez-vous ?

– Ce n'est pas impossible. Il ne voulait plus retourner chez lui, il me l'a dit. Mais sans préciser pourquoi.

– L'examen de la voiture m'apportera peut-être des renseignements. Savez-vous où elle se trouve ?

– Dans l'entrepôt de Ringo, le casseur. Ma mère est allée la voir l'autre jour.

– Pourquoi ?

– Cela doit l'aider à entretenir sa colère, j'imagine. Elle était véritablement folle de Tom et papa aussi. Cette histoire les a méchamment éprouvés tous les deux. Et ma petite escapade n'est pas faite pour mettre de l'huile dans les rouages.

Elle se leva d'un bond.

– Elle va alerter la police. Et elle me tuera.

– Allons donc !

– Si, si, je vous assure !

Mais, au fond, ce n'était pas pour elle-même qu'elle avait peur.

– Si vous apprenez quelque chose au sujet de Tommy, vous me préviendrez ?

– Ce ne sera peut-être pas très commode avec votre mère. Le mieux serait encore que vous preniez contact avec moi quand cela vous sera possible. Vous pourrez toujours me joindre à ce numéro. C'est le service des abonnés absents.

Je lui tendis ma carte.

Elle dégringola l'échelle et disparut entre les arbres. J'avais soudain envie de demander pardon à ces gosses du monde que nous leur proposions.

6

Je repris le chemin de la maison des Hillman. Sous le ciel bas, elle ressemblait à une forteresse lugubre. Je n'avais pas envie pour l'instant d'affronter l'atmosphère de peur qui flottait à l'intérieur. D'ailleurs, j'avais finalement trouvé un indice. Et Hillman aurait fort bien pu me le donner s'il l'avait voulu.

Avant de remonter dans la voiture, je jetai un coup d'œil à la fenêtre de Tom. Le mari et la femme étaient assis, serrés l'un contre l'autre, dans l'embrasure et regardaient au-dehors. Hillman secoua brièvement la tête : il n'avait pas reçu de nouveau coup de téléphone.

Je quittai l'autoroute et m'engageai dans la rue principale de la ville. Les maisons de planches de ce quartier coincé entre la route et la voie ferrée étaient vieilles et lépreuses. Les salles de billard voisinaient avec des boutiques et des bistrots pouilleux. Il n'y avait pas un chat dans les rues. C'est toujours comme ça en Californie quand il pleut.

Je me garai devant un magasin de surplus et d'articles de sport et, après avoir fermé la voiture à clé, je demandai au vendeur le chemin du Barroom Floor. Il tendit le bras en direction de l'océan.

– Je ne crois pas qu'il soit ouvert dans la journée. Mais il y a des tas d'autres troquets dans le coin.

– Et l'entreprise Ringo ?

– Vous prenez Sanger Street tout droit jusqu'au premier feu rouge avant la voie de chemin de fer. C'est là.

Je le remerciai et il me répondit qu'il n'y avait pas de quoi. C'était un homme d'un certain âge nanti d'une moustache roussâtre qui portait avec le sourire le poids des échecs de toute une vie.

– Si vous voulez, je pourrai vous vendre un couvre-chapeau imperméable.

– Combien ?

– Quatre-vingt-dix-neuf *cents*. Un dollar deux avec les taxes.

Marché conclu. Il se mit en devoir d'ajuster l'instrument sur mon chapeau.

– Question esthétique, fit-il, ça peut évidemment se discuter mais...

– Le beau est fils du fonctionnel.

Il sourit en opinant du chef.

– Vous m'enlevez les mots de la bouche. Je me disais bien, aussi, que vous n'aviez pas l'air d'un imbécile. A propos, mon nom est Botkin, Joseph Botkin.

– Lew Archer.

Nous échangeâmes une poignée de main.

– Enchanté, monsieur Archer. C'est peut-être indiscret de ma part, mais je serais curieux de savoir pourquoi un monsieur comme vous veut aller boire un verre au Barroom Floor.

– Qu'est-ce qu'il a de particulier, ce Barroom Floor ?

– La manière dont ces gens-là font leurs affaires ne me plaît pas, c'est tout. Ils jettent le discrédit sur tout le quartier, et Dieu sait qu'il n'a pas besoin de ça !

– Quelle est leur manière de faire leurs affaires ?

– D'abord, ils accueillent les jeunes. Je ne dis pas qu'ils leur servent de l'alcool mais l'établissement devrait être interdit aux mineurs.

– Et en dehors de cela ?

– Ah ! je suis trop bavard, fit-il en me décochant une œillade entendue. Et vous, vous posez beaucoup de questions. Est-ce que vous n'appartiendriez pas à la commission de surveillance municipale, par hasard ?

– Non, mais si j'en étais membre, je ne vous le dirais probablement pas. Le Barroom Floor fait-il l'objet d'une enquête ?

– Je n'en serais pas autrement étonné. D'après ce que j'ai entendu dire, quelqu'un aurait porté plainte contre les tenanciers.

– Un certain M. Hillman, peut-être ?

– Oui. Vous faites partie de la commission, hein ? Si vous voulez visiter les lieux, ça ouvre à cinq heures.

Il était quatre heures vingt. Je déambulai le long d'une rue bordée d'officines de prêteurs sur gages derrière les vitrines desquelles s'entassaient les épaves de vies sans intérêt. Le Barroom Floor était effectivement fermé et l'on avait l'impression qu'il ne rouvrirait jamais. Je jetai un coup d'œil dans la salle obscure par-dessus les rideaux à carreaux rouges et blancs qui masquaient à mi-hauteur les fenêtres. Des tables recouvertes de nappes assorties aux rideaux et des chaises entouraient une piste de danse format mouchoir de poche. Au fond, on distinguait dans la pénombre l'estrade de l'orchestre décorée de papier crépon aux couleurs criardes. C'était dans un tel état de délabrement qu'on éprouvait le sentiment difficile à chasser que les musiciens avaient mis leurs instruments au clou et quitté la ville depuis de longues années.

Je revins chercher ma voiture et enfilai Sanger Street. L'entreprise de démolition automobile était entourée d'une palissade sur laquelle le nom de Ringo s'étalait en lettres blanches de deux mètres de haut ou presque. Je poussai la porte. Un berger allemand noir surgit d'un appentis et happa délicatement mon poignet droit entre ses puissants crocs jaunes. Sans gronder ni rien. Il se contentait de me tenir en me contemplant d'un air allègre.

Un corpulent gaillard dont la chemise écossaise dissimulait mal le medicine-ball qui lui servait de bedaine apparut à son tour à la porte de l'appentis.

– Gentil, fit-il. Lâche-le, Lion.

Le chien me lâcha et alla se frotter contre l'obèse.

– Ses crocs sont sales, dis-je à ce dernier. Vous devriez lui donner des os à ronger. Mais pas forcément des os de poignet.

– Faites excuse, on s'attendait pas à voir des clients. Mais il vous fera aucun mal. Pas vrai, Lion ?

Lion sortit trente bons centimètres de langue en roulant des yeux extasiés.

– Vous pouvez le caresser.

– Moi, j'aime les chiens mais lui, est-ce qu'il aime les hommes ?

– Pour sûr. Allez, caressez-le, je vous dis.

Quand je le flattai de la main, le chien s'étala sur le dos les pattes en l'air, et en riant de tous ses crocs.

– Et qu'est-ce que je peux faire pour vous, monsieur ? s'informa Ringo.

– Je voudrais voir une voiture.

Il tendit le bras vers son chantier.

– Des voitures, j'en ai des centaines, mais y en a pas une dans le tas qui soit capable de rouler. C'est pour récupérer des pièces ?

– Je désire examiner un véhicule bien précis, déclarai-je en lui flanquant ma carte d'agent d'assurances sous les yeux. Une Dodge toute neuve, je crois, qui appartenait à une certaine Mme Carlson et qui a été accidentée il y a environ une semaine.

– Ouais, je vois. Je vais vous montrer l'objet.

Il enfila un ciré noir et nous le suivîmes, Lion et moi, dans l'étroite travée ménagée entre deux rangées d'épaves automobiles. Avec leurs calandres enfoncées et leurs capots froissés, leurs pare-brise étoilés, leurs pare-chocs tordus, leurs toits cabossés, leurs sièges étripés, leurs pneus à plat, elles évoquaient une sorte d'apocalypse routière. « Ces cimetières de voitures mériteraient qu'on leur consacre une étude approfondie, me dis-je ; exactement comme on étudie les vestiges et les tessons des civilisations disparues. Cela pourrait aider les archéologues de l'avenir. »

– Celles-là sont toutes cuites, me dit Ringo. La charrette de la mère Carlson, c'est l'avant-dernière. La Pontiac est arrivée après : collision frontale, deux morts, précisa-t-il avec un frisson d'horreur. Moi, je ne prends jamais l'autoroute sauf quand il n'y a pas moyen de faire autrement.

– Que lui est-il arrivé, à la Dodge ?

– Les Carlson m'ont raconté que le gamin de leurs voisins l'avait... disons qu'il l'a empruntée. Le petit Hillman. Vous savez comment ils sont, ces merdaillons ? Une tire qu'est pas à eux, ils s'en foutent royalement. D'après le constat des flics de la route, il a loupé un virage et il a probablement fait un tonneau en essayant de redresser. Plusieurs tonneaux, plutôt. Et, en finale, il a embrassé un arbre.

Je m'approchai de la Dodge et l'inspectai sur toutes les coutures. Le toit, le capot et les pare-chocs avaient méchamment dérouillé. On aurait dit qu'on avait cogné dessus à coups de masse. Il n'y avait plus de pare-brise. Les portières étaient faussées.

En me penchant sur celle de gauche, je remarquai entre le siège du conducteur et la banquette arrière un porte-clés en plastique portant l'inscription : DACK'S AUTO COURT 7.

– Attention aux éclats de verre, me dit Ringo. Qu'est-ce que vous cherchez là ?

Je mis la clé du motel dans ma poche avant de me retourner.

– Je ne comprends pas comment le môme en est sorti indemne.

– Il s'est cramponné au volant. Heureusement pour lui que la colonne de direction a tenu le coup.

– A votre avis, est-ce qu'il aurait pu se planter volontairement ?

– Sûrement pas. Ou alors, il était pas dans son état normal. Encore qu'avec les mômes d'aujourd'hui, on peut jamais savoir. Pas vrai, Lion ?

Il se pencha pour tapoter le crâne de l'animal et enchaîna – je ne savais pas trop si c'était à lui ou à moi qu'il s'adressait :

– Mon propre fils à qui j'ai payé des études ne vient même pas me voir pour Noël, des fois. Qui c'est qui reprendra l'affaire après moi, vous pouvez me dire ?

Il se redressa et balaya ses épaves d'un regard à la fois sévère et affectueux.

– Y aurait-il pu y avoir un autre passager ?

– Sûrement pas, répondit-il sur un ton où perçait une certaine impatience. Pas de ceintures de sécurité, rien pour s'accrocher... le choc l'aurait réduit en miettes ; moi, je veux bien répondre à toutes vos questions, monsieur, mais si vous tenez à avoir des détails sur l'accident, faut vous adresser aux flics. Parce que je vais fermer.

Il était cinq heures moins dix. Je me rabattis sur le Barroom Floor. A l'intérieur, c'était allumé mais la porte était toujours fermée. J'attendis dans la voiture. Je sortis de ma poche la clé du Dack's Auto Court et la considérai avec perplexité. Était-ce un nouvel indice ? Cela pouvait être la preuve, si on s'abandonnait aux hypothèses les plus farfelues, que l'élégante Mme Carlson n'était pas une épouse d'une fidélité absolue.

Il était un peu plus de cinq heures quand un homme de petite taille vêtu d'une veste bordeaux ouvrit la porte de la boîte ; il alla ensuite s'installer derrière le bar. J'entrai m'asseoir sur un tabouret en face de lui. Il paraissait beaucoup plus grand de l'autre côté du comptoir. Je me penchai : il était juché sur une plate-forme surélevée de trente centimètres.

– Eh oui, soupira-t-il avec un sourire. Comme ça, je suis à la bonne hauteur. Autrement, je ne vois rien de ce qui se passe au-delà du bar. Ma femme mesure un mètre soixante-cinq et elle est bâtie en proportion. Elle devrait d'ailleurs être là, ajouta-t-il d'une voix adjudantesque en regardant sa montre. Qu'est-ce que je vous sers ?

– Un whisky sans eau. C'est vous le propriétaire de l'établissement ?

– C'est-à-dire que nous y avons des intérêts, ma femme et moi.

– Ce n'est pas mal du tout, fis-je, encore que ce troquet n'eût rien de plus, ni sur le plan de la propreté ni sur celui de l'ambiance, que la moyenne des bars et grils qui se haussaient du col et se prenaient pour des cabarets.

Le serveur d'âge respectable adossé au mur à côté des cuisines avait l'air de dormir debout.

– Vous êtes bien aimable. On a des projets d'amélioration, expliqua-t-il en remplissant mon verre avec une dextérité toute professionnelle. C'est la première fois que vous venez, hein ? Votre figure ne me rappelle rien.

– J'habite Hollywood. J'ai entendu dire que vous aviez un orchestre de jazz excellent.

– C'est la vérité.

– Il doit jouer ce soir ?

– Non, seulement le vendredi et le samedi. On n'a pas assez de clientèle en semaine.

– Et les jam-sessions du dimanche ? Ça continue ?

– Oui. On en a eu une hier. Les gars tenaient la grande forme, remarqua-t-il en posant mon whisky devant moi. Vous êtes dans le showbiz ?

– C'est-à-dire que, de temps à autre, je joue un peu les imprésarios, en quelque sorte. J'ai un bureau sur le Strip.

– J'en connais un qui serait content de bavarder avec vous. Sam, l'animateur du groupe.

– Où puis-je le joindre ?

– Je dois avoir son adresse quelque part. Je vous demande une minute.

Deux types assez jeunes, dont les complets stricts étaient mouchetés de taches de pluie aux épaules, étaient arrivés et avaient pris place au bout du bar. Ils discutaient d'une voix forte à propos d'une transaction immobilière portant sur un million de dollars. Apparemment, ce n'étaient pas eux qui l'avaient empoché, ce million, mais ils avaient l'air tout heureux de parler de cette mirifique affaire.

Le nabot leur servit d'autorité un baby à chacun. Sur ce, entra une fille faite au moule. Elle ôta son imperméable, le roula en boule et le fourra sous le comptoir. Elle avait le profil grec et portait autour du cou autant de colliers que la fiancée du pirate.

Le gringalet à la veste bordeaux lui décocha un regard glacial.

– Tu es à la bourre. Comment veux-tu que je fonctionne quand je n'ai pas d'hôtesse ?

– Excuse-moi, Tony, mais Rachel était en retard.

– Tu n'as qu'à prendre une autre baby-sitter.

– Rachel s'occupe bien du petit. On ne peut pas se fier à n'importe qui pour lui donner son biberon.

– Ce n'est pas le moment de parler de ça, on en causera plus tard. Va prendre ta place en vitesse.

– A vos ordres, monsieur Napoléon.

Et, après avoir manifesté son indignation par un éloquent balancement des hanches, elle alla se poster à côté de la porte.

Les clients commençaient à rappliquer par petits groupes. Jeunes ou du bon côté de la maturité, ils avaient tous un air de respectabilité rassurant. L'hôtesse, cliquetant de toute sa bimbeloterie, le verbe haut et le rire sonore, les pilotait vers les tables aux nappes à carreaux.

Au bout d'un moment, Tony – puisque Tony il y avait – se rappela ma présence.

– Tenez, voilà l'adresse de Sam Jackman. Il n'a pas le téléphone mais ce n'est pas bien loin.

Il me tendit une feuille sur laquelle il avait inscrit : 169 Mimosa, appt. 2.

C'était une vieille maison de bois en lisière de la voie ferrée. Le temps avait eu raison de la façade décorée dans un style victorien d'un goût douteux. La porte de bois sculpté était grande ouverte. J'entrai. Le parquet du vestibule était gondolé. Un 2 taillé à l'emporte-pièce dans un bout de métal était accroché à l'envers à un clou solitaire planté dans une porte. Il fit un bruit de crécelle quand je frappai.

Un mulâtre en bras de chemise m'ouvrit.

– Qui c'est que vous demandez ?

– Sam Jackman.

– Ben, c'est moi, fit-il, l'air étonné que quelqu'un le demande. C'est pour un boulot ?

Il y avait dans sa question une espérance que démentait le ton parfaitement désenchanté.

– Non, mais je voudrais parler avec vous d'une affaire importante, monsieur Jackman.

Le « monsieur » fit mouche : il acquiesça.

– D'accord.

– Je peux entrer ? Permettez-moi de me présenter : Lew Archer, détective privé.

– Ben... c'est-à-dire que c'est le foutoir, ici. Ma femme bosse toute la journée, alors... Mais entrez quand même.

Il recula pour me laisser passer comme s'il avait peur de se montrer de profil. Le logement se composait d'une unique pièce, assez grande, qui avait dû être, à l'origine, un salon. Elle avait toujours de nobles proportions mais le haut plafond était zébré de fissures, marbré de taches d'humidité et des rideaux déchirés pendaient lamentablement aux fenêtres. Je remarquai une penderie en aggloméré et un réchaud à gaz, un lit à deux places qui n'était pas fait, et quelques meubles usés par l'âge. Le sol était nu. La petite télévision posée sur la table de nuit distillait les toutes dernières catastrophes du jour par rafales de petites phrases sèches, bien balancées.

Jackman l'éteignit, prit une cigarette qui se consumait toute seule sur le couvercle d'une boîte de café et s'assit sur le lit. Ce n'était pas un joint. Immobile et muet, il attendait que je m'explique. Je pris place en face de lui.

– Je suis à la recherche de Tom Hillman.

Le bref coup d'œil qu'il me lança était lourd d'appréhension. Il écrasa sa cigarette et rangea le mégot dans sa poche de chemise.

– Je ne savais pas qu'il avait disparu.

– Eh si, il a disparu.

– C'est bien embêtant. Mais qu'est-ce qui vous fait penser qu'il est venu ici ? demanda-t-il en balayant la pièce du regard sans ciller. C'est M. Hillman qui vous envoie ?

– Non.

Il ne me crut pas.

– Je me pose simplement la question ; parce que M. Hillman m'a cherché des crosses.

– Pourquoi ?

– Je m'intéresse à son fils, répondit-il avec circonspection.

– Qu'entendez-vous par là ?

– Je m'intéresse à lui pour des raisons personnelles, précisa-t-il en posant ses mains, paumes en l'air, sur ses cuisses. Je l'ai entendu un jour jouer du piano au Beach Club. C'était au printemps. Moi aussi, j'ai joué un peu : pas du piano, c'est pas mon truc. Mais je lui ai montré quelques accords qui l'ont accroché. Du coup, on a dit que j'avais une mauvaise influence sur lui.

– C'est vrai ?

– En tout cas, c'était l'opinion de M. Hillman. Il m'a fait virer du Beach Club. Parce qu'il ne voulait pas que sa précieuse progéniture fraye avec des mecs dans mon genre. Qui vous a envoyé si ce n'est pas M. Hillman ?

Ses paumes de mains me faisaient penser à des insectes au ventre rose qu'on aurait retournés sur le dos.

– Le Dr Sponti.

Je pensais que ce nom ne lui dirait rien, mais il me lança encore une fois un regard craintif.

– Sponti ? Vous voulez dire...

Il laissa la question en suspens.

– Qu'est-ce que je veux dire, monsieur Jackman ? Continuez, je vous écoute.

Il se recroquevilla sur lui-même : un vieillard prématuré, aurait-on dit.

– Moi, je suis au courant de rien, fit-il d'une voix débile tandis qu'un sourire de demeuré s'épanouissait sur ses traits, révélant une mâchoire édentée.

– Si vous voulez mon avis, Jackman, vous en savez beaucoup plus long que vous ne le prétendez. Je resterai là jusqu'à ce que vous ayez vidé votre sac, mon vieux.

– C'est votre droit, fit-il.

Ce qui était totalement faux. Il ressortit son mégot de sa poche et l'alluma avec une allumette de cuisine dont il laissa tomber le cadavre noirci dans le couvercle de la boîte à café qui lui servait de cendrier. Nous nous dévisageâmes à travers le voile de fumée qui fusait, tel un ectoplasme, de sa bouche.

– Vous connaissez le Dr Sponti, n'est-ce pas ?

– De nom.

– Avez-vous vu Tom Hillman au cours des dernières quarante-huit heures ?

Il fit signe que non mais ses yeux me fixaient comme s'il s'attendait à un démenti.

– Qui vous a parlé de Sponti ?

– Une parente ; elle était fille de cuisine à Laguna Perdida. Ce qui, je suppose, fait de moi un complice, ajouta-t-il ironiquement.

– Complice de quoi ?

– De tous les crimes possibles et imaginables, vraisemblablement. Et je ne sais même pas ce qui s'est passé !

Il écrabouilla rageusement et définitivement son mégot.

– Ce genre de conversation ne peut nous mener nulle part, monsieur Jackman.

– Et votre genre de conversation à vous, où est-ce qu'il peut nous mener ? Tout ce que je vous dirai servira de preuve contre moi.

– Vous parlez comme un homme qui a des antécédents.

– J'ai eu des ennuis, oui. Je regrette que Tommy en ait, lui aussi, ajouta-t-il après un long silence.

– Vous avez l'air d'avoir de l'amitié pour lui.

– Ça collait bien, tous les deux.

– J'aimerais que vous me parliez un peu de lui. C'est pour ça que je suis venu vous voir, en fait.

Les mots sonnaient faux dans ma bouche. J'avais des doutes sur le rôle de Jackman et il le savait. Il était perspicace et c'était un interlocuteur à qui aucune nuance de langage n'échappait.

– Eh bien, moi, je vais vous dire ce que je pense. A mon idée, si vous voulez le retrouver, c'est pour le ramener à la maison de redressement de Laguna Perdida. Je me trompe ou pas ?

– Vous vous trompez.

– Je ne vous crois pas, répliqua-t-il en surveillant mes mains comme s'il pensait que j'allais cogner au visage, là où il avait des ecchymoses, traces de coups récents. J'voudrais pas vous offenser mais j'vous crois pas, monsieur...

Je lui répétai mon nom.

– Est-ce que vous savez où est Tommy, Jackman ?

– Non, je n'en ai pas la moindre idée. Si M. Hillman l'a expédié à Laguna Perdida, il est mieux à traîner dans la nature que chez lui. Il n'avait pas le droit de lui faire ça, son père.

– On m'a déjà tenu le même discours.

– Qui ?

– Une personne qui travaille à Laguna Perdida. D'après cette dame, Tom était un garçon tout à fait normal dont la place n'était pas dans cette institution. Apparemment, il était du même avis : il s'est sauvé dans la nuit de samedi à dimanche.

– Bravo !

– Je ne suis pas sûr qu'il y ait tellement lieu de s'en réjouir. Au moins, là, il était en sécurité.

– Il est en sécurité.

Jackman parut regretter aussitôt cette phrase qui lui avait échappé. Il ouvrit la bouche toute grande en un sourire de clown édenté tragique dans sa bouffonnerie.

– Alors, où est-il ?

Il haussa ses maigres épaules.

– Je vous l'ai déjà dit et je vous le répète : je n'en sais rien.

– Pourtant, vous saviez qu'il s'était sauvé. Comment cela se fait-il ?

– Autrement, Sponti ne vous aurait pas envoyé me voir.

– Vous démarrez au quart de tour, vous.

– Faut bien que je fasse des déductions rapides. Vous causez beaucoup mais vous ne dites pas grand-chose.

– Vous êtes encore moins bavard que moi. Mais vous allez parler, Sam.

Il se leva d'un seul bond et se dirigea vers la porte. Je crus qu'il allait me flanquer dehors mais non : il se colla contre le battant comme un homme en face du peloton d'exécution et cria :

– Mais qu'est-ce que vous attendez de moi ? Que je mette moi-même mon cou dans le nœud coulant pour que Hillman n'ait plus qu'à tirer sur la corde ?

Je fis deux pas vers lui.

– N'avancez pas ! s'écria-t-il en levant le bras comme pour se protéger, une terreur ancienne brillant dans ses yeux. Ne me touchez pas !

– Calmez-vous, mon vieux. Un nœud coulant ! Je vous demande un peu ! C'est purement et simplement de la paranoïa !

– Nous vivons dans un monde de paranoïaques. J'ai perdu mon boulot parce que j'avais appris quelques mesures de musique à ce môme. Et maintenant, Hillman fait monter les enchères. De quoi est-ce qu'on va m'accuser, cette fois ?

– De rien si Tommy est sain et sauf. Vous m'avez bien dit qu'il était en sécurité, non ?

Il ne répondit pas. Simplement, il me regarda sous son bras replié. Des larmes brillaient dans ses yeux.

– Mais, bon Dieu, Sam, on devrait trouver un terrain d'entente tous les deux ! m'exclamai-je. Vous aimez bien ce garçon, vous ne voulez pas qu'on lui fasse de mal ! C'est la seule chose qui m'intéresse, moi aussi.

– Il y a mal et mal.

Il se décida à baisser le bras, mais sans cesser de me scruter avec appréhension.

– Oui, je sais, et la marge est étroite. Ce n'est pas la différence nette qu'il y a entre le noir et le blanc. Je sais que vous êtes du côté de Tom contre son père. Vous ne voulez pas qu'il soit privé de la musique que vous aimez, et vous pensez que mon seul désir est de le ramener dans une institution où il n'est pas à sa place.

– C'est pas vrai ?

– Je cherche uniquement à lui sauver la vie et je crois que vous pouvez m'aider dans cette tâche.

– Comment ?

– Asseyons-nous et parlons tranquillement comme tout à l'heure. Et cessez de voir Hillman chaque fois que vous posez les yeux sur moi.

Il retourna s'asseoir au bord du lit et je m'installai à côté de lui.

– Bon, reprenons. L'avez-vous vu au cours des dernières quarante-huit heures ?

– Vu qui ? M. Hillman ?

– Votre petit numéro de débile mental, ça va comme ça, Sam ! Vous êtes un garçon intelligent. Répondez à ma question.

– Est-ce que vous répondrez d'abord à une question que moi, je voudrais poser ?

– Si je peux.

– Quand vous dites que vous essayez de lui sauver la vie, qu'est-ce que vous entendez par là ? L'arracher aux mauvaises influences pour le faire rentrer dans le rang des abrutis, c'est ça ?

– Il peut lui arriver pire.

– Vous n'avez pas répondu à ma question.

– Vous auriez peut-être pu en poser une meilleure. Il est en danger de mort et c'est de cela que je m'inquiète. Tom est entre les mains de gens qui sont capables de le tuer si la fantaisie leur en prend. Est-ce que je vous apprends quelque chose que vous ignoriez ?

– Absolument.

Son ton était sincère et une expression de remords apparut dans son regard. Mais même si nous parlions du 1er janvier à la Saint-Sylvestre, il ne me dirait pas tout, en particulier qu'il ne me croyait pas.

– Pourquoi ne me croyez-vous pas, Sam ?

– J'ai jamais dit ça.

– C'est inutile. Votre attitude est claire : vous avez des renseignements que vous voulez garder pour vous. J'ai de l'oreille pour certaines choses comme vous pour la musique. Vous jouez du trombone, n'est-ce pas ?

– Ouais.

Il semblait étonné.

– D'après ce qu'on m'a dit, vous avez du talent.

– Cherchez pas à me passer de la pommade. Je suis pas J.C. Higginbotham.

– Et moi, je ne suis pas Sherlock Holmes. Mais vous allez me dire tôt ou tard quand vous avez vu Tommy pour la dernière fois, avant d'apprendre par la télévision qu'on a retrouvé son cadavre dans un fossé.

– Ils l'ont exécuté ?

– Pas encore, mais ça pourrait être pour ce soir. Alors, c'était quand ?

Il prit une profonde inspiration.

– Hier. Il était O.K.

– Il est venu ici ?

– Non. Il n'a jamais mis les pieds chez moi. Il a fait une apparition au Barroom Floor dans l'après-midi en passant par la porte de derrière et il n'est pas resté plus de cinq minutes.

– Comment était-il habillé ?

– Il avait un chandail noir par-dessus son pantalon. Il m'avait dit un jour que, ce chandail, c'était sa mère qui le lui avait tricoté.

– Lui avez-vous parlé hier après-midi ?

– J'ai joué un riff spécial à son intention. Alors, il est venu me remercier, c'est tout. Je ne savais pas qu'il était en cavale. Merde ! Même que son amie était avec lui.

– Stella ?

– Non, l'autre. La vieille.

– Son nom ?

– Il ne me l'a jamais dit. Je ne l'avais vue qu'une fois ou deux avant. Tommy savait bien que j'aurais pas été d'accord pour qu'il fasse le joli cœur avec elle. Elle pourrait presque être sa mère.

– Pouvez-vous me décrire cette femme ?

– Blonde avec des cheveux dans tous les sens comme c'est la mode, maintenant, si vous voyez ce que je veux dire, expliqua-t-il en passant la main sur son front que plissait l'effort de réflexion. Les yeux bleus, très maquillée. C'est difficile de dire à quoi elle ressemble avec tout le maquillage qu'elle se met sur la figure.

Je sortis mon calepin et griffonnai quelques notes.

– Qu'est-ce qu'elle fait dans la vie ?

– Peut-être qu'elle est dans le show-biz, j'en sais rien. Comme je vous ai dit, je lui ai jamais causé. Mais c'était bien le genre.

– Je présume que c'est une fille qui a du charme ?

– C'est ce que semble penser Tom. Pour moi, c'est sa première. Beaucoup de jeunes démarrent avec une nana plus vieille qu'eux. Mais il aurait pu trouver mieux que ça, ajouta-t-il à mi-voix.

– Quel âge a-t-elle ?

– Au moins trente balais, elle m'a pas montré son certificat de naissance. Elle s'habille jeune – les jupes au-dessus du genou. Elle est pas bien grande et peut-être que sous un bon éclairage, elle peut passer pour une minette.

– Que portait-elle hier ?

– Une robe bleu foncé... en satin ou un truc dans ce goût-là. Pailletée, elle était, et échancrée jusque-là.

Il toucha son sternum.

– Ça me faisait mal de voir Tommy la tenir par le cou.

– Quels sentiments éprouve-t-elle pour lui, à votre avis ?

– Vous m'en demandez trop. Tommy est beau gosse et elle lui joue la grande scène du 2. Mais pas besoin de la passer aux rayons X pour savoir ce qu'elle a en tête.

– Vous pensez que ce pourrait être une prostituée ?

– Possible.

– Vous est-il arrivé de la voir en compagnie de quelqu'un d'autre ?

– Non. Je ne l'ai vue qu'une ou deux fois avec Tom.

– Une fois ou deux fois ?

Il réfléchit.

– Deux. Hier, c'était la troisième et la première, c'était il y a deux semaines, un dimanche. Il l'avait amenée à une de nos jam-sessions. Elle avait bu. D'abord, elle a voulu chanter, ensuite elle a voulu danser. Mais on n'a pas le droit de danser pendant les jam-sessions, si on ne veut pas payer la taxe cabaret.

– Et la deuxième fois ?

– C'était il y a dix jours, répondit-il après une légère hésitation. Un vendredi soir : ils se sont pointés vers minuit et ils ont mangé un sandwich. A l'entracte, je me suis approché de leur table mais Tom ne m'a pas présenté. Il ne m'a même pas proposé de m'asseoir. Moi, ça ne me dérangeait pas. Ils avaient l'air d'avoir des choses à se dire.

– Avez-vous entendu ne serait-ce qu'une partie de leur conversation ?

– Oui, fit-il d'une voix dure. Elle avait besoin d'argent, expliquait-elle. Besoin d'argent pour plaquer son mari.

– Vous êtes sûr d'avoir entendu ça ?

– Comme je suis sûr d'être assis sur ce pucier.

– Quelle était l'attitude de Tom ?

– J'avais l'impression qu'elle le fascinait.

– A-t-il bu ?

– C'était elle qui buvait, pas lui. On ne sert pas de boissons alcoolisées aux mineurs, au Floor. Elle l'avait drogué avec quelque chose de plus fort que l'alcool.

– De l'héro ?

– Vous savez très bien ce que je veux dire.

Il leva les mains et modela dans le vide une silhouette féminine.

– Vous avez utilisé le mot « drogué ».

– C'était seulement une manière de parler, fit-il nerveusement en se grattant l'avant-bras à travers sa manche de chemise.

– Vous vous shootez ?

– Moi ? Foutre pas. Ma came, c'est la télé, dit-il avec un brusque rictus désabusé.

– Montrez-moi vos bras.

– Je suis pas obligé ! D'abord, vous avez pas le droit.

– Je voudrais avoir une preuve de votre sincérité. Alors ?

Il déboutonna ses poignets de chemise et remonta ses manches. Les cicatrices sur ses bras maigres étaient anciennes, sèches.

– Ça fait sept ans que je suis sorti de Lexington et j'ai jamais repiqué au truc depuis, Dieu soit loué.

Il caressa les vieilles marques laissées par l'aiguille avec une sorte de déférence. Elles étaient semblables à de minuscules volcans éteints. Il rabattit ses manches.

– Mes félicitations, monsieur Jackman. Compte tenu de votre expérience personnelle, vous sauriez probablement si Tom se droguait.

– Probablement. Et c'était pas un camé. Je lui ai fait la morale, et pas qu'une fois. Les musiciens sont soumis à certaines tentations. Mais mes sermons ne tombaient pas dans l'oreille d'un sourd. J'aurais aussi dû le mettre en garde contre les femmes.

– Je peux vous dire que ça n'a jamais servi à grand-chose. Avez-vous vu Tom et la femme blonde avec des tiers ?

– Non.

– L'a-t-il présentée à quelqu'un ?

– Ça m'étonnerait. Il se la gardait pour lui. Il la montrait mais il se la réservait.

– Vous ignorez vraiment son nom ?

– Vraiment.

Je me levai et je le remerciai de sa coopération.

– Je suis désolé de vous avoir fait passer un moment pénible, ajoutai-je.

– J'ai connu pire.

7

Le Dack's Auto Court était situé à Ocean View, un faubourg assez miteux à la périphérie de la ville. Les douze ou quinze bungalows alignés sur la cime aplanie d'une falaise, le long de l'autoroute dominant la mer, n'étaient rien de plus que des cubes de ciment enduit d'une peinture d'un vert agressif. La pluie avait cessé et, à l'ouest, une lumière dorée filtrait par une déchirure dans les nuages comme pour mieux souligner la hideur du motel. Je m'arrêtai à côté de l'unique palmier mangé aux mites qui se dressait en face du réduit marqué BUREAU et entrai.

Un écriteau manuscrit collé sur le comptoir m'enjoignait de « sonner pour le patron ». J'actionnai le timbre. Il ne marchait pas.

En me penchant au-dessus du comptoir, je remarquai une étagère sur laquelle étaient posés un téléphone et un classeur métallique divisé en quinze compartiments numérotés. La fiche de police que contenait le casier n° 7 avait été remplie trois semaines auparavant. Il y était précisé que « M. et Mme Robert Brown » payaient un loyer hebdomadaire de seize dollars pour le bungalow qu'ils occupaient. Les cadres prévus pour l'adresse et le numéro d'immatriculation de la voiture du client étaient vierges.

La porte battante grinça. Un vieux bonhomme au cou de condor déplumé surgit, s'avança d'un pas lourd, m'arracha la fiche des doigts et me toisa d'un œil furieux.

– Eh ben, faut plus se gêner !

– Je vérifiais quelque chose, c'est tout.

– Qu'est-ce que vous vérifiiez ?

– Je voulais m'assurer que des gens que je connais étaient bien ici. Bob Brown et sa femme.

Il mit la fiche sous la lumière et la déchiffra laborieusement, en remuant les lèvres, bien que ce qu'il y avait écrit dessus ne fût pas difficile à lire.

– Oui, ils sont là, laissa-t-il finalement tomber sans enthousiasme. En tout cas, ils étaient encore là ce matin.

Il me décocha un regard méfiant. En prétendant que je connaissais le couple Brown je n'étais pas particulièrement remonté dans son estime. Je tentai de faire meilleure impression en lui demandant s'il avait un bungalow de libre.

– J'en ai dix. Vous n'avez qu'à choisir celui que vous voulez.

– Et c'est combien ?

– Ça dépend si vous le prenez à la journée ou à la semaine. Pour la journée, c'est trois dollars et demi et seize pour la semaine.

– Il faut d'abord que je voie les Brown pour que je sache s'ils ont l'intention de prolonger leur séjour.

– Je ne peux pas vous dire ; ils sont là depuis trois semaines, observa-t-il tandis que sa lippe molle et boudeuse retombait sur son menton stupide et cabochard qu'il tapota comme pour le corriger. Je peux vous laisser le 8 à douze dollars la semaine pour une seule personne. Il est juste à côté de celui des Brown, vous serez comme qui dirait porte à porte.

– Je vais aller leur demander leurs projets.

– Je ne crois pas qu'ils soient là mais ça ne coûte rien d'essayer.

Je ressortis et longeai le morne alignement des bungalows. La porte du 7 était fermée à clé. J'eus beau frapper avec insistance, personne ne répondit. Quand je me retournai, je vis le vieux planté devant la porte du 8. Il me fit signe d'approcher et l'ouvrit d'un geste pompeux.

– Jetez un coup d'œil. Et tenez... si ça vous plaît, je vous le laisse à dix dollars.

J'entrai. La chambre était froide et sinistre. A l'intérieur, les murs étaient également en ciment badigeonné du même vert agressif qu'à l'extérieur. Un rai de lumière filtrant par un trou de la jalousie mettait en évidence l'état de vétusté du lit et du tapis dont on voyait la trame. Je n'avais passé que trop de nuits dans des piaules du même genre pour avoir envie de recommencer.

– C'est propre, m'affirma le bonhomme.

– Je n'en doute pas, monsieur Dack.

– J'ai fait le ménage moi-même. Mais je ne m'appelle pas Dack, mon nom est Stanislaus. Dack m'a vendu l'affaire il y a je ne sais combien d'années. Je n'ai jamais changé l'enseigne : à quoi bon ? On va bientôt raser tout le coin pour construire des ensembles grand standing, ajouta-t-il avec un sourire en tapotant son crâne chauve comme si c'était un œuf sorti de la poule aux œufs d'or. Alors, ce bungalow, vous le prenez ?

– En toute franchise, ma décision dépend des projets de Brown.

– Moi, à votre place, je préférerais ne pas trop dépendre de lui.

– Que voulez-vous dire, monsieur Stanislaus ?

– Il serait plutôt du genre coléreux, pas vrai ? A en juger par la manière dont il traite sa femme, quoi. Moi, comme je dis toujours, les histoires de ménage, ça regarde personne d'autre que les époux. Mais j'ai du mal à digérer ses façons. C'est que je respecte profondément les dames, moi, monsieur.

– Moi aussi. Je n'ai jamais supporté l'attitude de Brown dans ce domaine.

– Je suis heureux de vous l'entendre dire. Un homme doit témoigner à sa femme amour et affection. J'ai perdu la mienne il y a plusieurs années et je sais de quoi je parle. J'ai voulu lui expliquer la chose, au Brown, mais il m'a répondu de m'occuper de mes oignons. Je sais bien que c'est un ami à vous...

– Ami... c'est beaucoup dire. Et ça ne va pas mieux ?

– Ça dépend de ce que vous entendez par là. Pas plus tard qu'aujourd'hui, il lui a flanqué une de ces tournées ! Je me suis retenu pour ne pas le ficher dehors à coups de pompe dans le train. Seulement, à quoi ça lui aurait servi, à elle ? Et pourquoi il l'a cognée ? Juste parce qu'elle avait passé un petit coup de téléphone. Elle est pas en prison, quand même...

Il s'interrompit, l'oreille dressée, à croire que le mot prison éveillait des échos particuliers dans sa mémoire et reprit :

– Vous le connaissez depuis longtemps, ce Brown ?

– Pas tellement, répondis-je, en restant dans le vague. J'ai fait sa connaissance à Los Angeles.

– A Hollywood ?

– C'est ça, à Hollywood.

– C'est vrai qu'elle faisait du cinéma ? Elle a dit un jour comme ça, en passant, qu'elle avait tourné dans un film. Il lui a ordonné de la boucler.

– J'ai l'impression que leur ménage va de mal en pis.

– C'est rien de le dire ! s'exclama-t-il en se penchant vers moi dans l'encadrement de la porte. Je suis sûr que c'est elle qui vous intéresse, hein ? Des couples, j'en vois passer beaucoup... d'une façon ou d'une autre... et je vous parie tout ce que vous voudrez qu'elle en a sa claque de son mari, la blondinette. Si j'avais votre âge, je crois bien que je tenterais ma chance : c'est un gentil petit lot et elle aurait plutôt le feu là où je pense.

– Ce n'est plus de mon âge.

– Tiens donc ! fit-il en me tâtant le bras avec un gloussement entendu. C'est vrai qu'elle aime la chair fraîche. Même que je l'ai vue des fois avec un petit jeunot.

Je sortis de ma poche la photo de Tom qu'Elaine Hillman m'avait donnée.

– Ce ne serait pas lui ?

Il prit la photo et l'examina à la lumière en la tenant à bout de bras.

– Eh si. Même qu'il est drôlement ressemblant là-dessus. Pour un beau gosse, c'est un beau gosse, ajouta-t-il en me rendant la photo et se caressant le menton. Mais comment ça se fait que vous ayez un portrait de lui ?

Je me résignai à lui dire la vérité – en partie, tout au moins :

– Il s'est sauvé du pensionnat. Je suis détective privé et j'enquête pour le compte de l'établissement.

L'expression salace qui animait le regard du vieux s'évanouit d'un seul coup, remplacée par quelque chose de plus inquiétant, et tous les traits de son visage se contractèrent instantanément comme moulés dans du ciment à prise rapide.

– Vous ne pouvez pas me rendre responsable de ce que mes clients font ou ne font pas.

– Je ne prétends rien de tel.

Il n'eut pas l'air de m'avoir entendu.

– Remontrez-moi cette photo.

Je la lui fis voir à nouveau.

– Je me suis trompé, fit-il en secouant la tête. Mes yeux ne sont plus ce qu'ils étaient. Je n'ai jamais vu ce garçon.

– Pourtant, vous l'avez formellement reconnu il y a une minute.

– Je reviens sur ce que j'ai dit. Vous avez voulu me faire une entourloupette en usant de prétextes fallacieux. Vous avez cherché à m'arracher des renseignements pour me coller je ne sais quoi sur le dos. Eh bien, c'est loupé. Vous n'êtes pas le premier qui veut jouer à ce petit jeu avec moi. Maintenant, dégagez !

– Vous ne voulez plus me louer ce bungalow ?

Il eut un instant d'hésitation avant de faire une croix sur les dix dollars qu'il avait espéré m'extorquer.

– Non, m'sieu. J'veux pas d'espions ni de fouille-merde chez moi.

– Peut-être logez-vous pis que ça.

A mon avis, il s'en doutait un peu, et c'était là la véritable raison de son indignation.

– Je prends mes risques. Allez, ouste ! Si vous êtes encore là dans une minute, j'appelle le shérif.

Cela ne m'aurait vraiment pas arrangé. J'en avais déjà suffisamment fait pour compromettre le versement de la rançon et le retour de Tom.

Je mis les voiles.

8

Une voiture de sport bleue stationnait dans l'allée derrière la Cadillac de Hillman. Un jeune homme athlétique, son propriétaire sans doute, sortit de la maison et se planta en face de moi en haut du perron. Il était vêtu avec recherche mais un objet qui pouvait fort bien être un gros calibre faisait une bosse sous le pardessus bon chic bon genre jeté sur son bras.

– Ne pointez pas votre artillerie sur moi, lui lançai-je. Je ne suis pas armé.

– Je v-veux savoir qui vous êtes.

Il était affligé d'un léger bégaiement.

– Lew Archer. Et vous ?

– Je suis Dick Leandro.

Son ton était presque interrogatif comme s'il ne savait pas exactement ce que cela signifiait d'être Dick Leandro.

– Baissez un peu votre flingue, lui rappelai-je. Essayez donc de le braquer sur votre jambe.

Il abaissa le bras. Le joli pardessus tomba à terre, découvrant le gros revolver vieux modèle qu'il serrait contre lui. Il ramassa son manteau et me regarda d'un air embarrassé.

C'était un garçon de vingt et quelques années, bien fait de sa personne ; des yeux noisette, des cheveux noirs et bouclés. La petite lueur bien particulière qui dansait dans ses prunelles disait clairement qu'il avait conscience de sa séduction.

– Puisque vous êtes là, je suppose que l'argent y est aussi ?

– Oui, depuis quelques heures. Je l'ai rapporté du bureau.

– Hillman a-t-il reçu de nouvelles instructions en ce qui concerne la remise de la rançon ?

Il hocha négativement la tête.

– C'est toujours l'attente.

Ralph et Elaine Hillman étaient dans la pièce du rez-de-chaussée où se trouvait le téléphone, serrés l'un contre l'autre sur le canapé Chesterfield placé devant la fenêtre, comme pour se réchauffer mutuellement. La lumière crépusculaire donnait une teinte grisâtre à leur visage. L'attente avait affecté leurs traits. Elaine tricotait je ne sais quoi avec une pelote de laine rouge. Ses doigts se mouvaient, agiles et précis, comme s'ils étaient dotés d'une vie autonome.

Hillman se leva et posa sur le divan le paquet enveloppé de papier journal qu'il avait gardé jusque-là sur ses genoux avec les gestes délicats d'un père couchant son nouveau-né.

– Bonsoir, Archer, fit-il d'une voix atone.

Je fis un pas vers lui dans l'intention de lui dire quelques paroles de réconfort mais son expression, à la fois douloureuse et orgueilleuse, me dissuada de lui poser la main sur l'épaule et de lui témoigner ma compassion.

– Vous avez eu une journée longue et éprouvante.

Il opina d'un mouvement lent de la tête tandis que sa femme laissait échapper un sanglot sec.

– Pourquoi cet individu ne s'est-il pas encore manifesté, monsieur Archer ?

– Difficile à dire. On a l'impression qu'il fait volontairement traîner les choses en longueur pour vous mettre en état d'infériorité.

Elle repoussa son ouvrage qui tomba sans qu'elle parût le remarquer. Son gracieux visage se rida et l'on eût dit qu'elle ressentait physiquement la morsure d'un instrument de torture qui lui déchirait les chairs.

– Il nous condamne à vivre l'enfer, un enfer absolu. Mais pourquoi ?

– Il attend sans doute la nuit, lui répondis-je. Je suis certain qu'il ne va pas tarder à vous appeler. Une somme de vingt-cinq mille dollars possède un irrésistible pouvoir d'attraction sur les individus.

– Je suis prête à le lui donner, son argent, et même cinq fois plus. Pourquoi ne vient-il pas simplement le chercher et ne nous rend-il pas notre petit garçon ?

Elle tendit le bras et se mit à tripoter le paquet enveloppé dans le journal.

– Cesse de te ronger ainsi, Ellie, supplia Hillman en se penchant sur elle pour caresser ses cheveux d'or pâle. Poser des questions auxquelles personne ne peut apporter de réponse ne sert à rien. Ce n'est qu'un moment pénible à passer.

Des mots de consolation creux et forcés...

– Si cela doit durer encore longtemps, je ne tiendrai pas.

Elle passa ses mains sur sa figure et les croisa sous le menton dans une attitude implorante. Des frissons la secouaient et j'appréhendais qu'elle ne lâche comme une corde de violon trop tendue.

– Pourrais-je vous parler en tête à tête, monsieur Hillman ? J'ai découvert certains éléments qui doivent être portés à votre connaissance.

– Vous pouvez parler devant ma femme et devant Dick.

Je remarquai alors que Leandro était debout dans l'embrasure de la porte.

– Je préférerais que cet entretien se déroule sans témoins.

– Ce n'est pas à vous de décider, répliqua-t-il comme en écho à une phrase qu'avait prononcée l'homme au téléphone. Quelles informations avez-vous recueillies ? Je vous écoute.

Puisqu'il le voulait...

– Votre fils a été vu en compagnie d'une femme mariée du nom de Brown qu'il fréquente depuis un certain temps. Elle est blonde, sans doute liée aux milieux du spectacle à en juger par son physique ; elle est plus âgée que lui et c'est apparemment l'intérêt qui la motive. Il y a de fortes chances pour que le ménage Brown soit impliqué dans l'affaire. Il semblerait que sa situation financière ne soit pas brillante...

Elaine cacha son visage derrière ses mains, dépassée, aurait-on dit, par cette avalanche de renseignements.

– Qu'il fréquente : qu'entendez-vous par là ?

– Qu'il s'affiche avec elle en public... et en privé. On les a vus tous les deux ensemble hier après-midi.

– Où ? demanda Hillman.

– Au Barroom Floor.

– Qui vous l'a dit ?

– Un employé de l'établissement. Il les avait déjà vus auparavant. Il appelle Mme Brown « la petite amie de Tom, la vieille ». Le propriétaire du motel où logent les Brown a confirmé cette liaison : on y a également vu Tom.

– Quel âge a cette femme ?

– Trente ans ou davantage. Il paraît qu'elle est tout à fait séduisante.

Elaine Hillman leva les yeux : elle était atterrée.

– Prétendez-vous que Tom a eu une liaison avec elle ?

– Je vous rapporte simplement les faits.

– Je ne crois pas à vos faits !

– Insinuez-vous que je vous mens ?

– Peut-être pas de propos délibéré, mais il doit y avoir un épouvantable malentendu.

– Je suis d'accord, dit Leandro qui n'avait pas bougé de sa place. Tom a toujours été parfait.

Hillman ne disait rien : peut-être savait-il quelque chose que les deux autres ignoraient. Il se rassit à côté de sa femme et serra le paquet contre sa poitrine comme pour s'en faire un bouclier.

– L'essentiel pour le moment n'est pas la vertu de Tom, repris-je. Ce qu'il nous faut savoir, c'est qui il fréquente et ce que ces gens-là lui font. Ou, peut-être, ce qu'ils vous font à vous avec sa collaboration.

– Qu'est-ce que ça signifie ? fit Hillman.

– Nous devons prendre en considération l'hypothèse selon laquelle Tom serait le complice de cette tentative d'extorsion. Il a été vu hier en compagnie de Mme Brown. L'homme qui vous a téléphoné – et qui peut fort bien être Brown lui-même – disait que votre fils s'était rendu auprès d'eux de son plein gré.

Elaine Hillman me scruta pour comprendre le sens de mes paroles : c'était là une possibilité qu'elle était incapable d'envisager. Elle ferma les yeux et secoua si violemment la tête que ses cheveux s'éparpillèrent et quelques mèches rebelles retombèrent sur son front. Elle les repoussa de ses doigts écartés et dit d'une voix ténue qui me fit frissonner :

– Vous mentez. Mon fils est une victime innocente, je le sais. C'est abject ce que vous faites... venir nous assener toutes ces horreurs alors que nous sommes dans la peine...

Hillman la serra contre lui.

– Chut ! M. Archer cherche seulement à nous aider, lui dit-il d'un ton apaisant.

Elle le repoussa.

– Ce genre d'aide, grand merci, il peut la garder ! Il n'a pas le droit ! Tom est une innocente victime et Dieu sait ce qu'on est en train de lui faire subir ! se récria-t-elle, les doigts toujours enfoncés dans l'or pâle de ses cheveux. Je ne peux plus supporter cet homme odieux et ses calomnies ignobles.

– Je suis désolé, madame Hillman, mais je vous rappelle que je ne voulais pas parler en votre présence.

– Je sais ! Vous vouliez pouvoir diffamer mon fils sans qu'il y ait personne pour prendre sa défense.

– C'est absurde, Ellie, rétorqua le mari. Je crois que le mieux serait que tu montes. Je vais te donner un calmant.

Il l'aida à se lever. En passant devant moi, il me lança un regard désolé par-dessus la chevelure ébouriffée d'Elaine qui s'accrochait à son bras comme une infirme.

Quand ils furent sortis, Leandro pénétra dans la pièce et alla s'asseoir sur le chesterfield, histoire de tenir compagnie au paquet de billets.

– Vous avez fait beaucoup de mal à Elaine avec vos histoires, me dit-il avec un soupçon de hargne dans la voix. C'est une femme extrêmement sensible et très puritaine en ce qui concerne les choses du sexe. Et, entre nous soit dit, elle est folle de Tommy. Elle n'admettra jamais qu'on dise la moindre chose contre lui.

– Y a-t-il des choses à dire contre lui ?

– Pas que je sache. Seulement, il a eu récemment des ennuis. Vous me comprenez – l'accident d'auto et le reste. Et v-voilà maintenant que vous racontez qu'il s'envoie en l'air avec des putains.

– Je n'ai rien prétendu de tel.

– D'accord, mais on sait ce que parler veut dire. D'ailleurs, où est-ce qu'elle habite, cette f-fille ? Il serait peut-être bon que quelqu'un aille lui poser des questions.

– Vous débordez d'idées géniales.

Il était imperméable à l'humour :

– Eh bien, qu'en pensez-vous, hein ? Moi, je suis prêt à aller lui parler.

– Vous êtes beaucoup plus utile ici à monter la garde. A propos, comment se fait-il que Hillman vous ait choisi pour cette mission ? Vous êtes un vieil ami de la famille ?

– Oui, en quelque sorte. J'étais déjà le moussaillon de M. Hillman quand je n'étais pas plus haut que ça, expliqua-t-il en plaçant la main à la hauteur de son genou. C'est quelqu'un de super, Hillman. Saviez-vous qu'il était capitaine dans la marine ? Mais il interdit à tout le monde de l'appeler capitaine sauf en mer. Et généreux avec ça ! Tenez, il m'a aidé pendant toute la durée de mes études et il m'a trouvé une place chez son courtier. Je lui dois beaucoup. Il agit avec moi comme un père.

Son émotion était réelle mais il s'en servait à la manière d'un comédien en scène. Il précisa :

– C'est que je suis presque orphelin. Mes parents se sont séparés quand j'étais tout môme et mon père est parti. Il travaillait pour M. Hillman, à l'usine.

– Connaissez-vous bien Tommy ?

– Dame ! C'est un gentil petit gars, un tantinet trop intello pour mon goût. Ça l'empêche d'être populaire. Pas étonnant si ça ne tourne pas toujours rond là-dedans, remarqua-t-il en se tapotant la tempe. C'est vrai que M. Hillman l'a mis dans un asi... dans une maison de santé, je veux dire ?

– Vous n'avez qu'à le lui demander.

Ce jeune homme m'assommait. J'allai au bar m'offrir un verre. La nuit tombait. Les affiches de corridas ornant le mur de la niche avaient disparu, effacées par l'obscurité. Des masses d'ombre s'agglutinaient à d'autres masses d'ombre derrière le bar. Je levai mon verre à leur intention sans très bien comprendre moi-même la signification de mon geste ; sauf que l'obscurité, le silence et le whisky étaient réconfortants.

Les pas lourds de Hillman retentirent dans l'escalier. Ils se firent plus rapides et plus bruyants quand, tel un réveil, le téléphone du bar se mit à sonner. Il surgit au pas de course et m'écarta d'un coup de coude.

Je me précipitai vers le poste de l'office mais il me cria :

– Non ! Je m'en occupe moi-même.

Il avait parlé avec une telle autorité que je m'immobilisai, les yeux fixés sur lui. Il décrocha et approcha le récepteur de son oreille en le tenant comme il aurait tenu un scorpion venimeux.

– Oui, c'est M. Hillman. Une seconde, demanda-t-il en sortant de sa poche intérieure une enveloppe à en-tête commercial et un stylo-bille avant d'allumer la lampe dissimulée dans la niche. Allez-y.

Il griffonna près d'une demi-minute sans qu'un son ne sorte de sa bouche.

– Je crois, dit-il enfin. N'y a-t-il pas des marches à descendre pour arriver sur la plage ?

A nouveau, il écouta tout en écrivant.

– Où devrai-je aller ? demanda-t-il encore en retournant l'enveloppe et en continuant à gribouiller. Entendu. J'arrêterai la voiture à Seneca, à deux blocs de là et je me dirigerai à pied vers l'escalier. Je déposerai l'argent sous la première marche à droite, puis je descendrai jusqu'à la plage où j'attendrai une demi-heure. C'est tout ?

Ce ne devait pas être tout : son interlocuteur parla encore quelques instants.

– Bon, laissa finalement tomber Hillman. En ce qui me concerne, le marché sera honoré à la lettre. Je serai là-bas à vingt et une heures pile.

Sa voix avait des intonations pathétiques comme celle d'un représentant qui essaye d'obtenir un rendez-vous avec un client récalcitrant.

– Attendez...

Il exhala un soupir rauque : il n'y avait plus personne au bout du fil.

Leandro avait bondi comme un chat et il arriva bon premier dans le renfoncement du bar.

– Qu'y a-t-il, monsieur Hillman ? Quelque chose a marché de travers ? Quoi ?

– Je voulais lui demander des nouvelles de Tom. Il ne m'en a pas laissé le temps. Je ne sais pas s'il est vivant ou s'il est mort.

Il se perdit dans la contemplation du plafond.

– Mais ils ne l'auraient pas tué, voyons !

Le jeune homme semblait avoir pris pour la première fois conscience qu'il était, lui aussi, mortel, et cette découverte paraissait l'atterrer.

– Je n'en sais rien, Dick. Je n'en sais rien.

La tête de Hillman ballottait de gauche à droite. Leandro le prit par les épaules.

– Allez, capitaine, du cran. On le reverra bientôt.

Hillman se servit un bourbon bien tassé qu'il avala d'un trait. L'alcool ramena un peu de couleur sur son visage.

– C'était le même homme ? lui demandai-je.

– Oui.

– Et il vous a expliqué où devait être remise la rançon ?

– Oui.

– Voulez-vous que je vous accompagne ?

– Je dois y aller seul. Il a bien précisé qu'il me surveillerait.

– Où devez-vous vous rendre ?

Il nous dévisagea l'un après l'autre en s'attardant comme pour un dernier adieu.

– Je préfère garder le secret. Je ne veux pas que tout soit remis en question pour un simple détail.

– Il serait quand même bon que quelqu'un soit au courant pour le cas où il y aurait un pépin. Vous prenez un risque.

– J'aime mieux risquer ma vie que celle de mon fils.

Ce n'étaient pas de vaines paroles et le fait de les avoir prononcées parut ranimer son courage. Il consulta sa montre.

– Il est vingt heures trente-cinq. Il me faut vingt minutes pour me rendre à l'endroit fixé. Cela ne me laisse pas beaucoup de marge.

– Êtes-vous en état de conduire ? s'enquit Leandro.

– Oui, tout va bien. J'ai juste le temps de dire à Ellie que je sors. Vous restez avec elle, Dick, n'est-ce pas ?

– Bien sûr.

Hillman gravit l'escalier, l'enveloppe gribouillée serrée dans son poing.

– Où est Seneca Street ? demandai-je à Leandro.

– Seneca Road, rectifia-t-il. A Ocean View.

– Y a-t-il un escalier pour accéder à la plage quelque part dans ce coin ?

– Oui, mais pas question que vous y alliez. Vous avez entendu ce qu'a dit M. Hillman ?

– J'ai entendu.

Hillman redescendit. Il prit le paquet que lui tendait le jeune homme et le remercia. Sa voix était grave, et emplie de mélancolie.

Debout sur le perron, nous suivîmes des yeux la Cadillac qui s'enfonçait dans l'obscurité du sous-bois. Une faible clarté faisait une trouée, à l'ouest, et c'était comme s'il ne devait plus jamais y avoir d'autre lumière.

9

Je me rendis à la cuisine et demandai à Mme Perez de me confectionner un sandwich au fromage. Elle maugréa mais s'exécuta. Je le mangeai debout, adossé au réfrigérateur. Mme Perez se refusait obstinément à évoquer le drame que vivait la famille Hillman. Une sorte de superstition, apparemment, lui faisait penser que le seul fait d'en parler ne ferait qu'aggraver la situation. Lorsque je tentai d'obtenir d'elle des confidences sur les habitudes de Tom, elle cessa peu à peu de comprendre l'anglais.

Dick Leandro était monté auprès d'Elaine. Il semblait être chez lui, plus peut-être que Tom ne l'avait été dans sa propre famille. Je regagnai le vestibule. Vingt et une heures : je ne pouvais pas attendre davantage.

Sur la route d'Ocean View, je m'efforçais de justifier ma conduite : je n'étais pas partie prenante à la remise de la rançon, je ne trahissais pas M. Hillman qui, n'importe comment, n'était pas mon client ; sans compter que je n'avais aucune preuve que Mme Brown et son époux étaient à l'origine de l'escroquerie dont il était victime.

La nuit était obscure. La lune était cachée, pas une étoile ne brillait dans le ciel. Je laissai la voiture devant un belvédère au-dessus du motel. La mer n'était qu'une présence bruissante et immatérielle. Je descendis l'allée menant au motel sans allumer la torche électrique dont je m'étais muni.

Le bureau était éclairé et une enseigne au néon signalant qu'il y avait des bungalows libres scintillait au-dessus de la porte. Évitant la flaque de lumière qu'elle projetait au sol, je me rendis droit au bungalow n° 7. Tout était éteint. Je frappai. Pas de réponse. J'entrai en me servant de mon passe. La porte se referma en se verrouillant automatiquement derrière moi.

Mme Brown m'attendait. Je trébuchai sur son pied et il s'en fallut de peu que je ne m'écroule sur elle avant d'avoir allumé ma lampe. Elle était allongée par terre, vêtue d'une robe dont le pinceau hésitant de la torche faisait briller les paillettes. Ses cheveux blonds étaient poissés de sang – on aurait dit qu'ils avaient été passés au goudron. Des ecchymoses marbraient son visage que déformait un rictus grimaçant. Elle donnait l'impression d'avoir été battue à mort.

Je tâtai sa main. Elle était froide. Je détournai le faisceau de la lampe pour ne plus voir le rictus qui déformait sa bouche. Il traça des arabesques sur les murs verts et sur le sol jonché de journaux. Une grande valise de toile montait la garde au pied du lit. On avait posé dessus deux sacs en papier. L'un contenait une bouteille de vin bon marché, l'autre des sandwiches d'une fraîcheur douteuse.

Je soulevai le couvercle de la valise. Une odeur aigre s'en dégagea. Des affaires d'homme et de femme s'y entremêlaient sans discrimination : chemises sales et dessous féminins d'une propreté très approximative, un rasoir mécanique un peu rouillé, un pot de cold-cream et du mascara, deux robes, un complet bleu élimé portant l'étiquette d'un magasin à succursales multiples et dont les poches étaient vides, exception faite d'un peu de poussière de tabac. Toutefois, dans la pochette extérieure je découvris un prospectus de mauvais papier jaune, sur lequel était imprimé :

HAROLD « HAR » HARLEY

TOUS TRAVAUX DE PHOTOGRAPHIE

Un sac à main en simili-lézard était posé sur une chaise près de l'une des fenêtres. Je n'y trouvai que des produits de beauté et quelques tickets de caisse de grands magasins : pas de portefeuille, pas de papiers d'identité, pas de fric hormis un dollar d'argent qui traînait au fond ; plus un paquet de cartes grasses et un dé. Je le lançai trois fois de suite ; trois fois il tomba sur le six.

J'entendis soudain un bruit de moteur et des phares balayèrent la fenêtre du fond. J'éteignis ma torche. Des pneus firent crisser le gravier et la voiture stoppa devant le bungalow. Quelqu'un en descendit. On tourna la poignée de la porte qui, évidemment, ne s'ouvrit pas.

– Laisse-moi entrer.

Je reconnus la voix pleurnicharde, un peu sifflante, du correspondant de Hillman. J'avançai vers la porte, tenant à bout de bras ma torche éteinte. L'homme secoua à nouveau la poignée.

– Je sais que tu es là, j'ai vu de la lumière. Ce n'est pas le moment de bouder, ma choupinette.

La choupinette gisait sur le plancher, coulée dans une carapace de silence et d'attente éternels. Je la contournai pour m'appuyer contre le mur à côté de la porte, je fis passer la lampe dans la main gauche et tâtonnai à la recherche du loquet.

– Je t'entends, eh, conne ! Tu veux encore une dérouillée ? Si tu n'ouvres pas cette foutue porte je fais sauter le verrou.

Le déclic du chien d'un revolver qu'on rabat me parvint aux oreilles. Je ne bougeai pas ; je restai figé à côté du chambranle, brandissant ma torche comme une matraque. Mais il ne tira pas.

– En définitive, se ravisa-t-il, il n'y a rien dans cette turne qui m'intéresse, et surtout pas toi. Si tu as envie de rester là assise sur ton cul, libre à toi. Mais décide-toi, c'est le moment.

Il attendit. Mais à ce jeu-là elle avait toutes les chances de le battre.

– Je t'accorde un dernier délai : je vais compter jusqu'à trois. Si tu n'ouvres pas, je pars tout seul.

Il compta lentement – un, deux, trois – mais il aurait fallu un sortilège autrement puissant pour la persuader de bouger.

– Eh bien, bon vent, eh, paumée !

Le bruit de ses pas s'éloigna. La portière de la voiture grinça. Je ne pouvais pas le laisser filer comme ça !

Je débloquai le loquet intérieur, repoussai le battant et me précipitai sur la silhouette sombre de l'homme coiffé d'un chapeau, qui s'apprêtait à monter dans la voiture. Il pivota sur lui-même et je vis qu'il tenait toujours son revolver à la main. Une courte flamme en jaillit, et je ressentis une brûlure à la tempe.

Je continuai d'avancer vers le type en titubant et le pris à bras-le-corps. Il se débattait comme un beau diable, en me martelant les mains à coups de crosse. Du sang me coulait dans les yeux et je ne pus l'éviter, cette crosse, quand il l'abattit sur mon crâne. Un aveuglant candélabre s'alluma dans ma cervelle, puis les ténèbres m'engloutirent.

J'étais un V.I.P. accompagné d'un garde du corps à l'arrière d'une voiture conduite par un chauffeur. Le turban qui m'enveloppait la tête donnait à penser à la cervelle ballottante qui se trouvait en dessous que j'étais quelque maharajah en visite. La voiture tourna pour s'engager dans une allée à l'entrée de laquelle brillait une lumière rouge ; j'imaginai qu'on me conduisait auprès d'une de mes multiples concubines...

Je posai la question aux deux hommes en uniforme qui m'encadraient. Avec douceur mais fermeté, ils m'aidèrent à descendre de la voiture de patrouille, me firent franchir une porte qu'un personnage tout de blanc vêtu nous ouvrit et mes anges gardiens me poussèrent à l'intérieur d'une salle violemment éclairée qui sentait le désinfectant. Je me laissai tomber sur une chaise mais ils m'étendirent sur une table capitonnée. Ma tête était douloureuse. Je la tâtai : elle disparaissait sous une serviette gluante de sang.

Un visage joufflu barré d'une moustache se pencha au-dessus de moi et des mains hérissées de poils ôtèrent la serviette. Quand elles me palpèrent le crâne, je ressentis une douleur cuisante.

– Vous avez de la chance. Vous aurez maintenant une raie quasiment définitive.

– C'est grave, docteur ?

– Pas la blessure par balle ; le projectile vous a juste effleuré. Vous avez eu de la chance, je vous le dis. Quant à l'autre lésion, elle mettra plus longtemps à se cicatriser. Avec quoi avez-vous été frappé ?

– Avec une crosse de revolver, je crois bien.

– On s'amuse comme on peut, hein ?

– Est-ce que les policiers lui ont mis la main dessus ?

– Il faudra que vous le leur demandiez. Ils ne m'ont strictement rien dit.

Le moustachu me rasa un bout de cuir chevelu, posa quelques agrafes, me donna un verre d'eau et un cachet d'aspirine avant de disparaître, en m'abandonnant dans un box aux cloisons blanches. Mes deux gardes du corps ne me laissèrent pas jouir longtemps de ma solitude.

C'étaient des hommes du shérif à en juger par leurs uniformes marron, des garçons jeunes et vigoureux à la carrure d'athlète mais au visage plutôt bestial ; de bons gars sérieux tout disposés à m'aider, assurèrent-ils.

– Pourquoi vous l'avez tuée ? attaqua le brun.

– Je ne l'ai pas tuée. Elle était morte depuis un certain temps quand j'ai découvert son cadavre.

– Ça ne prouve rien. Stanislaus a déclaré que vous étiez déjà venu au motel plus tôt dans la journée.

– Il ne m'a pas quitté un instant.

– Que vous dites, fit le blond.

Ce dialogue passionnant se poursuivit quelque temps ; nous échangions des répliques dignes d'une vieille comédie de boulevard qu'un collectionneur aurait eu la mauvaise idée d'enregistrer et de conserver. J'essayai d'interroger mes interrogateurs. Sans succès. J'avais de plus en plus mal à la tête mais, aussi bizarre que cela puisse paraître, elle commençait à fonctionner mieux. Je réussis même à me dresser sur mes coudes pour regarder les deux policiers droit dans les yeux.

– Je suis un détective privé de Los Angeles. Et j'ai ma licence.

– Nous le savons, laissa tomber le brun.

Je tâtai ma poche. Mon portefeuille n'y était plus.

– Rendez-moi mon portefeuille.

– On vous le restituera en temps voulu. Personne ne vous le volera.

– Je veux parler au shérif.

– Il dort.

– Il n'y a pas un gradé de permanence ?

– Si, le lieutenant, mais il est sur les lieux du crime. Vous pourrez parler avec lui dans la matinée. Les docteurs ont décidé de vous garder ici pour la nuit. Vous avez subi une forte commotion. Avec quoi elle vous a frappé, la femme, au fait ?

– C'est le mari qui m'a frappé. A coups de crosse de revolver.

– Je le comprends après ce que vous aviez fait à sa dame ! s'exclama le blond d'une voix vibrante.

– Vous couchiez avec elle ? voulut savoir le brun.

Mon regard allait du visage de l'un à celui de l'autre : des visages lisses, pétant de santé. Ils n'avaient pas l'air de flics sadiques, et leurs propos n'étaient pas ceux de flics corrompus. Et je n'avais pas peur pour ma licence, tôt ou tard, ça s'arrangerait. Mais j'avais quand même peur...

– Écoutez... vous perdez votre temps à me cuisiner. J'avais une raison parfaitement valable pour aller au motel. J'avais été chargé d'enquêter...

La peur me saisit à la gorge et je n'achevai pas ma phrase. J'avais peur pour Tom.

– Vous enquêtiez sur quoi ? demanda le brun.

– La façon dont la police fait son boulot dans ce comté... pas de quoi en être fier.

J'avais des difficultés d'élocution.

– On va te le faire voir, notre boulot, dit le brun.

Il était massif et large de carrure. Il roula des épaules en faisant mine d'attraper une mouche juste devant ma figure.

– Du calme, monsieur Muscle, lui lançai-je.

La figure poupine du médecin parut dans l'encadrement de la porte.

– Tout va bien là-dedans ?

– Je voudrais passer un coup de fil, annonçai-je par-dessus la tête des hommes du shérif qui, le sourire aux lèvres, lui assuraient que tout allait pour le mieux.

Le toubib se tourna vers eux d'un air interrogateur.

– Ça, ce n'est pas mon rayon.

– Je suis détective privé et j'enquête sur un crime, je n'ai pas le droit de parler sans l'autorisation du client que je représente. Je veux lui téléphoner.

– Y a pas de téléphone, grommela le brun.

– A vous de jouer, docteur. Ici, c'est vous le patron et j'ai légalement le droit de passer un coup de fil.

Il avait un visage juvénile malgré la moustache.

– C'est-à-dire que... Il y a bien une cabine dans le hall. Vous pensez être capable d'aller jusque-là ?

– Je ne me suis jamais senti en meilleure forme.

Mais quand je voulus poser les pieds par terre, le plancher parut se dérober sous moi. Les deux flics durent me soutenir jusqu'à la cabine et m'aider à m'asseoir sur le tabouret. Je refermai la porte. Derrière la vitre opaque, ils ressemblaient à deux poissons folâtrant autour d'un bathyscaphe au fond de l'océan.

Techniquement parlant, mon mandant était le Dr Sponti mais ce fut le numéro de Hillman que je demandai à l'opératrice. J'avais heureusement dix *cents* au fond de ma poche et Hillman était chez lui. Il décrocha à la première sonnerie.

– Allô, oui ?

– Archer à l'appareil.

Il émit une sorte de grognement.

– Avez-vous des nouvelles de Tom, monsieur Hillman ?

– Non. J'ai suivi les instructions à la lettre. Quand je suis remonté de la plage, l'argent n'était plus là. Je me suis fait doubler, conclut-il amèrement.

– Avez-vous vu l'homme ?

– Non. Et je n'ai pas essayé.

– Moi, si.

Je lui racontai ma mésaventure du motel, et ce qui était arrivé à Mme Brown.

– Et vous pensez que ce sont les mêmes personnes ?

Sa voix était ténue et morne.

– Je pense que Brown est notre homme. C'est d'ailleurs sans doute un pseudonyme. Le nom de Harold Harley vous dit-il quelque chose ?

– Voulez-vous répéter ?

– Harold ou « Har » Harley. C'est un photographe.

– Je n'ai jamais entendu parler de lui.

Je n'en étais pas surpris. On distribue ces prospectus à la pelle et celui que j'avais trouvé dans la chambre n'avait pas forcément un lien avec Brown.

– C'est tout ce que vous me vouliez ? fit Hillman. Je voudrais libérer ma ligne au maximum.

– Je ne vous ai pas encore dit l'essentiel. J'ai la police sur le dos. Et je ne peux pas expliquer ma présence au motel sans lâcher le morceau en ce qui concerne la demande de rançon et la disparition de votre fils.

– Vous n'avez qu'à inventer une histoire.

– Ce serait peu judicieux. Il s'agit d'une affaire trop importante.

– Que voulez-vous dire ? Que Tom est mort ?

– Je voulais simplement dire que le kidnapping est un crime capital dans cet État. Et vous avez affaire à un tueur. A mon avis, vous devriez alerter la police et lui demander son aide. Il faudra bien que vous l'avertissiez tôt ou tard.

– Je vous interdis...

Il laissa sa phrase en suspens et reprit sur un tout autre ton :

– Je vous en supplie, Archer, il faut que vous teniez le coup. Laissez-lui jusqu'à demain matin pour réapparaître. C'est mon unique fils !

– D'accord. Je patienterai jusqu'à demain matin. Mais il ne sera pas possible de garder le silence plus longtemps : ni possible ni souhaitable.

Je raccrochai. Quand je ressortis de la cabine, mes gardes du corps, au lieu de me ramener à la salle des urgences, m'obligèrent à entrer dans un ascenseur et me conduisirent dans une chambre d'isolement dont les fenêtres étaient occultées par d'épais volets. Je fus autorisé à m'étendre sur le lit, puis mes anges gardiens se relayèrent pour me poser des questions. Il serait fastidieux de rapporter notre conversation. Car fastidieuse, elle le fut tellement que je faillis m'endormir à plusieurs reprises.

Vers minuit, leur supérieur hiérarchique, le lieutenant Bastian, entra et leur ordonna d'aller attendre dans le couloir. C'était un homme de haute taille, aux cheveux gris taillés en brosse. Des sillons verticaux creusaient ses joues, comme des cicatrices laissées par une discipline personnelle plus rigoureuse que des coups de sabre.

Il se planta devant moi, et me toisa en fronçant les sourcils.

– Le Dr Murphy m'a dit que vous émettiez des réserves sur la manière dont la sécurité est assurée dans ce comté ?

– J'ai de bonnes raisons de le penser.

– Il n'est pas facile de recruter des gens qui acceptent de travailler au tarif fixé par la municipalité. C'est tout juste s'ils gagnent autant que des manœuvres. Et c'est un travail pénible.

– Qui a aussi ses petits avantages.

– Que voulez-vous dire ?

– Mon portefeuille semble s'être volatilisé.

Les traits de Bastian se durcirent. Il sortit dans le couloir où il exprima sa pensée d'une voix tonitruante, après quoi il revint avec mon portefeuille.

– Ils voulaient avoir des renseignements sur vous. Le comté de Los Angeles pense le plus grand bien de votre personne. Si vous n'avez pas été traité correctement, vous m'en voyez désolé.

– Broutilles que tout cela ! J'ai l'habitude des brutalités infligées par les manœuvres !

– Je vous rappelle que je vous ai présenté des excuses, répliqua-t-il sur un ton qui mettait un point final à la discussion.

Il me posa diverses questions sur Mme Brown et sur les raisons pour lesquelles je m'intéressais à elle. Je lui répondis que je devais prendre contact avec mon client dans la matinée et que je ne ferais aucune déclaration. Il exigea néanmoins que je lui donne le maximum de détails sur l'aspect physique de M. Brown et sur sa voiture.

Je ne me rappelais que vaguement ce qui s'était passé avant et après le coup de feu. Je raclai ma mémoire :

Brown était de taille moyenne, robuste, ni jeune ni vieux. Il portait une veste gris foncé ou bleue et un chapeau sombre à large bord qui dissimulait ses yeux. Il avait la mâchoire puissante. Sa voix était gutturale, légèrement sifflante. Quant à la voiture, c'était une conduite intérieure à deux portes dans les beiges ou les marron, probablement une Ford vieille de huit ans.

Le lieutenant Bastian, quant à lui, me fournit deux précisions : d'une part, selon les témoignages des autres occupants du motel, le véhicule était immatriculé dans l'Idaho ; d'autre part, Stanislaus avait commis une faute grave en négligeant de noter le numéro de ladite voiture sur la fiche. Je suppose que le lieutenant me fit ces confidences dans l'espoir de me délier la langue. Mais je fus intraitable et il dut se résoudre à patienter jusqu'au matin.

On me conduisit dans une autre chambre au même étage mais sans anges gardiens, cette fois. Je passai une bonne partie de la nuit dans un état intermédiaire entre la veille et le sommeil. Je voyais tournoyer des visages, un vrai kaléidoscope d'impressions auquel se surajoutaient parfois des images d'une précision fulgurante du Dack's Auto Court. La lumière éblouissante du couchant éclairait le vert hideux du bâtiment comme si le motel passait en jugement. Et c'était pareil pour moi.

10

J'accueillis le matin avec satisfaction malgré la douleur lancinante qui me martelait le crâne. Je n'avais rien avalé depuis la veille quand Mme Perez m'avait préparé un sandwich au fromage. Aussi appréciai-je le café tiédasse, et les œufs brouillés trop cuits que l'on m'apporta me parurent un festin de roi.

Comme je terminais mon déjeuner, le Dr Sponti surgit, soufflant comme un phoque. Son visage grassouillet portait les stigmates de la mauvaise nuit qu'il avait passée. Ses yeux étaient cernés et sa lèvre supérieure était entaillée comme s'il s'était coupé en se rasant. La main glacée qu'il me tendit me rappela celle de la morte et je la lâchai aussitôt.

– Je suis étonné que vous soyez au courant de ma présence ici, lui dis-je.

– Je l'ai apprise de manière indirecte. Un certain lieutenant Bastian m'a téléphoné en pleine nuit. Il avait évidemment vu le chèque que je vous avais remis hier matin. Il m'a posé quantité de questions.

– A mon sujet ?

– A votre sujet et à propos de Tom – et tout ce qui était arrivé.

– Vous lui avez parlé de Tom Hillman ?

– Je n'avais vraiment pas le choix, fit-il observer en tripotant la coupure de sa lèvre. Une femme a été tuée à Ocean View. L'honneur me commandait de fournir aux autorités tous les renseignements que je possédais. Après tout...

– Y compris la demande de rançon ?

– Mais naturellement. Le lieutenant Bastian a considéré que cet élément était du plus vif intérêt. Il m'a remercié avec effusion et m'a promis que la presse ne citerait pas le nom de l'institution.

– Ce qui est évidemment l'essentiel.

– Pour moi, oui. J'en suis le directeur, figurez-vous.

J'étais furieux de l'avoir bouclée pour rien et de ne plus avoir de secrets à monnayer pour tenir la dragée haute à Bastian. D'un autre côté, j'étais soulagé que l'affaire soit maintenant étalée au grand jour. En exigeant de moi le silence Ralph Hillman me compliquait la tâche.

– M. Hillman s'est-il manifesté ?

– Il m'a appelé ce matin très tôt : son fils n'a pas réapparu, répondit d'un ton lugubre Sponti qui me regardait en roulant des yeux de façon appuyée. Les parents réagissent de façon tout à fait excessive dans ces cas-là, c'est bien naturel. M. Hillman m'a tenu des propos qu'il regrettera plus tard, j'en suis sûr.

– Il estime toujours que votre responsabilité est engagée ?

– Oui, et il me reproche d'avoir fait appel à vos services. J'ai l'impression qu'il a le sentiment que vous avez... comment dirais-je ? que vous avez abusé de sa confiance.

– En allant au motel et en me faisant tirer dessus ?

– Il estime que vous avez fait fuir les ravisseurs en les effrayant et que vous les avez empêchés de lui rendre son fils. Je crains fort qu'il ne veuille plus vous voir vous mêler de cette affaire, monsieur Archer.

– Et vous non plus ?

Le Dr Sponti serra les lèvres et joignit ses dix doigts, d'abord en arc roman, puis en ogive gothique.

– Vous devinez, je n'en doute pas, les pressions qui sont exercées sur moi. M. Hillman n'en démord pas et je suis pratiquement obligé de respecter ses désirs.

– Bien sûr.

– Je ne vous demande pas, d'ailleurs, de me rembourser les deux cent cinquante dollars que je vous ai donnés, même si vos services...

Il jeta un coup d'œil à sa montre.

– ... ont duré moins de vingt-quatre heures – beaucoup moins. La différence vous servira à payer les soins qu'on vous donne ici. Il faut que je vous laisse, maintenant.

Il se dirigea à reculons vers la porte.

– Vous pouvez aller au diable, lui lançai-je au moment où il sortait.

Il glissa sa tête dans l'entrebâillement de la porte.

– Vous pourriez vous aussi regretter de m'avoir parlé sur ce ton. Je serais presque tenté, finalement, de faire opposition à votre chèque.

Je lui suggérai sans mâcher mes mots l'utilisation qu'il pouvait faire de ce chèque. Ses joues prirent une teinte grisâtre et il déguerpit.

Je restai un moment sans bouger, à jouir de ma fureur que renforçait la douleur qui me sciait le crâne. Elle m'aidait à ne pas penser au fait que je l'avais bien cherché. Je n'aurais pas dû retourner une seconde fois au motel, pas à ce moment-là, du moins.

Une femme de service vint reprendre mon plateau. Un peu plus tard, j'eus la visite d'un médecin. Il me palpa le crâne, examina mes yeux avec une lampe minuscule et rendit son verdict : j'avais probablement un léger traumatisme, mais c'était le cas de beaucoup de gens que cela n'empêchait pas de vivre. J'empruntai un rasoir à un infirmier, fis ma toilette, m'habillai, descendis et réglai la note d'hospitalisation avec le chèque de Sponti. Le caissier me rendit plus de deux cents dollars. Dans le taxi qui me ramenait en ville, je décidai de consacrer une journée de plus à cette affaire, que cela plaise ou non au Dr Sponti, et je demandai au chauffeur de me déposer à la Compagnie du téléphone.

– Vous vouliez aller au palais de justice.

– J'ai changé d'avis. Maintenant, je vais à la Compagnie du téléphone.

– Vous auriez pu me prévenir !

– Navré d'être un aussi piètre commandant de bord.

Je me sentais à la fois grincheux et tout fringant. Ces sautes d'humeur étaient en partie dues au temps qui s'était remis au beau mais surtout à ma décision de m'occuper du sort d'un jeune garçon que je ne connaissais ni d'Ève ni d'Adam. Je ne donnai pas de pourboire à mon chauffeur.

Tout au fond de la grande salle de la Compagnie s'alignaient les cabines réservées aux communications interurbaines et des étagères sur lesquelles étaient disposés les annuaires. Dans celui de l'Idaho figuraient seulement les villes principales – Boise, Pocatello, Idaho Falls. Je l'épluchai dans l'espoir d'y trouver mentionné un photographe du nom de Harold Harley mais en vain. Quant aux Robert Brown, en revanche, ils étaient légion. Malheureusement, le mien était selon toute vraisemblance un pseudonyme.

J'entrai dans une cabine et appelai Arnie Walters, un confrère de Reno avec qui je travaillais souvent. Je n'avais pas de contacts dans l'Idaho et Reno agissait comme un aimant sur tous les truands brusquement en possession d'un argent qui leur brûlait les doigts.

– Agence Walters, j'écoute, fit la voix d'Arnie.

– Ici Lew.

Je lui expliquai d'où je lui téléphonais et les raisons de mon appel.

– Eh bien, toi alors, tu ne fais pas le détail ! s'exclama-t-il. Un meurtre et un enlèvement, rien que ça !

– L'enlèvement est peut-être bidon. Tom Hillman, la victime supposée du rapt, fricotait depuis quinze jours avec la femme assassinée.

– Quel âge avait-il, tu disais ?

– Dix-sept ans mais il fait plus.

Je lui donnai un signalement détaillé de Tom Hillman avant de conclure :

– Il est possible qu'il voyage avec Brown, de son plein gré ou sous la contrainte.

– A moins qu'il ne soit pas avec lui ?

– A moins qu'il ne soit pas avec lui.

– Tu connais ce garçon ?

– Non.

– Ah bon, je pensais... Bien. Et ton photographe, Harold Harley, où se situe-t-il ?

– C'est peut-être Brown en personne ou une de ses relations. Son prospectus est jusqu'à présent le seul indice réel que je possède ; ça et la plaque d'immatriculation de l'Idaho. J'aimerais que tu fasses deux choses : d'abord que tu essaies de trouver la trace de Harley dans l'Idaho ou un État voisin. Tu as les annuaires professionnels ?

– Oui. Je vais coller Phyllis là-dessus.

Phyllis était sa femme et son associée.

– La deuxième chose que je voudrais, c'est que tu tâches de localiser Brown et le garçon en mettant dans le coup les informateurs que tu as à Tahoe et à Vegas.

– Qu'est-ce qui te fait penser qu'ils se dirigent par là ?

– Une intuition que j'ai... comme ça. Il y avait dans le sac de la femme un dollar d'argent et un dé plombé.

– Mais pas de pièces d'identité ?

– Le meurtrier a fait main basse sur tous ses papiers. Mais nous l'identifierons. Parce que, elle, au moins, nous la tenons.

– Quand tu auras ses coordonnées, fais-moi signe.

Je me rendis ensuite au palais de justice à l'autre bout de la ville. Le ciel, nettoyé par la pluie de la veille, était limpide. Je demandai au planton où je pourrais trouver le lieutenant Bastian : au laboratoire de l'identité judiciaire, me répondit-il.

C'était une pièce au premier étage qui tenait plus du bureau que du labo. Elle était spacieuse et des pigeons roucoulaient sur le rebord de la fenêtre. Les murs disparaissaient sous les classeurs métalliques et les cartes et plans de la ville, du comté et de l'État. Un débarras de vastes dimensions attenant à la pièce avait été aménagé en chambre noire. Il était équipé d'un évier en inox tout en longueur et de séchoirs.

Bastian se leva en souriant – un sourire qui ne différait pas tellement du masque sévère qu'il arborait cette nuit – et posa une loupe rectangulaire sur le cliché qu'il était en train d'examiner quand j'étais entré. En me penchant pour lui serrer la main, je vis que c'était la photo de Mme Brown, du cadavre de Mme Brown, plus exactement.

– Avec quoi a-t-elle été tuée, lieutenant ?

– Avec ça, répondit-il en levant son poing. Une main humaine !

Son visage était soudain aussi fermé que le poing qu'il brandissait.

– Celle de Robert Brown ?

– C'est probable. D'après Stanislaus, il lui avait flanqué une tournée au début de l'après-midi. Cela colle avec l'heure estimée de la mort, d'après le coroner adjoint.

– A en croire Stanislaus, ils se sont querellés à cause d'un coup de téléphone qu'elle avait passé.

– Absolument. Nous ne sommes pas parvenus à en retrouver la trace, ce qui signifie sans doute que c'était un numéro de la circonscription. Elle avait utilisé l'appareil du bureau mais Stanislaus prétend ne pas en savoir plus.

– Comment sait-il que Brown lui a flanqué la tannée ?

– Une voisine lui en a parlé. Elle me l'a confirmé.

Bastian passa la main sur son visage dont les traits étaient crispés par la rage mais son expression n'en fut guère modifiée pour autant. Il ajouta :

– C'est atroce de penser qu'une femme puisse être tuée à portée de voix d'une voisine sans que personne n'en sache rien ou ne s'en soucie.

– Pas même Brown. A vingt et une heures trente, il la croyait toujours vivante. Il lui a parlé à travers la porte pour la convaincre d'ouvrir. Mais peut-être essayait-il seulement de se convaincre lui-même qu'il ne l'avait pas tuée, après tout... Je ne pense pas que le personnage soit très équilibré.

Bastian me décocha un regard acéré.

– Étiez-vous à l'intérieur quand Brown parlait derrière la porte ?

– Oui, j'y étais. A propos, j'ai reconnu sa voix. C'est lui qui a extorqué vingt-cinq mille dollars à Ralph Hillman : j'avais un écouteur hier quand il l'a appelé.

Bastian n'avait pas desserré le poing. Quand il l'abattit furieusement sur son bureau, les pigeons qui roucoulaient sur le rebord de la fenêtre s'envolèrent.

– Il est vraiment regrettable que vous ne nous l'ayez pas dit hier. Cela aurait peut-être sauvé une vie humaine – sans compter les vingt-cinq mille dollars.

– Allez vous plaindre à Hillman.

– J'en ai bien l'intention, et pas plus tard que ce matin. Mais pour le moment, c'est à vous que je me plains.

– Ce n'est pas moi qui ai pris la décision de garder le silence. J'ai tout essayé pour le faire changer d'avis. D'ailleurs, je ne suis entré en scène qu'après le meurtre de la femme.

– Ça me paraît un bon début, fit le lieutenant après un silence. Commencez à partir de là. Et je veux l'intégrale.

Il se pencha et mit en marche le magnétophone posé à côté de son bureau. Pendant une heure et plus, je parlai tandis que les bobines tournaient. Je n'avais plus de client, j'étais libre et je ne dissimulai rien. J'évoquai même l'hypothèse selon laquelle Tom Hillman se serait fait le complice de Brown pour soulager son père de vingt-cinq mille dollars.

– J'aimerais presque que ce soit vrai, soupira Bastian. Cela permettrait au moins d'espérer que le gamin est toujours vivant. Mais c'est improbable.

– Qu'est-ce qui est improbable ?

– Deux choses. Un : je doute qu'il ait berné le papa. Deux : je doute qu'il soit encore en vie. Il semble que cette femme ait été utilisée comme appât, en vue de son assassinat. L'océan nous ramènera vraisemblablement son corps d'ici quinze jours.

Ces mots étaient le fruit d'une longue expérience. Les victimes de rapts étaient de mauvais risques pour les assureurs. Je protestai néanmoins :

– Pour ma part, je m'en tiens au postulat qu'il est vivant.

Bastian haussa les sourcils.

– Je croyais que le Dr Sponti vous avait signifié votre congé ?

– Il me reste une partie des honoraires qu'il m'a versés.

Bastian me dévisagea longuement, me jaugeant du regard.

– Los Angeles avait raison. Vous n'êtes pas un fouille-merde comme les autres.

– J'espère bien.

– Si vous poursuivez votre enquête, vous pouvez nous rendre un service qui sera aussi profitable à vous qu'à moi : m'aider à identifier cette femme.

Il attira à lui la photo de Mme Brown.

– Cette photo du service anthropométrique n'est pas destinée à être montrée, mais vous pourriez la faire voir dans les milieux idoines. J'ai demandé à nos services un portrait-robot mais cela prendra du temps.

– Et les empreintes ?

– On cherche aussi de ce côté mais beaucoup de femmes ne sont pas fichées à l'identité judiciaire. En attendant, essayez d'obtenir une identification. Vous êtes de Hollywood et elle prétendait avoir fait du cinéma autrefois.

– Cela ne veut absolument rien dire.

– On ne sait jamais.

– Mais j'avais l'intention d'essayer de retrouver la piste de Brown dans le Nevada. Si le petit est vivant, cet homme sait où il est.

– Nous avons déjà envoyé un avis de recherche concernant Brown à la police du Nevada. Et vous avez un correspondant local bien placé. En toute franchise, j'aimerais que vous emmeniez cette photo à Hollywood. Je n'ai pas assez de personnel pour distraire un seul de mes hommes de sa tâche. A propos, j'ai ramené votre voiture. Elle vous attend dans notre garage.

La coopération entraîne la coopération. D'ailleurs, l'identité de cette femme était un élément important pour la progression de l'enquête, ne serait-ce que parce que son meurtrier s'était efforcé de brouiller les pistes. Je pris la photo ainsi que plusieurs autres clichés pris sous des angles différents et mis le tout dans ma poche où j'avais déjà le portrait de Tom.

– Nous vous rembourserons vos frais de téléphone, me dit Bastian en guise d'adieu.

Dans l'escalier, je me trouvai soudain en face de Ralph Hillman. Au premier abord, il avait l'air plus fringant que la veille au soir mais ce n'était qu'une apparence. Seule la fièvre lui donnait des couleurs et la lueur qui brillait au fond de ses yeux était celle du désespoir.

A ma vue, il parut reculer comme un cheval effrayé.

– Pouvez-vous m'accorder une minute d'entretien, monsieur Hillman ?

– Désolé mais j'ai un rendez-vous.

– Le lieutenant Bastian peut attendre. Je voudrais vous dire ceci : je reconnais avoir commis une erreur cette nuit, mais vous en avez commis une autre en faisant pression sur le Dr Sponti pour qu'il me congédie.

Il me toisa du regard.

– Il est tout à fait normal que vous réagissiez ainsi : c'est pour vous une perte sèche.

– Écoutez, je suis navré de ce qui s'est passé. J'ai fait de l'excès de zèle, si vous voulez. C'est le revers de la médaille. Mais je veux poursuivre mon enquête et retrouver votre fils.

– A quoi bon ? Il est sans doute mort à l'heure qu'il est. Par votre faute.

– C'est là une très grave accusation, monsieur Hillman.

– Je persiste et signe. Maintenant, laissez-moi passer, je vous prie, dit-il en jetant ostensiblement un coup d'œil à sa montre. Je suis déjà en retard.

Il me bouscula presque, pour gravir l'escalier quatre à quatre comme s'il craignait que je ne me jette à ses trousses. Cette entrevue pénible me laissa une impression désagréable qui ne me lâcha pas jusqu'à Los Angeles.

11

Je commençai par m'acheter un chapeau de la taille au-dessus à cause de mes pansements ; après quoi je fis une brève visite au siège central de la police de Los Angeles. Aucun des inspecteurs auxquels je montrai la photo du cadavre de Mme Brown ne la reconnut. Je me rendis ensuite au *Reporter* de Hollywood. La plupart des rédacteurs trouvèrent scandaleux qu'on leur mette de pareils clichés sous les yeux. Ceux qui acceptèrent de les examiner sérieusement furent, eux aussi, incapables d'identifier Mme Brown.

Même échec et mêmes réactions auprès des barbeaux du Strip que j'abordai. Ma popularité en prit un coup. Les souteneurs et les filles qu'ils protégeaient, dont la seule ambition était de gagner un maximum de fric dans un minimum de temps, avaient horreur qu'on leur rappelle ce qui les attendait de l'autre côté du dollar. La mort violente de cette femme ne faisait qu'aviver leur angoisse : n'importe qui, n'importe quand, pouvait subir le même sort.

Je décidai de regagner mon bureau avec l'intention d'appeler le lieutenant Bastian pour lui demander qu'il m'envoie une photocopie du portrait-robot dès que le dessinateur l'aurait terminé, quand je pensai brusquement à Joey Sylvester.

Joey Sylvester était un ancien imprésario qui avait conservé un semblant de bureau à deux pas de Sunset Boulevard. Il n'avait pas su s'adapter à l'évolution économique qui avait fait passer le pouvoir des grands studios d'antan aux producteurs indépendants d'aujourd'hui. Il vivait essentiellement sur les droits résiduels que lui rapportaient les vieux films que passait la télévision et sur ses souvenirs.

Son cagibi était au premier. Quand je frappai à la porte, je l'entendis cacher précipitamment sa bouteille comme s'il redoutait que le visiteur fût le fantôme de Louis B. Mayer ou un émissaire de J. Arthur Rank. Quand il ouvrit et vit que ce n'était que moi, il parut d'abord désappointé puis ressortit sa bouteille et me proposa de trinquer avec lui. Il me tendit un gobelet en carton, le verre à moutarde étant réservé à son usage personnel. Je savais qu'il venait à peu près tous les jours à son « bureau » où il éclusait un litre de bourbon quand ce n'était pas un litre et demi.

C'était un vieil homme au visage poupin, à la chevelure blanche et au regard roublard. Sa mémoire était semblable à ces lampes de grand-papa fonctionnant à l'aide d'une mèche imbibée d'alcool ; il l'orientait de façon que la lumière soit braquée sur son passé, sa Packard et son chauffeur en uniforme, et laisse dans l'ombre le logement minable au troisième sans ascenseur.

Il n'était guère plus de midi et Joey était encore en forme.

– Ça me fait plaisir de te voir, mon petit Lew. Je bois à ta santé.

Ce qu'il fit, une main paternellement posée sur mon épaule.

– A la vôtre, Joey.

Sa main quitta mon épaule pour ôter mon chapeau.

– Qu'est-ce qui est arrivé à ta tête ?

– Une petite égratignure.

– Tu veux dire que tu t'es cuité et que tu t'es cassé la figure ?

– Non, on m'a tiré dessus.

Il émit un gloussement ironique.

– Tu as tort de t'exposer au danger. Tu sais ce que tu devrais faire, mon petit Lew ? Te retirer des affaires et écrire tes Mémoires : la vérité sans fard sur Hollywood.

– Ça a été fait mille fois, Joey. C'est même le pain quotidien des fanzines actuels.

– Mais pas comme tu pourrais le faire, toi. Tiens ! je te donne un titre : *Les Confidences du ver de terre* ! lança-t-il en faisant claquer ses doigts. Je me fais fort de fourguer ton truc vingt-cinq mille dollars. Je le vois très bien porté à l'écran avec Steve McQueen dans le rôle. Réfléchis-y, mon petit Lew.

– Êtes-vous capable de supporter la vue de photos de cadavres ?

– J'en ai vu beaucoup, des cadavres, répliqua-t-il en désignant de sa main libre le mur auquel était adossé son bureau, qui était couvert de photos dédicacées d'acteurs et d'actrices disparus. Je bois à leur santé.

Il leva son verre pendant que j'étalais devant lui les clichés macabres qu'il contempla d'un œil lugubre.

– Ah ! de quoi l'animal humain est capable ! soupira-t-il. Suis-je censé connaître cette dame ?

– Elle est censée avoir fait du cinéma. Et personne ne connaît autant d'acteurs que vous.

– C'était vrai dans le temps, plus maintenant.

– Je serais surpris qu'elle ait tourné récemment. Elle était sur la touche.

– Ça peut vous tomber dessus du jour au lendemain.

Et, en un sens, c'était ce qui lui était arrivé. Il mit ses lunettes, alluma la lampe de bureau et scruta intensément la photo. Au bout d'un moment, il demanda :

– Est-ce que ce ne serait pas Carol ?

– Vous la connaissez ?

Il me considéra par-dessus ses verres.

– Je ne l'affirmerais pas sous la foi du serment, mais j'ai connu dans le temps une blondinette – blond naturel, hein ? – qui avait les mêmes oreilles. Remarque comme elles sont petites, presque collées au crâne et se terminant en pointe, ce qui est assez rare chez une femme.

– Carol comment ?

– Je ne m'en souviens pas. Ça remonte si loin... aux années 40... N'importe comment, je ne crois pas qu'elle utilisait son véritable nom.

– Pourquoi ?

– Sa famille était très collet monté et qu'elle fasse du cinéma ne plaisait pas du tout à ses parents. Si mes souvenirs sont exacts, elle m'avait dit qu'elle s'était enfuie de chez elle.

– D'où venait-elle ?

– De quel patelin ? Je n'en sais rien... En réfléchissant bien, il me semble que c'était un bled perdu de l'Idaho.

– Qu'est-ce que vous dites ?

– De l'Idaho. C'est aussi de là qu'elle venait, ta morte ?

– La voiture de son mari est immatriculée dans l'Idaho. Parlez-moi de cette Carol : quand et où l'avez-vous rencontrée ?

– Ici même, à Hollywood. Une de mes amies qui s'intéressait à elle me l'avait présentée. La ravissante enfant ! Quelle pureté ! Elle avait fait partie d'une troupe d'amateurs au lycée. Là s'arrêtait son expérience du métier de comédienne. Mais je l'ai fait travailler un peu ici et là. Ce n'était pas tellement dur à l'époque, avec la guerre. Et j'avais mes entrées chez tous les producteurs.

– En quelle année était-ce ?

Il ôta ses lunettes et baissa les paupières, pour se remémorer ce lointain passé.

– C'est au printemps 45 qu'elle est venue me voir, la dernière année de la guerre.

– Et quel âge avait-elle ?

– Elle était toute jeune. Une enfant, je te dis... Seize ans... dans ces eaux-là.

– Et qui était l'amie qui s'intéressait à elle ?

– Ce n'est pas du tout ce que tu crois. Il s'agissait d'une femme qui travaillait au département scénarios de la Warner. Actuellement, elle est productrice de feuilletons à Television City. Mais en ce temps-là, elle était simplement scripte.

– Ne serait-ce pas Susanna Drew, par hasard ?

– Si. Tu connais Susanna ?

– Grâce à vous. Je l'ai rencontrée chez vous quand vous habitiez à Beverly Hills. Vous donniez une soirée.

Il paraissait désemparé comme si sauter ainsi d'un passé à un autre le prenait au dépourvu.

– Je me rappelle. C'était... il y a une dizaine d'années.

Il remonta dix ans en arrière et je fis comme lui. En sortant de chez Joey, j'avais raccompagné Susanna et nous nous étions mis d'accord pour nous revoir à l'occasion d'autres soirées. Nous avions des tas de choses à échanger : elle me soutirait des renseignements sur les gens, et je lui pompais son savoir en matière de littérature. Elle avait un sens de l'humour parfaitement dingue que j'adorais.

Sur le plan physique cela prit davantage de temps comme c'est souvent le cas quand une relation promet d'être authentique. Je crois que nous avons fini par prendre le mors aux dents. Ce jour-là, nous avions bu tous les deux et elle ressassait ses souvenirs d'enfance. Elle avait besoin de se défouler : son père était professeur à l'université, il avait perdu sa femme très jeune et avait surveillé les études de sa fille. Il était mort mais elle sentait encore son souffle sur sa nuque.

Ensuite, nous avions traversé une mauvaise passe et Susanna avait cessé de sortir. En tout cas, elle ne venait plus aux soirées auxquelles j'assistais. J'appris par la suite qu'elle avait fait un mariage qui avait capoté et qu'elle s'était lancée dans une nouvelle carrière où tout lui réussissait.

– Comment a-t-elle connu Carol, Joey ?

– Il faudra que tu lui demandes ça toi-même. Elle me l'avait expliqué mais ça m'est sorti de la tête. Ma mémoire n'est plus ce qu'elle était.

Le présent le déprimait. Il remplit de nouveau son verre. Je refusai celui qu'il me proposait.

– Qu'est devenue Carol ?

– Elle a disparu. Je crois qu'elle est partie avec un marin ou quelque chose du même genre. N'importe comment, une fois passé l'instant de l'épanouissement, elle n'avait pas le pouvoir d'attraction, le magnétisme indispensable dans ce métier.

Il poussa un profond soupir.

– Si tu vois Susanna, rappelle-moi à son bon souvenir, veux-tu ? Enfin, si tu peux le faire élégamment, je veux dire. Elle se comporte envers moi comme si elle me croyait mort.

J'utilisai le téléphone de Joey pour appeler Susanna Drew. Sa secrétaire me la passa.

– Lew Archer à l'appareil, Susanna.

– Quel plaisir de t'entendre !

– La raison pour laquelle je t'appelle n'est pas tellement réjouissante, répliquai-je, allant droit au but. J'enquête sur un meurtre. La victime est une femme que tu as peut-être connue dans les années quarante. Son prénom est Carol.

– Ce n'est pas Carol Harley ?

– J'ai bien peur que si, justement.

– Et tu dis qu'elle est morte ?

La voix de Susanna prit une intonation dure.

– Oui. Elle a été assassinée hier dans un coin qui s'appelle Ocean View.

Il y eut un silence à l'autre bout de la ligne. Quand Susanna reprit la parole, sa voix avait un timbre plus doux, plus jeune.

– Qu'est-ce que je peux faire ?

– Me parler de ton amie Carol.

– Non, pas au téléphone, je t'en supplie ! Cet instrument déshumanise tout.

– Un tête-à-tête me plairait davantage, à moi aussi. J'aimerais te montrer quelques photos pour que tu puisses l'identifier formellement. Mais il faudrait qu'on se voie rapidement. Nous avons déjà vingt-quatre heures de retard sur...

– Tu n'as qu'à venir tout de suite. Je préviens le gardien.

Je remerciai Joey et filai, direction Television City. Un gardien m'attendait à la réception et me pilota jusqu'au bureau de Susanna Drew. C'était une vaste pièce où la lumière entrait à profusion. Il y avait des fleurs sur la table et des toiles abstraites qui évoquaient des explosions ornaient les murs. Susanna était debout devant la fenêtre. Elle pleurait. Elle avait gardé une silhouette fine et ses cheveux coupés court étaient d'un noir profond qui accrochait le regard. Elle me tournait le dos et resta sans bouger, quelques instants après que sa secrétaire m'eut fait entrer et eut refermé la porte. Enfin, elle pivota sur elle-même et me fit face sans cesser de tamponner ses joues humides à l'aide d'un kleenex jaune.

Elle avait la quarantaine, à présent. Ce n'était pas à proprement parler ce qu'on appelle une jolie femme mais elle ne ressemblait à personne : elle avait de la classe et chaque trait, chaque méplat de son visage respirait l'intelligence. Elle avait encore de belles jambes. Et une belle bouche, une bouche qui articula :

– Je ne sais vraiment pas pourquoi je fais ce numéro. Je n'ai plus de nouvelles de Carol depuis dix-sept ou dix-huit ans. En fait, si, je le sais, poursuivit-elle après une pause. « C'est de Margaret que je porte le deuil. » Tu connais le poème de Hopkins ?

– Tu sais bien que non. Qui est cette Margaret ?

– L'héroïne du poème. Elle pleure sur les feuilles mortes et Hopkins lui dit que c'est sur elle-même qu'elle pleure. C'est exactement ce que je suis en train de faire.

Elle poussa un profond soupir.

– Il serait exagéré de prétendre que tu es une vieille peau.

– Pas de flatteries, je t'en prie. Je suis vieille, vieille, vieille... J'avais vingt ans en 1945 quand j'ai fait la connaissance de Carol ! Cela nous ramène à l'ère préatomique.

Elle avança vers son bureau mais fit halte devant l'une des toiles abstraites comme si c'était une illustration de ce qu'était devenu le monde depuis cette époque.

– Bien, fit-elle, très femme d'affaires, une fois assise. Montre-moi ces photos.

– Elles ne sont pas jolies, jolies. Elle a été battue à mort.

– Mon Dieu ! Qui a pu faire une chose pareille ?

– Son mari est le suspect numéro un.

– Harley ? Elle est... elle était toujours avec ce débile ?

– De toute évidence.

– J'étais sûre que ça finirait ainsi un jour ou l'autre.

Je me penchai sur le bord du bureau.

– Qu'est-ce qui permettait de le penser ?

– C'était fatal ! Appelons cela les affinités électives à l'envers. Carol était une gosse absolument adorable, douce comme le duvet de l'oiseau, et lui était un psychopathe, incapable de la laisser en paix.

– Comment sais-tu que c'était un psychopathe ?

– Je suis capable de reconnaître un psychopathe quand j'en vois un, répondit-elle en relevant le menton. Figure-toi que j'ai été mariée à un psychopathe dans les fabuleuses années cinquante ! Même si ce mariage n'a pas duré longtemps, cette expérience a suffi à faire de moi une autorité en la matière. Si tu veux une définition précise, un psychopathe, c'est quelqu'un dont on ne peut rien attendre d'autre que les pires ennuis.

– Et c'était le cas de ce Harley ?

– Et comment !

– Quel était son prénom ?

– Mike. Il était matelot.

– Sur quel bâtiment naviguait-il ?

Elle ouvrit la bouche, pour me le dire, je crois. Mais quelque chose la retint brusquement et ce fut comme une porte qui se referme, coupant court à toute communication.

– Je ne m'en souviens malheureusement pas, laissa-t-elle tomber en fixant sur moi un regard totalement inexpressif.

– Que faisait-il avant d'être dans la marine ? N'était-il pas photographe ?

Elle réfléchit, sondant le passé.

– Je crois qu'il avait été boxeur – un boxeur assez moyen. Il a très bien pu être aussi photographe. C'était le genre de type qui touche à tout sans jamais réussir nulle part.

– Tu es certaine qu'il ne se prénommait pas Harold ?

– Tout le monde l'appelait Mike, mais c'était peut-être un nom d'emprunt, ça n'aurait rien d'impossible, lâcha-t-elle avec un soupir. Tu devais me faire voir ces photos, Lew.

– Rien ne presse. Tu peux m'être plus utile pour le moment en me racontant tout ce dont tu te souviens à propos de Carol et de Harley ; et, notamment, comment tu les as connus.

Elle jeta un rapide coup d'œil à sa montre.

– J'ai une conférence qui commence dans une minute.

– Ce que je te demande est plus important qu'une conférence.

– Oui, sans doute. Je vais être brève. D'ailleurs, c'est une histoire banale, si banale que je ne pourrais même pas la prendre comme point de départ d'un scénario. Carol était une fille de la campagne. Elle venait de l'Idaho. Elle s'était sauvée avec ce marin déserteur. Mike Harley était du même bled qu'elle, il me semble, mais il avait déjà fait deux ans dans la marine et il avait roulé sa bosse un peu partout dans le monde. Il avait promis à Carol de l'emmener à Hollywood et de lui faire faire du cinéma. A seize ans, elle était d'une naïveté qui vous donnait envie de pleurer ou d'éclater de rire.

– Je t'entends rire d'ici. Quand et où as-tu fait sa connaissance ?

– En 1945, au début du printemps. Je travaillais alors pour la Warner à Burbank et je passais mes week-ends ici et là. Tu connais le vieux Barcelona Hotel près de Santa Monica ? Carol et Harley y demeuraient et c'est là que... enfin, que je me suis intéressée à elle.

– Ils étaient mariés ?

– Carol et Harley ? Je crois qu'il y avait eu une vague cérémonie à Tijuana. En tout cas, Carol croyait qu'ils l'étaient. Elle croyait aussi que Harley était en permission de longue durée jusqu'au jour où il s'est fait ramasser par la prévôté maritime. On l'a ramené à bord de son bateau et la petite s'est retrouvée sans rien. Littéralement sans rien ! Harley ne s'était pas donné la peine de lui faire une délégation de solde ou je ne sais quoi. Du coup, je l'ai prise sous mon aile.

– Et tu l'as présentée à Joey Sylvester ?

– Et alors ? Elle était mignonne et loin d'être idiote. Joey lui a dégotté deux petits rôles et je l'ai un peu dégrossie, en lui faisant donner des leçons de diction et de maintien. Je sortais d'une histoire sentimentale où je m'étais ramassée, j'avais le moral au-dessous de la ligne de flottaison et j'étais contente d'avoir quelqu'un auprès de moi pour m'aider à sortir du marasme. J'ai proposé à Carol de partager mon appartement et je pense vraiment que j'aurais pu faire quelque chose d'elle. Une Marilyn saine de corps et d'esprit, qui sait ?

Elle se rendit compte qu'elle basculait dans le commérage hollywoodien et elle s'arrêta net.

– Qu'est-il arrivé ensuite ?

– Il y a eu un os : Harley l'avait mise enceinte et cela commençait à se voir. Alors, au lieu de fabriquer une starlette, je me suis trouvée dans l'obligation de prendre soin d'une gamine enceinte qui avait le mal du pays. Mais elle ne voulait pas rentrer chez elle, et prétendait que son père la tuerait.

– Te souviens-tu du nom du père ?

– J'ai bien peur que non. Elle se faisait appeler Carol Cooper à l'écran mais ce n'était pas son véritable nom. Je crois que la famille habitait Pocatello, si ce renseignement peut t'être d'une utilité quelconque.

– Peut-être. Donc, elle était enceinte. Qu'est devenu le bébé ?

– Je n'en sais rien. Harley a refait surface avant la naissance – la marine l'avait flanqué dehors, je crois – et elle s'est remise avec lui en dépit de mes objurgations. Les affinités électives, te dis-je, la patiente Griseldis et le bon à rien ! Et il a fallu qu'il la tue dix-sept ans plus tard !

– Était-ce un violent quand tu l'as connu ?

– S'il était violent ! Ah là, là ! s'exclama-t-elle en croisant les bras sur sa poitrine. Il m'a à demi assommée quand j'ai essayé d'empêcher Carol de repartir avec lui. J'ai réussi à m'enfuir pour aller chercher du secours. Lorsque je suis revenue à l'appartement avec un agent de police, ils avaient filé tous les deux en emportant l'argent qu'il y avait dans mon sac. Je n'ai pas porté plainte. Je ne les ai jamais revus depuis.

– Pourtant, tu as toujours gardé un petit fond de tendresse pour Carol...

– C'était sympa de l'avoir près de moi. Je n'ai pas de sœur, je n'ai jamais eu de fille. En fait, quand je repense à cette époque, à ce que j'éprouvais, je me dis que je n'ai jamais été aussi heureuse que ce printemps et cet été-là à Burbank pendant la grossesse de Carol. Nous ne nous rendions pas compte de notre bonheur...

– Que veux-tu dire au juste ?

– Eh bien, ce fut un été torride ; le réfrigérateur passait son temps à tomber en panne, nous n'avions qu'une seule chambre à coucher et Carol devenait de plus en plus grosse ; ni elle ni moi n'avions d'homme dans notre vie et nous nous estimions affreusement frustrées. En réalité, les frustrations ne sont venues que plus tard.

Elle jeta un coup d'œil circulaire sur la pièce somptueuse comme si c'était une cellule de prison, puis regarda à nouveau l'heure.

– Il faut vraiment que je te laisse, maintenant. Mes scénaristes et mon metteur en scène ne vont pas tarder à se tomber dessus à bras raccourcis.

– A propos, je voudrais que tu voies ces fameuses photos si tu te sens capable de supporter une telle épreuve. Il te faut identifier formellement la victime.

– Allons-y.

Je disposai les photos devant elle. Elle les étudia avec attention.

– Oui, c'est bien Carol. La pauvre petite !

Susanna était si pâle qu'on aurait dit, avec son regard noir, un bonhomme – une bonne femme – de neige dont on aurait fait les yeux avec des morceaux de charbon. Quand elle se leva, elle n'avait pas l'air de bien tenir sur ses jambes. Elle passa dans la pièce voisine dont elle referma la porte.

Je m'installai à sa place, décrochai le téléphone et demandai à la secrétaire d'appeler le lieutenant Bastian. Une minute plus tard, je l'avais en ligne. Je lui répétai intégralement ce que m'avait raconté Susanna Drew, qui revint de la pièce voisine assez vite pour entendre la fin de notre conversation.

– Tu ne perds pas de temps, toi, fit-elle lorsque j'eus raccroché.

– Ton témoignage a beaucoup d'importance.

– Eh bien, tant mieux, parce que je crains de ne plus rien avoir à dire, rétorqua-t-elle en s'avançant d'un pas incertain, toujours aussi livide. Tu me raccompagnes chez moi ?

Elle habitait un duplex Beverly Glen Boulevard. Des masques africains étaient accrochés aux murs. Elle me demanda de lui servir un verre et de m'en servir un par la même occasion. Nous parlâmes de Carol, puis de Tom Hillman. Il avait l'air de l'intéresser beaucoup.

Je commençai à avoir une idée derrière la tête. Ses yeux noirs au regard intense réveillaient de vieux souvenirs. Assis en face d'elle, je me demandai brusquement si, compte tenu de ma situation physique, financière et morale présente, je pouvais décemment m'éprendre d'une femme qui collectionnait les masques africains.

Et ce fut le moment que choisit ce bon Dieu de téléphone pour sonner dans la pièce voisine. Susanna se leva en se servant de mon genou comme point d'appui.

– Ah ! c'est toi ! l'entendis-je s'exclamer. Mais qu'est-ce que tu me veux ?

Là-dessus elle referma la porte et je n'entendis plus rien.

Quand elle revint, cinq minutes plus tard, son expression avait changé. Ce n'était plus de la tristesse que je lisais dans son regard mais une sorte de peur mêlée de colère, comme si elle venait d'apprendre une nouvelle plus terrible encore que la mort.

– Qui était-ce, Susanna ?

– Tu ne le sauras jamais.

J'étais d'une humeur de dogue quand je repris la voiture pour passer chez mon ami Colton, collaborateur du district attorney. Je le priai sans prendre de gants de demander à Sacramento s'ils avaient un casier au nom de Harold ou de Mike Harley. En attendant la réponse, je descendis acheter le journal.

L'assassinat et l'enlèvement avaient droit à la première page mais je ne trouvai rien dans les articles que je ne sache déjà, sauf que Ralph Hillman avait fait une très belle guerre comme pilote de l'aéronavale, puis comme officier de marine après avoir été diplômé de Newport. Il était également précisé qu'il était multimillionnaire.

J'attendis dans le bureau de Colton en m'efforçant de me persuader que Bastian ne s'était pas arrangé pour me mettre sur la touche en me branchant sur une fausse piste. La réponse de Sacramento ne fit que confirmer mes craintes : aucun Harold Harley et aucun Mike du même nom n'avaient de casier en Californie, pas même la moindre contredanse.

Le soir tombait quand je regagnai mon bureau. Je n'allumai pas tout de suite. Pendant un moment, je restai planté devant la fenêtre à regarder le ciel s'assombrir et les néons s'allumer. Au loin, telle une traînée d'étoiles, un avion tournait au-dessus de Santa Monica.

Je finis par me décider à baisser les stores vénitiens, histoire de dissuader d'éventuels tireurs isolés d'intervenir. J'allumai la lampe du bureau pour jeter un coup d'œil sur le courrier, à savoir trois factures et une lettre en forme de proposition émanant du Motel Institute de Saint Louis qui m'offrait un salaire annuel de vingt mille dollars pour la gérance d'un motel spécialisé dans les congrès à un million de dollars la réservation. La seule chose que j'avais à faire consistait à remplir un formulaire d'inscription pour le stage de formation. Si j'avais une conjointe, nous pouvions nous inscrire en tant que couple.

Je jouai un moment avec l'idée de remplir ce formulaire mais je jugeai préférable de dîner avant. J'étais l'homme des brusques décisions : je résolus d'appeler Susanna Drew pour l'inviter au restaurant tout en me racontant que cette démarche faisait partie de mon travail et que je pourrais même déduire l'addition de ma déclaration d'impôts.

Pas de Susanna Drew dans l'annuaire. J'appelai mon service des abonnés absents. Elle m'avait laissé son numéro.

– J'ai essayé de te joindre.

Ainsi s'engagea la conversation.

– Je n'ai pourtant pas bougé de chez moi.

– C'était avant que j'apprenne que tu m'avais laissé ton numéro.

– Ah ? Et c'est à quel sujet ?

– Le Motel Institute de Saint Louis fait une offre très intéressante aux couples désireux de s'inscrire à ses stages de gestion hôtelière.

– Mais voilà qui me paraît tentant ! J'ai toujours rêvé de quitter le soleil de la Californie pour prendre la direction d'un motel.

– Parfait. On dîne ensemble et on va mettre au point une stratégie. La télévision n'a pas d'avenir, tu le sais bien. Tous les mouvements d'avant-garde ne sont jamais que des feux de paille.

– Je suis désolée, Lew. Je serais ravie de dîner avec toi mais un autre jour. Ce soir, je ne suis pas en forme. Mais je voulais te remercier d'être passé cet après-midi. Je n'avais pas le moral.

– J'ai bien peur d'y avoir été pour quelque chose.

– Non, je songeais à ma vie gâchée ; toi et les photos n'avez été que l'agent catalyseur.

– Serais-tu en état de supporter la visite à domicile d'un agent catalyseur ? J'apporterai des bricoles pour manger froid. Et je te paierai un gardénia.

– Non. Je n'ai pas envie qu'on se voie ce soir.

– Et tu n'as pas changé d'avis en ce qui concerne ce coup de téléphone dont tu n'as pas voulu me parler ?

– Non. Il y a un certain nombre de choses dans ma vie que tu n'as pas à connaître.

– C'est peut-être encourageant, en un sens. Pourquoi m'as-tu communiqué ton numéro dans ce cas ?

– J'ai trouvé quelque chose qui pourra peut-être t'intéresser – une photo de Carol datant de 1945.

– Je viens la chercher... j'arrive. Tu ne m'as pas vraiment expliqué comment tu l'avais connue, tu sais.

– Non, s'il te plaît, ne viens pas. Je te la fais porter par un coursier.

– Si tu insistes, j'attendrai au bureau.

Je lui donnai l'adresse.

– Lew ? demanda-t-elle d'une voix soudain plus douce, presque poignante. Tu n'es pas en train de me jouer la comédie, hein ? Je veux dire... tu ne cherches pas à fourrer ton nez dans les secrets de ma vie intime ?

– Non, je ne joue pas la comédie.

– Merci.

Dans le silence qui suivit sa voix vibrait encore comme un écho. Je songeai qu'elle avait été la victime d'un ou de plusieurs hommes, et rien que d'y penser, cela me foutait en rogne. Finalement, je renonçai à aller dîner au restaurant, préférant attendre le messager de Susanna en cultivant ma mauvaise humeur.

Le messager en question était un jeune coursier noir en uniforme qui s'exprimait comme un universitaire bardé de diplômes. Il me tendit une enveloppe commerciale cachetée que je m'empressai d'ouvrir.

Elle contenait une photo sur papier glacé maintenue entre deux cartons qui représentait une jeune fille blonde en maillot de bain. Elle était coiffée à la mode de l'époque. Il était impossible d'expliquer ce qui faisait sa beauté : d'une part, son front pur que barrait la frange épaisse ; ses pommettes saillantes, l'arrondi parfait de son menton ? d'autre part, l'impression de plénitude qui émanait de son regard et de ce corps en plein épanouissement ?

Je retournai la photo pour savoir qui l'avait prise. Il y avait un cachet à l'encre violette au verso : « Photo Harold "Har" Harley, Barcelona Hotel. »

– Ce sera tout ? s'enquit le coursier.

– Non, attendez.

Je lui glissai dix dollars dans la main.

– C'est beaucoup trop, monsieur, protesta-t-il. J'ai déjà été payé.

– Je sais. Mais je voudrais que vous achetiez un gardénia que vous irez porter à Mlle Drew.

Il me promit que la commission serait faite.

12

1945, cela faisait un sacré bout de temps, surtout pour la Californie. Le Barcelona Hotel existait toujours mais il me semblait avoir entendu dire qu'il était fermé. Je descendis l'interminable Sunset Boulevard jusqu'à la route du littoral dans l'espoir de faire progresser cette enquête et de mieux cerner la personnalité d'Harold Harley. Je voulais aussi revoir l'endroit où Carol et lui avaient vécu.

Cet immense édifice vieillot de style haut-byzantin hollywoodien, plein de dômes et de minarets en stuc, de vérandas à volutes où les célébrités du cinéma muet sirotaient jadis leur whisky de contrebande, n'était plus maintenant qu'une bâtisse abandonnée au pied de la falaise. Les lumières de la station-service de l'autre côté de la chaussée éclairaient crûment le crépi blanc de la façade atteint de pelade et les vitres étoilées de plusieurs fenêtres.

Je me rangeai au bord de l'allée où des herbes folles poussaient entre les fissures du ciment craquelé et je me dirigeai vers l'entrée. Un avis placardé sur un carreau annonçait que, par suite d'un dépôt de bilan, l'établissement serait vendu aux enchères en septembre.

J'allumai ma torche et éclairai le vestibule. Il était encore entièrement meublé mais tout semblait dater d'une autre génération, des tapis, qui étaient élimés, aux fauteuils éventrés. On aurait dit qu'il était encore habité par une armée de fantômes.

Je suivis la véranda semi-circulaire, en passant entre des meubles en rotin gondolés par la pluie et braquai ma lampe sur la porte-fenêtre de la salle à manger. Les tables étaient mises, il n'y manquait rien, même pas les serviettes en bonnet d'évêque, mais une épaisse couche de poussière s'était déposée sur les nappes : un lieu idéal pour des agapes entre revenants, sans doute, mais moi, je n'étais pas client.

Néanmoins, rien que pour la beauté du geste et histoire, aussi, de m'affirmer face à un passé trop encombré, je revins à la porte principale et la heurtai bruyamment du bout de ma torche. Une lumière surgit dans les lointaines profondeurs d'un corridor ; une lumière qui bougeait ; une lumière qui s'approchait.

Elle provenait d'une lanterne que tenait à bout de bras un homme assez grand qui marchait comme s'il avait mal aux pieds ou des douleurs dans les jambes. Son visage éclairé par en bas était celui d'un bébé hideusement défiguré par l'alcool : un nez en pied de marmite, un front saillant, une bouche d'éternel assoiffé. Dans sa main libre il serrait un revolver qu'il pointa sur moi en même temps qu'il m'éblouit de sa lampe.

– C'est fermé, me cria-t-il de l'autre côté de la porte vitrée. V'savez pas lire ?

– Je voudrais vous parler.

– Moi pas. Allez, foutez le camp.

Pour appuyer son injonction, il traçait dans le vide des arabesques avec son revolver. D'après sa voix et son attitude, il était clair qu'il avait bu sec. Un ivrogne armé d'un flingue dont il peut se croire autorisé à faire usage, c'était le meurtre garanti ! Je fis néanmoins une nouvelle tentative :

– Connaissez-vous un photographe du nom de Harold Harley qui a habité ici ?

– Jamais entendu causer de lui. Maintenant, vous vous barrez vite fait si vous voulez pas que je vous transforme en écumoire. C'est une propriété privée.

Il leva de nouveau son gros revolver.

Cette fois, je battis en retraite mais n'allai pas plus loin que la station-service en face. Un type vêtu d'une combinaison blanche maculée de cambouis sortit prestement de la fosse sur laquelle était installée une voiture et me demanda si je voulais de l'essence.

– Faites-moi le plein. Qui c'est, le bonhomme du Barcelona ? Il a été mordu par un ours ou quoi ?

Le pompiste m'adressa un sourire qui ne retroussait qu'un coin de sa bouche.

– Vous êtes tombé sur Otto Sipe ?

– Si c'est le nom du gardien de nuit, la réponse est oui.

– C'est bien lui. Il a travaillé si longtemps à l'hôtel qu'il s'en croit le propriétaire.

– Combien de temps ?

– Vingt ans ou plus. Moi, je suis installé depuis la guerre et il était déjà là à l'époque. C'était le flic.

– Le détective de l'hôtel ?

– Oui. Il m'a dit un jour qu'il avait été officier de police. Si c'est vrai, ça ne lui a pas appris grand-chose ! Je vérifie votre huile ?

– Pas la peine, je viens de faire faire la vidange. Où étiez-vous en 1945 ?

– C'est l'année où j'ai ouvert. J'avais été mobilisé et aussitôt démobilisé. Pourquoi ?

– Je suis détective privé. Archer.

Je lui tendis la main qu'il secoua après avoir essuyé la sienne sur sa salopette.

– Ben Daly.

– Un certain Harold Harley habitait au Barcelona en 1945. Il était photographe.

Les traits de Daly s'éclairèrent :

– Mais oui ! Je me souviens de lui. Une fois, il a fait une photo de ma femme et de moi pour payer l'essence qu'il me devait. On l'a toujours.

– Vous ne sauriez pas, par hasard, où il se trouve actuellement ?

– Je regrette mais cela fait dix ans que je ne l'ai pas vu.

– Et quand l'avez-vous vu pour la dernière fois ?

– Il avait un petit studio à Pacific Palisades. J'y suis passé à une ou deux reprises pour lui dire bonjour. Mais je ne crois pas qu'il y soit encore.

– Si je comprends bien, vous aviez de l'amitié pour lui ?

– Ma foi, oui. C'était un type en or, Harold.

Les hommes changent... Je montrai la photo de Carol à Daly. Il ne la reconnut pas.

– Vous pourriez m'indiquer son adresse à Pacific Palisades ?

Il se frotta la joue. Elle aurait eu besoin d'un bon rasoir mais il avait quand même une tête sympathique.

– Bien sûr.

C'était, m'expliqua-t-il, dans une petite rue qui donnait sur Sunset, porte à porte avec un snack. Je le remerciai et lui réglai mon essence.

Je trouvai sans difficulté le snack mais l'immeuble attenant était occupé par une librairie. La jeune femme en collant rose et queue de cheval qui tenait la caisse me considéra pensivement sous ses paupières fardées, quand je l'interrogeai sur Harold Harley.

– Il me semble avoir entendu dire, en effet, qu'il y avait un photographe ici avant moi.

– Où pourrait-il être maintenant ?

– Franchement, je n'en ai aucune idée. Nous ne sommes pas installés depuis longtemps : cela fera un an en septembre.

– Les affaires marchent bien ?

– Nous arrivons à payer le loyer, c'est déjà ça.

– A qui ?

– Au propriétaire du snack, M. Vernon. Pour le prix qu'il nous réclame, il pourrait nous nourrir gratuitement. Ne lui répétez surtout pas cela si vous allez le voir. Nous avons un mois de retard.

Je me fendis de l'achat d'un bouquin et allai dîner au snack d'à côté. Là, au moins, je n'aurais pas besoin de retirer mon chapeau pour manger. En attendant mon steak, je demandai à la serveuse où était M. Vernon. Elle se tourna vers le cuistot coiffé d'une calotte blanche qui venait de jeter mon steak sur son gril.

– Monsieur Vernon, y a un monsieur qui veut vous parler.

Il s'approcha du comptoir. Son visage étroit avait de toute évidence oublié ce qu'était un sourire. Son menton se hérissait de poils grisâtres.

– Vous avez dit que vous le vouliez saignant, vous l'aurez saignant ! m'admonesta-t-il en brandissant sa spatule.

– C'est parfait. Si je ne me trompe, la boutique d'à côté vous appartient ?

– Oui, et celle d'après aussi, confirma-t-il, rassuré. Vous cherchez un fonds de commerce à louer ?

– Non, je cherche un homme. Un photographe du nom de Harold Harley.

– Harley ? Je l'ai eu longtemps comme locataire. Mais il tirait le diable par la queue ; il y a trop de photographes dans cette ville... Il s'est accroché pendant sept ou huit ans après la guerre, et puis il a laissé tomber.

– Vous ne savez pas où il habite, à présent ?

– Non, monsieur, je ne sais pas.

Le grésillement de mon steak avait atteint un certain niveau sonore. Il le remarqua, alla le retourner d'un coup de spatule et revint vers moi.

– Vous voulez des frites avec ?

– C'est une bonne idée. Quand avez-vous vu Harley pour la dernière fois ?

– La dernière fois que j'ai entendu parler de lui, en tout cas, c'est quand il a déménagé pour s'installer dans la Valley. Ça remonte facile à dix ans bon poids. Son idée, c'était de travailler à domicile. Il habitait une maison sur Van Nuys. C'est un rudement bon photographe – il a pris une jolie photo pour le baptême de mon garçon –, mais il n'a aucun sens des affaires. Je suis bien placé pour le savoir : il me doit encore trois mois de loyer.

Six jeunes entrèrent et s'alignèrent devant le comptoir. Le vent avait ébouriffé leurs chevelures, ils avaient du sable dans les oreilles et le mot SURFBIRDS s'étalait sur le dos de leurs six maillots identiquement jaunes. Chacun, les garçons comme les filles, commanda deux hamburgers. L'un d'eux glissa une pièce de monnaie dans le juke-box qui se mit à scander « *Surfin'ain't no sin* ». M. Vernon sortit du réfrigérateur douze galettes de viande hachée qu'il aligna sur son gril, puis disposa mon steak dans une assiette, y ajouta une poignée de frites et vint me l'apporter en personne.

– Je pourrai vous chercher son adresse de Van Nuys si c'est important. Je l'ai conservée rapport aux loyers impayés.

– C'est important.

Je lui montrai alors la photo de Carol jeune, que Harley avait prise.

– Reconnaissez-vous sa femme ?

– Je ne savais même pas qu'il en avait une. Et je ne l'aurais pas cru capable de décrocher une fille pareille !

– Pourquoi ?

– Ce n'était pas un homme à femmes. Il n'a jamais été un séducteur. Harley, c'était plutôt le genre pépère.

Je commençai à avoir des doutes sérieux sur l'orientation de mon enquête.

– Pouvez-vous me le décrire ?

– C'est un gars tout à fait ordinaire. Il a à peu près la même taille que moi, 1,75 m, le nez plutôt long, les yeux bleus, des cheveux blonds tirant sur le roux. Non, il n'a rien de spécial. Bien sûr, il a dû prendre de la bouteille depuis le temps.

– Quel âge ça lui fait ?

– Cinquante ans au bas mot. Moi, j'en ai cinquante-neuf, je prends ma retraite l'année prochaine. Excusez-moi, monsieur.

Il retira les douze hamburgers, les coiffa chacun d'une moitié de pain rond et disparut par la porte du fond pendant que j'attaquais mon steak. Quand il revint, il me tendit un papier sur lequel il avait noté l'adresse de Harley à Van Nuys : 956 Elmhurst.

La serveuse distribua leurs hamburgers aux *surfbirds* qui les mastiquèrent en cadence au rythme de la chanson que distillait le juke-box.

Je remontai Sunset jusqu'à l'autoroute de San Diego et pris la direction du nord.

Elmhurst était une rue populaire bordée de pavillons construits avant guerre, trop rapprochés les uns des autres. La nuit était chaude et des gens s'attardaient encore sur leurs terrasses ou leurs pelouses. Un homme à l'embonpoint respectable qui buvait de la bière dans la véranda du 956 m'expliqua que Harley lui avait vendu la maison en 1960. Mais il connaissait sa nouvelle adresse parce qu'il continuait à lui verser des mensualités pour payer le pavillon.

Cela ne ressemblait pas à l'image que je me faisais de Harley et je demandai à mon interlocuteur de me dresser son portrait.

– C'est un triste. Un homme qui a eu des ennuis, à mon avis.

– Quel genre d'ennuis ?

– Aucune idée, parole. Je ne le connais que superficiellement. En fait, je ne l'ai vu que deux fois au moment où je lui ai acheté la maison. Il était pressé de s'en défaire et je l'ai eue à un bon prix. Il avait trouvé un emploi dans un labo photo de Long Beach et il voulait habiter sur place.

Il me confia la nouvelle adresse de Harley à Long Beach. Cela faisait une bonne trotte depuis Van Nuys et il n'était pas loin de minuit quand je trouvai enfin la maison, située dans un lotissement proche de Long Beach Boulevard. La cour était envahie par les mauvaises herbes et il n'y avait pas de lumière, ce qui était le cas de la plupart des autres maisons de la rue.

Je m'arrêtai après un réverbère au bout du lotissement et rebroussai chemin à pied. La circulation sur le boulevard ne cessait ni le jour ni la nuit ; cette rumeur perpétuelle avait quelque chose d'excitant, de brutal et de désespéré à la fois. Plaintive, menaçante, tantôt agressive et tantôt feutrée, elle faisait vibrer une corde tout au fond de moi, éveillant des souvenirs que j'aimais et détestais à la fois : j'avais grandi à Long Beach et combien de fois n'avais-je pas dragué à bord d'une Ford modèle A ! Je ne voulais pas frapper à la porte de Harley : j'étais à peu près sûr que ce n'était pas l'homme que je cherchais.

La porte du garage était fermée mais pas à clé. Je la poussai sans faire de bruit. La lueur lointaine du réverbère fit sortir de l'ombre le coffre d'une conduite intérieure Ford d'un blanc pisseux portant une plaque d'immatriculation de l'Idaho.

J'ouvris la portière avant gauche et le plafonnier s'alluma. Sur la plaquette d'identité je vis que la voiture était enregistrée au nom de Robert Brown, domicilié à Pocatello. Mon cœur tambourinait si fort dans ma poitrine que j'avais toutes les peines du monde à respirer.

Un liséré lumineux cerna soudain le battant de la porte donnant dans la maison. Elle s'ouvrit et une lumière brutale m'aveugla.

– Mike ? demanda une voix d'homme que je ne connaissais pas. C'est toi, Mike ?

– Mike, je l'ai vu hier.

– Qui êtes-vous ?

– Un ami, fis-je en m'abstenant de préciser de qui j'étais l'ami ! A ce que je vois, il vous a laissé sa voiture.

– C'est une affaire qui ne regarde que lui et moi.

Harley était sur la défensive et cela m'encouragea : je traversai la flaque de lumière et entrai dans la cuisine dont je refermai la porte. Il ne fit pas mine de m'en empêcher. Il était en pyjama, pieds nus, ses cheveux étaient gris et il avait une expression hagarde avec des yeux battus de chien de chasse.

– Mon frère ne m'avait pas dit qu'il avait un associé, fit-il.

– Ah bon ? Que vous a-t-il dit, au juste ?

– Rien. Enfin...

Il fit mine de se mordiller la lèvre inférieure mais il avait de fausses dents et son râtelier dérapa. J'attendis qu'il eût fini de le suçoter pour le remettre en place. On aurait cru que ma seule présence le terrorisait.

– Il ne m'a parlé ni de vous ni de rien, balbutia-t-il. Je ne comprends pas la raison de votre visite. Cette voiture est à moi. Je la lui ai échangée contre ma vieille guimbarde.

– Croyez-vous que c'était bien avisé ?

– J'sais pas... peut-être pas.

Il jeta un coup d'œil à la vaisselle sale empilée dans l'évier comme si elle avait sa part de responsabilité dans son manque de jugeote.

– Et puis d'abord, ça ne vous regarde pas.

– Cela regarde tout le monde, Harold. Vous devez le savoir, maintenant.

Ses lèvres formèrent le mot « oui » sans qu'il parvînt à l'articuler et ses yeux s'embuèrent. C'était sur Harold qu'il pleurait. Enfin, il exprima à haute voix la crainte la plus terrible qu'il était capable d'évoquer :

– Est-ce que vous êtes du F.B.I. ?

– Je représente la police. Il est indispensable que nous ayons une petite conversation tous les deux.

– Ici ?

– Cet endroit en vaut un autre.

Il balaya du regard la petite pièce miteuse comme s'il la voyait soudain pour la première fois. Nous nous assîmes de part et d'autre de la table recouverte d'une toile cirée à petits carreaux.

– Je ne voulais pas être mêlé à cette histoire, commença-t-il.

– Qui l'aurait souhaité ?

– C'est d'ailleurs pas la première fois qu'il me fourre dans la mouscaille. Non, c'est fichtre pas la première ! Ça dure comme ça depuis trente-cinq ans, depuis que Mike a commencé à marcher et à parler. C'est pas des blagues, croyez-moi.

– Qu'entendez-vous au juste quand vous dites qu'il vous a fourré dans la mouscaille ? Je parle de cette fois-ci.

Il courba les épaules et leva les mains comme si je pouvais clairement voir les stigmates sur ses paumes.

– Il est mêlé à un enlèvement, hein ?

– Il vous l'a dit ?

– Il ne m'a jamais dit la vérité. Mais je sais lire : depuis que j'ai vu ce qui était écrit dans les journaux d'aujourd'hui, j'ai pas osé sortir de la maison tellement j'ai peur. Et vous savez ce qu'elle a fait, ma femme ? Elle m'a plaqué. Elle a pris un taxi pour se faire déposer à la gare routière et elle est retournée chez sa mère à Oxnard. Sans même laver la vaisselle d'hier soir.

– Quand votre frère est-il passé ?

– Hier soir. Vers les dix heures et demie. On se mettait au lit mais je me suis relevé. On a parlé ici même, où on est assis vous et moi. J'avais l'impression qu'il se passait quelque chose de pas catholique – il avait un drôle de regard – mais je ne savais pas quoi. Il m'a sorti une de ses histoires habituelles, paraît qu'il avait joué au poker avec des marins à Dago, qu'il avait gagné et que les autres lui cavalaient après pour récupérer leur argent. C'était pour ça qu'il voulait qu'on fasse l'échange des voitures, qu'il disait.

– Pourquoi avez-vous accepté ?

– J'sais pas. C'est pas facile de dire non à Mike quand il a quelque chose dans le crâne.

– Il vous a menacé ?

– Pas directement. Mais je savais qu'il était armé. Je l'avais vu prendre le pétard dans l'auto. On a toujours l'impression d'être plus ou moins menacé quand Mike mijote quelque chose. Si vous lui mettez des bâtons dans les roues, il n'hésite pas à vous voler dans les plumes vite fait.

Son regard croisa le mien. J'avais une excellente raison pour ne pas mettre sa parole en doute.

– Quelle est la marque de votre voiture et son numéro d'immatriculation ?

– C'est une Plymouth deux-portes de 58. Numéro IKT 449.

– Sa couleur ?

– Deux tons de bleu.

Je notai ces renseignements.

– La question que je vais vous poser maintenant est d'une importance capitale. Le jeune homme... ce jeune homme était-il avec Mike ?

Je lui tendis la photo de Tom qu'il examina en secouant la tête.

– Non, monsieur.

– Mike vous a-t-il dit où était le garçon ?

– Il n'a pas fait allusion à son existence et, à ce moment-là, j'ignorais tout encore.

– Saviez-vous que votre frère devait passer hier soir ?

– En un sens. Il m'avait téléphoné de Los Angeles dans l'après-midi. Peut-être qu'il ferait un saut, il m'a dit, mais je ne devais en parler à personne.

– Avait-il déjà fait allusion à cet échange de voitures au téléphone ?

– Non, monsieur.

– Vous et votre frère étiez-vous antérieurement tombés d'accord sur le principe d'un échange ?

– Non, monsieur.

– Et vous ne saviez rien du kidnapping avant que les journaux d'aujourd'hui en parlent ?

– Absolument rien. Et c'est pareil pour le meurtre.

– Savez-vous qui en a été la victime ?

Sa tête retomba sur la poitrine et je vis saillir les muscles de ses épaules. Il posa ses mains sur sa nuque comme s'il avait peur de recevoir un coup par-derrière.

– Je crois... on a dit que c'était Carol.

– C'était Carol.

– Ça me fait de la peine. Carol était une brave petite, il ne méritait pas tant.

– Vous auriez dû apporter votre témoignage aux autorités, Harold.

– Je sais. Lila me le disait bien. C'est à cause de ça qu'elle est partie. J'allais encore me mettre dans de sales draps, qu'elle prétendait.

– Je présume que ce n'était pas la première fois que ça vous arrivait.

– Mais cette fois c'était pire. La plus grosse vacherie que Mike m'avait faite, c'était de me vendre un appareil photo qu'il avait volé à la marine. Et après, il a raconté que c'était moi qui l'avais piqué en allant lui rendre visite sur son bateau le jour de la présentation de la flotte.

– Quel était le nom de ce bateau ?

– Le *Perry Bay*. C'était un porte-avions. J'y suis monté à Dago, c'était la dernière année de la guerre, et j'ai bien regretté d'y avoir mis les pieds. A la façon dont ils me traitaient, je croyais bien que j'étais bon pour finir mes jours dans un pénitencier fédéral ! Mais à force de leur répéter que je ne savais pas que l'appareil avait été fauché, ils ont fini par me croire.

– Je ne sais pas si vous l'avez remarqué mais moi, je vous crois sur parole.

– Je ne sais pas ce que je dois penser.

– Je vous considère comme un brave homme qui s'est mis dans le pétrin, Harold.

Cette manifestation de sympathie, c'était trop : il craqua. Les larmes lui montèrent aux yeux. Il les essuya. J'appuyai sur la chanterelle :

– Seulement, je ne suis pas le seul à convaincre. Quand même, je crois que vous arriverez à vous tirer de ce sac d'embrouilles à condition de dire la vérité.

– Vous voulez dire... devant le juge ?

– Et pas plus tard que tout de suite.

– Je ne demande pas mieux que de dire la vérité, m'assura-t-il avec solennité. Je n'aurais pas demandé mieux que d'aller voir le juge. Mais j'avais peur, peur d'être condamné à la prison à perpétuité.

– Et peur, aussi, pour Mike ?

– Ce n'était pas pour lui que je me faisais de la bile. N'importe comment, mon frère et moi, c'est fini. Quand j'ai su pour Carol...

Il secoua la tête.

– Vous l'aimiez bien ?

– Ça oui, alors ! On ne se voyait plus très souvent depuis quelques années – ils étaient dans le Nevada – mais Carol et moi, on s'est toujours bien entendus.

– Parce qu'ils s'étaient installés dans le Nevada ?

– Oui. Mike était barman dans je ne sais trop quel club de South Shore. Malheureusement, il a perdu sa place. Et j'ai été obligé...

Il se tut. Sa langue allait plus vite que son cerveau.

– Vous avez été obligé de faire quoi ?

– Rien. Enfin, il a fallu que je l'aide un peu puisqu'il n'avait plus de boulot.

– Combien d'argent lui avez-vous donné ?

– Je ne sais pas. Ce que j'arrivais à mettre de côté. Dans les deux cents dollars, quelque chose comme ça.

Il leva la tête, d'un air coupable.

– Est-ce que par hasard votre frère vous aurait rendu ce qu'il vous devait, hier soir ?

Il fit un signe de dénégation. Le vieux frigo se déclencha et se mit à bourdonner. Mais le bruit n'était pas suffisant pour couvrir la rumeur de la circulation.

– Non.

– Combien vous a-t-il donné ?

– Donné ? Rien. Il ne m'a rien donné.

– Que voulez-vous dire ? Que ce n'était qu'un remboursement ?

– Exactement.

– Quelle somme vous a-t-il laissée ?

– Cinq cents dollars.

Il parut frappé d'horreur.

– Où sont-ils ?

– Sous le matelas. Vous pouvez les prendre. Je ne veux même pas en voir la couleur.

Je le suivis dans la chambre à coucher où régnait le plus grand désordre : les tiroirs de la commode étaient béants et on marchait sur les cintres.

– Lila est partie aussitôt après avoir lu le journal. Probable qu'elle a déjà entamé la procédure de divorce. Ce ne serait pas la première fois.

– Elle a divorcé d'avec qui ? D'avec vous ?

– D'avec les autres.

Une photo de sa femme était posée sur la commode : un visage enfantin, l'air buté, des cheveux noirs ébouriffés. Harold, éploré, demeurait planté devant le lit défait. Je l'aidai à soulever le matelas. Sur le sommier je trouvai une blague à tabac en toile huilée complètement aplatie, à travers laquelle on distinguait la forme des billets. Il me la tendit.

– D'où a-t-il sorti cette blague à tabac, Harold ?

– De la voiture. J'ai entendu un bruit de papier qu'on déchirait.

Je la mis dans la poche sans prendre la peine de l'ouvrir.

– Et, honnêtement, vous ne vous doutiez pas que cet argent avait des origines suspectes ?

Il s'assit sur le lit.

– Si, je crois que je savais que ce n'était pas de l'argent propre. Il n'avait pas pu gagner une somme pareille au poker. Il relance toujours et fait monter les mises jusqu'au moment où il se fait invariablement déculotter. Mais, Dieu me pardonne, je n'ai pas pensé une seconde à un enlèvement. Ni à un meurtre.

– Vous croyez qu'il a tué le garçon ?

– C'était à Carol que je pensais.

– Moi, au garçon.

– Il n'aurait pas tué un môme, fit-il d'une voix étouffée comme s'il craignait de se voir démentir par les faits.

– Avez-vous fouillé la voiture ?

– Non, monsieur. Pourquoi je l'aurais fouillée ?

– Pour voir s'il y avait du sang. Ou de l'argent. Avez-vous ouvert le coffre ?

– Non, je ne me suis même pas approché de cette saleté de bagnole.

On aurait dit qu'il allait vomir, comme si cette auto était contagieuse et que sa seule présence dans le garage avait fait de lui un criminel.

– Donnez-moi les clés.

Il fouilla dans les poches de son pantalon et en sortit une pochette avec les clés de la voiture. Je lui conseillai de s'habiller avant d'aller au garage.

Je cherchai l'interrupteur à tâtons et allumai. Le cœur battant, j'ouvris le coffre et soulevai le cache-bagages. En dehors d'un cric rouillé et d'une roue de secours dont le pneu était atteint de pelade, il était vide. En tout cas, aucun cadavre ne s'y trouvait.

Mais avant de le refermer, je remarquai un détail qui m'arracha une grimace : un bout de laine noire était coincé dans la serrure. Sam Jackman m'avait dit que, dimanche, Tom portait un pull noir. J'extirpai rageusement le brin de laine et le glissai dans une des enveloppes que je garde toujours au fond de ma poche avant de rabattre le cache-bagages.

13

Je rentrai dans la maison. La porte de la chambre était fermée. Je frappai et, n'obtenant pas de réponse, je l'ouvris toute grande. Harold, en gilet de corps et en chaussettes, était assis au bord du lit, un 22 Long Rifle en travers des genoux. Il ne le braqua pas sur moi. Je le lui pris des mains et éjectai la balle.

– Je n'ai pas assez de cran pour me supprimer, murmura-t-il.

– C'est une chance, Harold.

– Ah ça, pour avoir de la chance, j'en ai, on ne peut pas dire !

– Je parle sérieusement. Quand j'étais gosse, j'ai connu un homme qui, à cause de la Crise, avait perdu l'entreprise de pompes funèbres qu'il possédait. Il avait décidé de se faire sauter la cervelle avec un 22. Il a tout juste réussi à se rendre aveugle. Depuis trente ans, il vit dans l'obscurité et ses fils sont à la tête de la plus florissante entreprise de pompes funèbres de la ville.

– Je devrais monter un salon mortuaire, soupira-t-il ; ou m'occuper de n'importe quoi sauf de mon frère. Je sais d'avance ce qui m'attend.

– C'est comme une maladie, ça passera.

– Mon frère est une maladie qui ne passe pas.

– Cette fois, c'est cuit pour lui, Harold. Il sera à la charge des contribuables pour le restant de ses jours.

– A condition que vous lui mettiez la main dessus.

– Ne vous faites pas de souci pour cela. Quelle était sa destination en partant d'ici ?

– Il ne me l'a pas dit.

– Qu'est-ce que vous en pensez ?

– Il a pris la direction du Nevada, je suppose. Le Nevada a toujours été son coin de prédilection. Quand il a de l'argent, il est incapable de résister à l'attraction des tripots.

– Où habitait-il quand il travaillait dans le club de South Shore ?

– Ils avaient une caravane qu'il payait à tempérament mais il l'a perdue en même temps que son emploi de barman. Son patron le trouvait trop brutal avec les poivrots. A partir de ce moment-là, ils sont allés d'un endroit à un autre, logeant la plupart du temps dans des motels ou des bungalows autour du lac Tahoe. Je serais bien incapable de vous donner une adresse précise.

– Comment s'appelait le club où il était employé ?

– Le Jet. Carol y faisait aussi des extra de temps en temps, comme serveuse chantante, si vous voulez. Nous sommes allés l'entendre un soir. Lila l'a trouvée mauvaise. Pas moi. Ses chansons étaient tout ce qu'il y a de sexy. C'est pour ça que Lila...

Je l'interrompis :

– Vous avez le téléphone ? J'ai deux appels à passer en P.C.V.

– Il est dans la pièce de devant.

J'emportai la carabine pour le cas où l'idée lui serait revenue de faire un carton – sur lui ou sur moi. Les murs de la pièce étaient tapissés de photos signées de lui ; on se serait cru dans une galerie : Vieil Homme, Vieille Femme, Jeune Femme, Coucher de Soleil, Fleurs Sauvages, Paysage de Montagne, Marine. Et Lila. La plupart avaient été coloriées à la main et trois portraits de Lila me souriaient, selon des angles différents, tant et si bien que j'avais l'impression d'être cerné par son visage couleur chair, toutes dents dehors.

Je revins dans la chambre. Harold était en train de mettre son pantalon. Il me lança un regard dépourvu d'aménité.

– Ça va. Pas la peine de perdre votre temps à me surveiller.

– Je me demandais seulement si vous n'auriez pas une photo de Mike.

– Si, mais elle date de près de vingt ans. Quand il a commencé à avoir des ennuis, il ne m'a plus jamais laissé le photographier.

– Montrez-la-moi.

– Je ne sais vraiment pas où elle est. N'importe comment, c'était encore un môme et elle ne lui ressemble plus. C'était une étude académique, si vous voulez. Il était en tenue de boxe.

– Et à quoi ressemble-t-il, maintenant ?

– Je croyais que vous l'aviez vu ?

– Il faisait noir.

– Eh bien, il est toujours beau gosse. Enfin, je veux parler de son visage. Il a raccroché les gants avant de s'être fait trop cabosser. Il a les cheveux châtains, pas gris, avec la raie sur le côté. Il a toujours eu de beaux cheveux. Ses yeux tirent sur le vert avec un regard... comment dire ? féroce quand il est sur un coup. J'ai toujours trouvé que sa bouche mince avait une expression cruelle. Il n'a pas de très bonnes dents. Mais, dans l'ensemble, il est encore bel homme. Et bien bâti. Il entretient soigneusement sa forme.

– Quelle taille ? Quel poids ?

– Il mesure 1,80 m à un poil près. Il était dans la catégorie poids légers mais il a grossi depuis. Il doit faire dans les quatre-vingts kilos.

– Pas de signes particuliers ? Pas de cicatrices ?

Il leva brusquement le menton.

– Des cicatrices, si. Dans le dos. Le souvenir des coups de lanière de papa. J'en ai eu aussi ma part.

Il remonta son gilet de corps pour me montrer son dos zébré de cicatrices blanches semblables à des hiéroglyphes retraçant le passé. Il paraissait les considérer comme une chose naturelle.

– Vos parents vivent encore ?

– Absolument. Le père exploite toujours une ferme au bord de la Rivière du Serpent, précisa-t-il sans qu'aucune trace de nostalgie ne transparaisse dans sa voix. Pocatello, route rurale n° 7. Mais Mike n'est sûrement pas allé là-bas. Il déteste l'Idaho.

– On ne sait jamais, dis-je en prenant quelques notes.

– Vous pouvez me croire sur parole. Ça fait plus de vingt ans qu'il a coupé les ponts avec le père. Il y a un portrait que j'ai fait de papa dans la pièce, ajouta-t-il après un temps de réflexion. Je lui ai donné pour légende : Vieil Homme.

J'examinai ce portrait plus attentivement avant de téléphoner. C'était celui d'un paysan revêche, au regard buté, avec une bouche comme un piège à ours.

J'appelai d'abord Arnie Walters à Reno pour lui faire un portrait du fils du vieux cul-terreux : Mike Harley, ex-matelot, ex-boxeur, ex-barman, flambeur, kidnappeur, mari battant sa femme, assassin présumé, conduisant une Plymouth deux-portes de 1958 immatriculée en Californie sous le numéro IKT 449.

– Tu n'as pas perdu ton temps, fit Arnie quand il eut tout noté. Quant à nous, on a eu beau faire, on n'a rien déniché. Mais maintenant, ça va foncer.

Il marqua une hésitation avant d'ajouter :

– Combien veux-tu au juste mettre de bonshommes sur cette opération ?

– Tu veux dire combien je peux payer ?

– Pas toi, ton client.

– Je l'ai perdu. J'espère que ce que j'ai découvert jusqu'ici m'en apportera un autre mais je n'en suis pas encore là.

Arnie émit un sifflement.

– Ce que tu fais est contraire à la déontologie.

– Mais pas du tout. Je suis à titre temporaire un enquêteur travaillant pour les services du shérif compétent.

– N'insiste pas, j'ai compris. Ça m'ennuie d'amener cette question sur le tapis, Lew, mais tu me dois trois cents dollars, ce qui, compte tenu du boulot que nous avons fait, est une aumône. Et n'importe comment, demain à cette heure, nous en serons à six cents dollars, si nous restons dans la course. Avec les frais qu'on a, il n'est quand même pas possible de travailler pour que dalle.

– Je sais. Tu seras payé.

– Quand ?

– Bientôt. Je te rappellerai demain matin.

– Et d'ici là, quelles sont les consignes ?

– Vous continuez.

– Si tu le dis...

Arnie raccrocha. Mes mains tremblaient légèrement : six cents dollars, cela représentait une semaine entière de travail, et je ne travaillais pas toutes les semaines. J'avais à peu près trois cents dollars à la banque et dans les deux cents en liquide. J'étais propriétaire de la voiture, de quelques frusques et de mes meubles. Après pas loin de vingt ans de métier, ma solvabilité tournait autour de trois mille cinq cents dollars. Et Ralph Hillman qui suait le pognon par tous les pores me laissait financer moi-même les investigations que je menais pour retrouver son fils.

D'un autre côté, et c'était ma réponse à cet accès d'apitoiement sur moi-même, je faisais ce que j'avais à faire : je voulais prendre ma revanche sur l'homme qui m'avait possédé. Et je voulais retrouver Tom. Pas question d'abandonner l'affaire au moment précis où elle était sur le point d'être résolue. Et j'avais besoin d'Arnie au Nevada. Pas de problème, il fallait continuer !

Je demandai mon second P.C.V. Il était largement plus de minuit mais le lieutenant Bastian était encore à son bureau. Je lui annonçai que je lui amenais un témoin et lui fis déjà un résumé des déclarations de ce témoin. Bastian était à l'évidence aussi surpris qu'enchanté.

Dans la chambre, Harold contemplait d'un air pensif le porte-cravates accroché à la porte de la penderie. Il ne lui manquait plus qu'une cravate pour compléter sa toilette.

– A votre avis, quelle cravate je dois mettre ? D'habitude, c'est Lila qui me la choisit.

– Vous n'avez pas besoin de cravate.

– Ils me photographieront, non ? Il faut que je sois présentable, répliqua-t-il en tripotant ses cravates avec consternation.

J'en choisis une bleu foncé, ornée d'un motif discret, le genre de cravate que l'on porte pour aller à l'enterrement d'un ami. Nous fermâmes la maison et le garage à clé avant de prendre la route du sud.

Le trajet jusqu'à Pacific Point prit moins d'une heure. Harold se montrait taciturne. J'essayai de le tirer de son mutisme en lui demandant de me parler de leur jeunesse, dans l'Idaho, à lui et à son frère. C'était une existence rude : le blizzard en hiver, les inondations au printemps et une chaleur torride en été. Le père voyait dans ses fils une espèce particulière d'animaux domestiques qu'il convenait d'atteler à la tâche le plus tôt possible après le sevrage. A six ans, ils binaient le maïs et arrachaient les pommes de terre, à huit ou neuf ans, ils trayaient les vaches.

Ils auraient pu supporter ce labeur astreignant sans ces corrections qui en étaient l'indispensable complément. J'avais vu les cicatrices de Harold. Le vieux se servait de fil de fer avec des nœuds en guise de fouet. Mike avait quitté la maison le premier. Il avait vécu deux ans à Pocatello chez un conseiller pédagogique du nom de Robert Brown qui s'était pris d'affection pour lui et avait essayé de lui mettre le maximum d'atouts en main.

Ce Robert Brown n'était autre que le père de Carol. Pour le remercier de sa bonté, Mike s'était enfui avec sa fille.

– Quel âge avait-il ?

– Dans les vingt ans. Laissez-moi réfléchir... C'était environ un an avant qu'il soit mobilisé. Oui, c'est ça, il avait à peu près vingt ans. Carol n'en avait que seize.

– Et vous, que faisiez-vous à l'époque ?

– Je travaillais ici... à Los Angeles. J'avais été réformé. Je faisais des photos dans un hôtel.

– Le Barcelona ?

– Oui... fit-il, étonné que j'en sache aussi long sur son compte. C'était un boulot minable mais il m'offrait la possibilité de travailler en free-lance. C'était un à-côté intéressant.

– Si je ne me trompe, Carol et votre frère habitaient aussi au Barcelona.

– Ils y ont vécu quelque temps, oui. A ce moment-là, il avait déserté et il se cachait. Je leur avais prêté ma chambre pour quinze jours.

– Vous avez beaucoup fait pour votre frère.

– Oui. Et en guise de remerciements, il a essayé de me faire porter le chapeau pour le vol de l'appareil photo. Il y a une chose que j'aurais pu faire pour lui et que je n'ai pas faite...

– Quoi donc ?

– Le noyer dans la rivière quand il était petit. Ça aurait été aussi bien pour tout le monde ; pour Carol surtout.

– Pourquoi est-elle restée avec lui ?

– Probable qu'elle en avait envie, grommela-t-il.

– Ils étaient mariés ?

– Je crois, répondit-il avec lenteur. Et elle le croyait aussi. Mais je n'ai jamais vu aucune preuve écrite de leur mariage.

– Récemment, ils se faisaient appeler M. et Mme Robert Brown et la voiture qu'il vous a laissée est également enregistrée au nom de Robert Brown.

– Je me demande bien où il l'a trouvée. Je suppose que je vais devoir la restituer à son propriétaire.

– La police voudra l'examiner d'abord.

– Oui, sûrement.

La pensée que la police allait intervenir parut le déprimer profondément. Il demeura longtemps sans ouvrir la bouche. J'aperçus fugitivement sa silhouette à la lueur des phares d'un véhicule qui me croisait : il avait le menton enfoncé dans la poitrine. On aurait dit que tout son corps s'arquait pour résister au mouvement qui l'entraînait vers la confrontation avec la police.

– Connaissez-vous le père de Carol ? lui demandai-je finalement.

– Je l'ai connu, oui. Naturellement, il m'en veut à cause de Mike. Dieu sait ce qu'il va penser de moi maintenant que Carol est morte ; sans compter tout le reste...

– Vous n'êtes pas votre frère, Harold. Vous n'allez pas continuer à vous sentir coupable de ses crimes.

– C'est quand même ma faute.

– La mort de Carol ?

– Oui, ça aussi, mais c'était à l'enlèvement que je pensais. C'est moi qui ai branché Mike là-dessus sans m'en rendre compte.

– Comment cela ?

– Je ne veux pas parler de ça.

– C'est vous qui avez abordé le sujet, Harold. Vous semblez souhaiter vous décharger d'un poids que vous avez sur la poitrine.

– J'ai changé d'avis.

Mais il fut impossible de le faire revenir sur cette décision. Je me heurtais à une passivité butée contre laquelle il n'y avait rien à faire. Nous ne desserrâmes plus les dents pendant le reste du parcours.

Je remis Harold et les cinq cents dollars entre les mains du lieutenant Bastian qui m'attendait dans son bureau, puis je pris une chambre dans le premier hôtel venu.

14

A neuf heures, la saveur du café frais encore dans la bouche, je frappai à la porte du bureau de Bastian. Il m'attendait.

– Vous n'avez pas dormi de la nuit, lieutenant ?

– Pas beaucoup, admit-il bien que le manque de sommeil ne se remarquât guère que dans sa façon de parler et de se comporter plus impersonnelle qu'il n'était nécessaire. Vous n'avez pas chômé pendant les dernières vingt-quatre heures, Archer. Je vous dois des remerciements : c'est vous qui avez retrouvé le frère et ses déclarations seront importantes, surtout si l'affaire est portée un jour devant la justice.

– J'ai d'autres éléments susceptibles de vous intéresser.

Mais Bastian n'en avait pas terminé :

– J'ai réussi à convaincre le shérif de vous verser une indemnité de vingt-cinq dollars par jour, plus vos frais de déplacement à raison de dix *cents* par mile si vous acceptez de déposer.

– Je vous remercie mais cela peut attendre. J'apprécierais davantage que vous interveniez auprès de Ralph Hillman pour qu'il me subventionne.

– Je ne peux pas, Archer.

– Vous pouvez le mettre devant le fait accompli : j'ai dépensé plusieurs centaines de dollars à titre personnel et j'ai obtenu des résultats.

– Peut-être si l'occasion s'en présente.

Il changea brusquement de sujet :

– Le médecin légiste qui a pratiqué l'autopsie de Mme Brown a découvert quelque chose qui vous intéressera. La mort est due à un coup de couteau au cœur. La blessure avait échappé aux premières constatations parce qu'elle se trouvait sous le sein.

– Intéressant, en effet. Cela pourrait disculper Harley.

– Je ne vois pas les choses sous cet angle. Pour moi, il l'a battue et poignardée ensuite.

– Avez-vous retrouvé l'arme ?

– Non. Selon le médecin légiste, c'est une lame de bonne taille, très acérée. Elle est rentrée comme dans du beurre, pour reprendre l'expression qu'il a employée.

La métaphore ne lui apportait aucune jouissance particulière. Il poursuivit d'un air sombre :

– Bon... Vous me parliez d'éléments nouveaux. De quoi s'agit-il ?

Je lui montrai le brin de laine noire en expliquant où je l'avais trouvé. Il saisit immédiatement l'importance de cette découverte.

– Dans le coffre, hein ? J'ai bien peur que cela ne soit pas très encourageant en ce qui concerne le sort du jeune garçon. Il portait un pull noir la dernière fois qu'il a été vu, un pull que sa mère lui avait tricoté, je crois, précisa-t-il en examinant la pièce à conviction à la loupe. Cela me paraît être effectivement de la laine à tricoter. Il faudrait montrer ça à Mme Hillman.

Il rangea le bout de laine dans une capsule de verre, puis décrocha son téléphone pour prendre rendez-vous pour nous deux avec les Hillman à El Rancho.

Nous nous y rendîmes dans deux voitures séparées. Au moment où nous franchissions la grille d'entrée du domaine, un homme en costume de ville émergea des taillis auxquels s'accrochaient des lambeaux de brume et nous fit signe de continuer.

Mme Perez, tout endimanchée dans une robe noire aux reflets moirés, nous fit entrer dans le vestibule. Hillman sortit du salon où se trouvait le bar. Ses mouvements avaient la précision des gestes d'un somnambule comme s'ils étaient commandés par une force extérieure. Et ses yeux brillaient d'un éclat exagéré.

Il serra la main de Bastian puis, après une brève hésitation, secoua la mienne.

– Passons au salon, messieurs, si vous voulez bien. Je vous suis reconnaissant d'être venus. Elaine n'était absolument pas en état de se rendre en ville. Si seulement j'arrivais à la convaincre de s'alimenter un peu !

Elaine Hillman était assise sur le chesterfield près de la fenêtre donnant sur le parc. La clarté matinale accusait impitoyablement les rides de son visage. Deux jours entiers et deux nuits entières s'étaient écoulés depuis l'appel téléphonique du lundi matin. On aurait dit que chaque minute de ces quarante-huit heures lui avait labouré le corps comme les nœuds d'une corde. L'ouvrage de laine rouge posé à côté d'elle n'avait pas avancé depuis la dernière fois.

Elle parvint à ébaucher un sourire et tendit la main à Bastian.

– Ralph m'a dit que vous vouliez me montrer quelque chose.

– Oui. Un brin de laine provenant peut-être, mais ce n'est pas certain, du pull de votre fils.

– Le noir que je lui avais tricoté ?

– C'est justement la question que nous nous posons. Nous voudrions savoir si vous pouvez identifier ce fil.

Bastian lui présenta le petit boîtier de verre. Mme Hillman mit ses lunettes et l'examina ; puis, se levant brusquement, elle sortit de la pièce. Hillman s'apprêtait à la suivre mais, d'un geste, elle l'en empêcha et il s'immobilisa, les bras levés dans une attitude d'impuissance. Il était toujours dans cette attitude lorsque sa femme réapparut, en rapportant un vaste sac à ouvrage de grosse toile dans lequel elle se mit à fouiller, accroupie devant le canapé. Elle lança à la volée des échantillons multicolores avant de sortir ce qui restait d'une pelote de laine noire.

– C'est avec cette laine que j'ai fait le chandail de Tom, dit-elle alors. Je crois que c'est la même. Qu'en pensez-vous ?

Bastian arracha un bout de laine de la pelote et, s'armant d'un compte-fils, le compara avec le brin que je lui avais apporté.

– Les deux spécimens me paraissent identiques, déclara-t-il finalement en tournant le dos à la fenêtre. Le microscope nous en donnera la preuve définitive.

– S'ils sont identiques, cela signifie quoi ? s'enquit Hillman.

– Je préfère ne pas répondre tant que le labo n'aura pas confirmé l'origine du brin que nous possédons.

Hillman empoigna Bastian par le bras.

– C'est parler pour ne rien dire, lieutenant.

Bastian se dégagea et recula d'un pas. Sa peau était marbrée de taches blêmes de part et d'autre du nez et de la bouche. Son regard était sombre.

– Très bien, je vais vous dire ce que je sais. M. Archer a trouvé ce brin de laine coincé dans la serrure d'un coffre de voiture, la voiture que conduisait le ravisseur présumé de votre fils, Harley.

– Vous voulez dire que Tom était dans le coffre ?

– C'est possible, en effet.

– Mais il n'aurait pas voyagé dans... Vous voulez dire que Tom est mort ?

Des tics nerveux tordaient sa bouche.

– C'est une hypothèse, mais gardons-nous des conclusions hâtives.

Elaine Hillman exhala une sorte de hoquet étranglé qui attira l'attention générale.

– Je voudrais ne jamais avoir reconnu ce bout de fil, murmura-t-elle d'une voix ténue, à mi-chemin entre celle d'une enfant et celle d'une vieille femme.

– Cela ne change rien aux faits, madame Hillman.

– Eh bien, vos horribles faits, gardez-les pour vous ! Cette attente est déjà suffisamment atroce sans qu'il soit besoin d'y ajouter ces raffinements de torture.

Hillman se pencha sur elle, en s'efforçant de la calmer.

– Ce que tu dis est injuste, Elaine. Le lieutenant Bastian essaie de nous aider.

Il avait dit la même chose en parlant de moi. J'éprouvai le sentiment bizarre que le temps se répétait, qu'il se répéterait éternellement, comme en enfer.

– Il a une singulière façon de nous aider. Regarde ce qu'il m'a fait faire ! Toutes mes pelotes sont emmêlées !

Elle les repoussa du bout de ses mules. Hillman s'agenouilla pour les ramasser et elle lui lança un coup de pied qui le manqua de peu.

– Va-t'en, tu ne vaux pas mieux que lui. Si tu avais été un bon père, cela ne serait jamais arrivé.

Bastian reprit ses pièces à conviction et se tourna vers moi.

– Il serait préférable que nous nous retirions.

Cette suggestion ne rencontra pas d'opposition et Hillman nous accompagna dans le hall.

– Pardonnez-nous, je vous prie, mais nous ne sommes pas dans notre état normal. Vous ne m'avez rien dit, en fait.

– Nous ne pouvons tirer aucune conclusion définitive, lui répondit sèchement Bastian.

– Mais vous croyez que Tom est mort ?

– Cette hypothèse doit être prise en considération, j'en ai peur. Nous en saurons davantage quand on aura procédé à l'analyse du coffre. Si vous voulez bien m'excuser, maintenant, monsieur Hillman, je n'ai pas le temps de vous donner de plus amples explications.

– Moi si, rétorquai-je.

Pour la première fois depuis que nous avions mis les pieds chez lui, Hillman me considéra comme si je pouvais être bon à autre chose qu'à faire un dessus de cheminée.

– Êtes-vous disposé à me donner un aperçu de la situation ?

– Pour autant que je la comprends moi-même...

– Eh bien, je vous laisse, dit Bastian.

Il franchit la porte. Une minute plus tard, le bruit du moteur de sa voiture s'éloigna dans l'allée.

Hillman chargea Mme Perez de tenir compagnie à son épouse et m'entraîna dans une aile de la demeure que je ne connaissais pas encore. Nous suivîmes un couloir dont le plafond voûté évoquait une galerie taillée à même une falaise de craie et nous entrâmes dans un bureau spacieux dont deux murs lambrissés de chêne disparaissaient entièrement sous les livres disposés sur des rayonnages. Tous les volumes étaient reliés en cuir comme si Hillman avait hérité de toute la bibliothèque. Une large fenêtre à l'embrasure profonde donnait sur la mer qu'on apercevait au loin ; le dernier mur était orné de photographies encadrées. L'une d'elles représentait Dick Leandro accroupi dans le cockpit d'un yacht de course, une main sur la roue du gouvernail ; un sillage d'écume bouillonnante s'étirait derrière lui. Une autre représentait un groupe de pilotes de l'aéronavale posant sur le pont d'un porte-avions. Je reconnus Hillman jeune à l'extrême droite. Il y avait d'autres photos du même genre, prises à terre ou en mer : une escadrille de chasseurs-bombardiers de la Seconde Guerre mondiale en formation de combat, une vue aérienne d'un porte-avions semblable à une planche posée sur un miroir.

J'avais l'impression que ce n'était pas par hasard que Hillman m'avait conduit dans cette pièce, devant ce mur. C'était probablement son subconscient qui contrôlait l'automatisme de ses gestes. En tout cas, la même idée nous vint au même moment à l'esprit comme si le porte-avions avait agi à la manière d'un catalyseur.

– Mon dernier bâtiment, dit-il. En fait, je ne l'ai commandé que quelques semaines avant la fin.

– Quelques semaines avant la fin de la guerre ?

– Quelques semaines avant sa fin à lui. Il y avait longtemps que la guerre était finie. On était allé le chercher à Dago et on l'a ramené à Boston en passant par le canal de Panama pour le mettre dans la naphtaline.

– Ne s'appelait-il pas le *Perry Bay*, par hasard ?

– Si, confirma-t-il en se retournant pour me dévisager. Vous avez entendu parler de ce navire ?

– Pas plus tard que la nuit dernière. Toutes les pièces commencent à se mettre en place, monsieur Hillman. Le nom de Mike Harley vous dit-il quelque chose ?

Son regard se troubla.

– Vous êtes en train de m'embrouiller. N'était-ce pas à Harold Harley que vous aviez fait allusion l'autre jour ?

– Je me trompais. Harold est le frère de Mike et c'est avec lui que j'ai parlé, hier soir. Il m'a dit que Mike avait servi à bord du *Perry Bay*.

Il hocha lentement la tête.

– Oui, je me souviens de Mike Harley. Et pour une bonne raison : il m'a causé pas mal d'ennuis. J'ai dû finalement demander son exclusion de la marine.

– A cause du vol d'un appareil photo ?

Il me décocha un coup d'œil en coin.

– Vous avez mené une enquête approfondie, monsieur Archer. En fait, il a été démobilisé sans que l'on fasse d'histoires parce qu'il n'était pas entièrement responsable de ses actes. C'était un appareil de grande valeur et ce vol aurait pu lui valoir la prison.

Il s'affala soudain dans un fauteuil comme si cette résurgence du passé lui avait porté un coup fatal ; il s'exclama enfin :

– Et il a fallu qu'il enlève mon fils dix-huit ans plus tard !

J'attendis en regardant par la fenêtre qu'il digère l'énormité de cette coïncidence. Ce n'était d'ailleurs, bien entendu, pas une coïncidence au sens habituel du mot. Hillman avait eu Mike Harley sous ses ordres et lui avait donné des motifs de vengeance. C'était la voix de la haine que j'avais entendue au téléphone, lundi.

En mer, le brouillard se dissipait. Des déchirures bleues se formaient dans la grisaille pour se refermer aussitôt. Hillman me rejoignit. N'eût été la lueur sauvage qui dansait dans ses yeux, son expression avait recouvré toute sa sérénité.

– Quand je pense au mal que cet homme m'a fait..., murmura-t-il. Racontez-moi le reste, Archer. Dites-moi tout ce que vous savez.

J'obéis. Il m'écoutait comme si un oracle allait, par ma bouche, lui dévoiler l'avenir. L'histoire de la femme assassinée paraissait l'intéresser tout particulièrement et je lui demandai s'il avait eu l'occasion de rencontrer Carol.

Il eut un geste de dénégation.

– Je ne savais même pas que Harley était marié.

– Ce n'était peut-être pas un mariage selon la loi mais leur union a été durable.

– A-t-il eu des enfants ?

– Un, au moins.

– Comment un homme qui a un enfant a-t-il pu...

Il n'acheva pas sa phrase. Dans son désarroi, une autre pensée lui avait traversé l'esprit.

– En tout cas, cela réduit à néant l'hypothèse selon laquelle Tom aurait été en relation avec cette femme.

– Pas forcément. Harley s'est peut-être servi d'elle comme appât.

– Mais c'est invraisemblable ! Elle a sûrement... elle doit avoir l'âge d'être sa mère.

– Ce n'était quand même pas une vieille dame. Elle est née vers 1930.

– Et vous pensez sérieusement que Tom avait une liaison avec elle ?

– Étant donné la situation, c'est là une question tout à fait superflue, monsieur Hillman.

Il fit lentement pivoter sa tête vers moi. La lumière faisait ressortir les contours de son visage aux traits fins sculptés par le temps.

– Vous voulez dire par là que Tom est mort ?

– Ce n'est pas encore prouvé, mais c'est une forte probabilité, monsieur Hillman.

– Si mon fils était en vie, seriez-vous venu me voir aujourd'hui ?

– Non, s'il avait fait une fugue délibérée.

– Avez-vous des motifs de penser que c'est le cas ?

– Je ne dispose pas d'éléments déterminants mais plusieurs faits permettent d'envisager cette possibilité. Il a été vu dimanche en compagnie de cette femme, et c'était de son plein gré qu'il était avec elle. En outre, il s'est enfui...

– De l'institut médico-pédagogique de Laguna Perdida, pas de chez nous.

– Peut-être redoute-t-il qu'on ne l'enferme à nouveau dans cet établissement s'il revient.

– Dieu tout-puissant ! Je ne ferais jamais une chose pareille.

– Vous l'avez déjà fait une fois.

– Les circonstances m'y ont contraint.

– Quelles circonstances, monsieur Hillman ?

– Je ne vois pas l'utilité d'aborder ce sujet. C'est une question superflue pour reprendre votre expression.

– Votre fils a-t-il tenté de se suicider ?

– Non.

– Pas de tentative d'homicide non plus ?

Il cligna des paupières.

– Certainement pas ! A quoi bon rester là à bavarder ? enchaîna-t-il précipitamment pour changer de conversation. Si Thomas est vivant, il faut le retrouver. La seule personne qui peut savoir où il est c'est Harley et, d'après ce que vous m'avez dit, cet individu se dirige probablement vers le Nevada.

– Il y est même sûrement déjà à l'heure qu'il est.

– Alors, qu'est-ce que vous faites là ? S'il n'y avait pas ma femme, j'aurais déjà sauté dans un avion. Qu'attendez-vous pour en louer un ?

Je lui expliquai que louer un avion était au-dessus de mes moyens et que j'avais déjà dépensé pas mal d'argent dans cette affaire.

– Excusez-moi, je n'y avais pas pensé.

Il sortit de son portefeuille le chèque de deux mille dollars que le Dr Sponti et M. Squerry lui avaient remis lundi et le libella à mon nom.

Les affaires reprenaient.

15

Stella, encapuchonnée dans son parka bleu, m'attendait dans l'allée à mi-chemin de la maison, une paire de grosses jumelles pendue à son cou. Ses yeux immenses dévoraient son visage blême et fatigué.

Quand je m'arrêtai, elle sauta dans la voiture sans que je l'y eusse invitée. .

– Je vous guettais, monsieur Archer.

– C'est pour ça que vous avez des jumelles ?

Elle hocha gravement la tête.

– Je surveille tous les gens qui entrent dans la maison de Tom et qui en sortent. Ma mère croit que j'observe les oiseaux et elle n'y voit rien à redire, ça fait bien dans le décor. D'ailleurs, je prépare un dossier sur l'ornithologie pour la classe de biologie où je m'inscrirai l'année prochaine : les techniques de nidification du pivert des chênes. L'ennui, c'est que ces bêtes-là se ressemblent tellement qu'on a du mal à les distinguer les unes des autres !

– Il en va de même avec les humains.

– C'est ce que je suis en train de découvrir, observa-t-elle en se penchant vers moi avec tant de naturel que son sein m'effleura l'épaule. Vous ne savez pas, monsieur Archer ? Je suis à peu près certaine que Tom a essayé de me téléphoner ce matin.

– Racontez-moi ça.

– Il n'y a pas grand-chose à raconter, en fait. C'était un de ces coups de fil où il n'y a personne à l'autre bout de la ligne. Ma mère a répondu. Alors, il a gardé le silence. Il aurait voulu que ce soit moi qui réponde.

L'espoir illuminait ses grands yeux.

– Qu'est-ce qui vous fait croire que c'était Tom ?

– Je le sais, c'est tout. D'ailleurs, il a appelé à huit heures moins cinq – l'heure exacte à laquelle il me téléphonait d'habitude quand il devait me prendre pour me conduire à l'école.

– Je trouve cet argument plutôt léger, Stella. Il s'agissait plus vraisemblablement d'un faux numéro.

– Non, je suis sûre que c'était Tom. Et il essaiera encore de m'appeler.

– Pourquoi vous téléphonerait-il à vous, plutôt qu'à ses parents ?

– Sans doute qu'il a peur d'eux. Il doit avoir de gros ennuis.

– Ça ne fait aucun doute. D'une façon ou d'une autre...

Je cherchais à l'empêcher de se faire trop d'illusions mais je réussis seulement à l'effrayer.

– Vous avez découvert quelque chose ? chuchota-t-elle.

– Rien de concluant. Nous sommes sur les traces de son ravisseur. A propos, il faut que je me dépêche.

Ses yeux étaient soudés aux miens.

– Alors, on l'a vraiment enlevé ? Il n'est pas parti de son plein gré ?

– Au début, peut-être, après... je ne sais pas. Tom ne vous a jamais parlé d'une certaine Carol ?

– La femme qui a été assassinée ?

– Oui.

– Non, il ne m'a jamais parlé d'elle. Pourquoi ? Il la connaissait ?

– Très bien, même.

Le sous-entendu ne lui échappa pas. Elle secoua la tête.

– Je ne vous crois pas.

– C'est pourtant la vérité, Stella. Vous ne les avez jamais vus ensemble ?

Je sortis ma collection de photos et sélectionnai celle que Harold Harley avait prise de Carol en 1945. Stella l'étudia.

– Elle est... elle était très belle, murmura-t-elle d'une voix blanche. Elle ne devait sûrement pas être beaucoup plus vieille que moi.

– A l'époque où cette photo a été prise, c'est exact. Mais cela ne date pas d'hier et le temps a passé. Il faut en tenir compte.

– Je ne l'ai jamais vue, je suis formelle. Et Tom n'a jamais fait allusion à elle devant moi, affirma-t-elle en me lançant un regard sombre.

Elle me rendit la photographie comme si c'était un fer rougi à blanc qui lui brûlait les paumes.

Ce fut l'instant que choisit la tigresse dont on avait enlevé le petit – telle était, du moins, l'impression qu'elle donnait – pour débouler de la chênaie : autrement dit la mère de Stella, sa superbe chevelure rousse en bataille, les traits déformés par l'anxiété. Quand elle vit sa fille, elle se rua sur la voiture. Stella remonta la glace et verrouilla la portière.

Rhea Carlson tambourina du poing sur la vitre.

– Veux-tu descendre ! Qu'est-ce que tu fabriques là ?

– Je parle avec M. Archer.

– Mais tu es folle ou quoi ? Tu cherches à détruire ta santé ?

– Je me moque éperdument de ce qui peut m'arriver, c'est vrai.

– Tu n'as pas le droit de parler comme ça. Tu n'es qu'une ingrate.

– Moi, ingrate ? Pourquoi ?

– Je t'ai donné la vie, oui ou non ? Ton père et moi t'avons tout donné.

– Je n'en ai rien à faire. Je ne demande qu'une seule chose : qu'on me fiche la paix.

– Je t'ordonne de descendre de cette auto.

– Je ne suis pas obligée d'obéir.

– Si.

Ce fut ma principale contribution au débat. Stella me regarda comme si je la trahissais et la livrais à l'ennemi.

– C'est votre mère et vous êtes mineure, insistai-je. Si vous ne lui obéissez pas, vous êtes en état de rébellion et, moi, je suis complice d'une mineure délinquante.

– Vous l'êtes, non ?

– A contrecœur.

Cela suffit à la convaincre. J'eus même droit à une esquisse de sourire. Elle déverrouilla la portière et descendit. J'en fis autant et contournai la voiture. Mme Carlson me toisa comme si j'allais me livrer à des voies de fait sur sa personne.

– Calmez-vous, madame Carlson. Il ne s'est rien passé.

– Ah oui ? Et qu'est-ce que vous en savez ?

– Je sais qu'il n'arrivera jamais aucun mal à Stella si je suis là. Puis-je vous poser une question ?

Elle hésita.

– Posez-la toujours mais je ne vous promets pas d'y répondre.

– Vous avez reçu un coup de téléphone ce matin à huit heures moins cinq. Était-ce l'inter ou le régional ?

– Je n'en ai aucune idée. La plupart du temps, le demandeur compose directement le numéro d'appel même pour les longues distances.

– Y a-t-il eu un dialogue ?

– J'ai dit : « Allô ! »

– Je veux dire à l'autre bout du fil.

– Non. Pas un mot.

– La personne qui vous appelait a-t-elle raccroché d'elle-même ?

– Oui et je suis sûre que ce n'était pas le petit Hillman. Une simple erreur de numéro, ça arrive tout le temps.

– Si, c'était Tommy, insista Stella. Je le sais.

– Ne faites pas attention à ce qu'elle raconte, monsieur Archer : elle ne cesse de fabuler.

– Je ne fabule pas.

Stella paraissait sur le point de fondre en larmes.

– Cesse de m'interrompre ! Pourquoi me contredis-tu sans arrêt ?

– Je ne te contredis pas.

– Si.

Je m'interposai :

– Stella est une chic fille et presque une femme déjà. Essayez, je vous en prie, de vous le rappeler et de la traiter avec douceur.

– Que savez-vous des rapports entre mère et fille, voulez-vous me le dire ? s'exclama-t-elle d'un ton farouche et méprisant. Et d'abord, qui êtes-vous ?

– Un détective privé. J'exerce depuis la fin de la guerre et, au fil des années, on finit par avoir quelques idées sur la nature humaine en faisant ce métier. A la longue on acquiert un instinct qui vous permet de reconnaître les gens valables. Stella est quelqu'un de valable.

L'intéressée rougit. Sa mère me regarda avec une expression d'incompréhension totale. Je remontai dans la voiture. Dans le rétroviseur je les vis suivre l'allée, chacune de son côté. C'était dommage : mon instinct me disait que Rhea Carlson était, elle aussi, quelqu'un de valable.

En ville, je passai à la banque sur laquelle le chèque de Sponti était tiré et je l'endossai en ajoutant sous la signature de Ralph Hillman : « Avec les remerciements de Lew Archer. » C'était une bien faible riposte après avoir été jeté comme un malpropre, mais j'éprouvais une certaine satisfaction à l'idée qu'elle ferait peut-être monter le rouge au front du Dr Sponti.

Maintenant que j'étais financièrement renfloué, je retrouvais et ma mobilité et ma puissance d'imagination. Oh ! ce ne fut qu'une intuition, l'inspiration d'un moment : je pris la route de Long Beach pour passer chez Harold Harley. Mais cette intuition fut payante : en réponse à mon coup de sonnette, Lila m'ouvrit.

Elle portait un tablier et elle était coiffée d'un petit bonnet sous lequel elle repoussa une mèche folle d'un geste qui fit saillir ses seins. Lila n'était pas jolie, à proprement parler, mais elle débordait de vitalité.

– Vous faites partie de la maison poulaga, vous aussi ?

– Oui. Je croyais que vous aviez quitté Harold ?

– Oui, je l'ai quitté. Mais j'ai décidé de revenir.

– J'en suis heureux. Il a besoin que vous le souteniez.

– C'est vrai. Que va-t-il lui arriver ? enchaîna-t-elle sur un ton radouci. Est-ce qu'ils vont le boucler et jeter la clé ?

– Pas si je peux l'empêcher.

– Vous travaillez avec le F.B.I. ?

– Je serais plutôt un indépendant.

– Je me posais la question. Ils sont venus ce matin et ils ont emmené la voiture. D'abord Harold, maintenant la voiture. La prochaine fois, ce sera la maison qu'ils embarqueront ! Et tout ça à cause de sa crapule de frère ! Ce n'est pas juste !

– Tout finira par s'arranger. J'ai expliqué à Harold que le meilleur moyen qu'il avait de se disculper était de dire la vérité.

– La vérité, c'est qu'il s'est écrasé devant son frère. Comme d'habitude. Mike continue de...

Elle porta sa main à sa bouche et ses yeux bruns me scrutèrent avec inquiétude.

– Que continue-t-il de faire, madame Harley ?

Elle balaya la rue d'un regard sans joie. Des enfants jouaient dans les jardins sous la surveillance de leur mère. Lila me tira par la manche.

– Entrons, voulez-vous ? Nous pourrons peut-être trouver un terrain d'entente.

La porte s'ouvrait directement dans la salle de séjour. Je dus enjamber l'aspirateur.

– Je faisais le ménage, m'expliqua Lila. Il fallait absolument que je m'occupe et c'est tout ce qui m'est venu à l'esprit...

– J'espère que Harold pourra bientôt apprécier vos vertus ménagères.

– Oui... Est-ce que ça lui rendrait service que je vous aide à coincer son frère ?

– Sûrement.

– Vous le ferez remettre en liberté si vous avez Mike ?

– Je ne peux pas vous le promettre, mais je pense que c'est probable.

– Pourquoi ne pouvez-vous pas me le promettre ?

– Je ne suis qu'un enquêteur marginal. Mais c'est Mike qui nous intéresse réellement. Savez-vous où il est, madame Harley ?

Elle resta un long moment d'une immobilité quasi absolue, l'expression aussi figée que sur ses photos accrochées au mur. Enfin, elle secoua imperceptiblement la tête.

– Je sais où il était à trois heures du matin, dit-elle en tendant le doigt vers le téléphone. Il a appelé de Las Vegas à cette heure-là. Il voulait parler à Harold. Je lui ai répondu que j'ignorais où se trouvait mon mari, qu'il n'était pas à la maison quand j'étais rentrée.

– Vous êtes sûre que c'était bien Mike ?

– Qui d'autre aurait pu appeler ? Je connais sa voix. Et ce n'était pas la première fois qu'il nous téléphonait pour nous demander d'un ton geignard de lui prêter de l'argent.

– Il a vraiment dit qu'il avait besoin d'argent ?

– Exactement. Il voulait que je lui envoie cinq cents dollars par mandat télégraphique à Las Vegas.

– Mais il en avait plus de vingt mille sur lui !

Son visage se ferma et son regard prit une expression indéchiffrable.

– Ça, je ne suis pas au courant. Je vous répète ce qu'il m'a dit : qu'il avait un besoin urgent de cinq cents dollars, qu'il fallait que je lui envoie cette somme par mandat télégraphique et qu'il s'engageait à me les rendre dans les vingt-quatre heures en doublant la mise. Je lui ai répondu qu'il pouvait aller au diable. Il était en train de flamber.

– Ça m'en a toutes les apparences, en effet.

– Le jeu, c'est une maladie chez lui. Et je déteste les flambeurs.

J'appelai l'agence Walters à Reno. Phyllis, la femme et associée d'Arnie, m'apprit qu'il avait pris un des premiers vols du matin à destination de Las Vegas. La Plymouth deux tons d'Harold Harley avait été repérée dans un motel de Vegas Strip.

Moins de deux heures plus tard, j'atterrissais moi aussi à Las Vegas. Je retrouvai Arnie dans une des chambres du motel en question où il était déjà en compagnie du nouveau propriétaire de la Plymouth. C'était un certain Fletcher, qui se disait originaire de Phoenix, bien que son accent ressemblât plus à l'accent texan qu'à celui de l'Arizona. Il portait une tenue western folklorique avec bottes à hauts talons et ceinturon de cuir à boucle de métal argenté. Une améthyste lui tenait lieu de cravate. Son Stetson était posé sur l'un des lits jumeaux. L'autre était encombré de vêtements féminins. La femme, me dit Arnie, était dans son bain. Je n'eus même pas l'occasion de l'apercevoir.

M. Fletcher était un homme de haute taille, débordant d'assurance, qui n'avait pas l'air commode du tout. Son visage semblait avoir été taillé à la serpe dans un bloc de granit que l'on avait ensuite abandonné aux caprices des intempéries pendant cinquante ou cinquante-cinq ans.

– Je n'avais aucune envie de lui racheter son tas de ferraille, nous dit-il. J'ai une Cadillac toute neuve à Phoenix, vous pouvez vérifier. Je lui ai quand même filé cinq cents dollars en échange de sa ruine parce qu'il n'avait plus un rond et qu'il voulait désespérément poursuivre la partie.

– A quoi jouiez-vous ? lui demandai-je.

– Au poker.

– La partie avait lieu dans un des grands hôtels de la ville, intervint Arnie. M. Fletcher refuse de dire lequel et de donner le nom des autres joueurs. Elle a duré toute la journée d'hier et ne s'est achevée que très tard dans la nuit. Impossible de savoir combien Harley a perdu mais une chose est sûre : il s'est fait complètement ratiboiser.

– Il a probablement perdu plus de vingt mille dollars. La partie était-elle truquée ?

Fletcher se tourna vers moi et me considéra avec le mépris d'une statue pour un insecte rampant.

– C'était franc, l'ami. Il ne pouvait pas en aller autrement. J'étais le grand gagnant.

– Je ne mettais pas votre honnêteté en doute, monsieur Fletcher.

– J'espère bien. Il y a des gens parmi les plus huppés de Phoenix qui viennent nous rendre visite à ma femme et à moi, et on leur rend visite aussi. Et vous savez comment ils m'appellent ? Honest Jack Fletcher, qu'ils m'appellent, oui, monsieur !

Un long silence, meublé par le seul bourdonnement du climatiseur, suivit cette déclaration. Ce fut moi qui repris la parole :

– Mes compliments, monsieur Fletcher. Et combien avez-vous gagné ?

– Ça, c'est un secret entre moi et le percepteur, mon vieux. Un joli paquet, en tout cas, ça, je peux vous le dire.

C'est d'ailleurs pour cette raison que je lui ai filé cinq cents dollars contre son tacot pourri. Et j'en ai rien à foutre de ce tas de ferraille. Vous pouvez l'emmener, conclut-il, en levant le bras d'un geste impérial.

– C'est justement ce que nous comptions faire, dit Arnie.

– Ne vous gênez pas. A votre disposition, si je peux vous être utile à quelque chose.

– Oui, j'aimerais vous poser encore quelques questions, monsieur Fletcher, acquiesçai-je en lui tendant la photo de Tom. Auriez-vous vu ce jeune garçon en compagnie de Harley à un moment ou à un autre ?

Il l'examina comme si c'était une carte qu'il venait de tirer.

– Non, laissa-t-il tomber en me la rendant.

– Harley n'a jamais fait allusion à lui devant vous ?

– Jamais. Il n'était pas du genre causant. Il était visible qu'il n'appartenait pas à la catégorie des gros joueurs, mais il avait de l'argent qu'il voulait perdre.

– Il voulait le perdre ? répéta Arnie, interrogatif.

– Eh oui, exactement comme moi je voulais gagner. Ce type est né perdant. Moi je suis né gagnant.

Fletcher se leva et se mit à arpenter la pièce. Il alluma un cigare brésilien sans en offrir aux autres. A mesure qu'il tirait dessus, le climatiseur aspirait la fumée qu'il soufflait.

– A quelle heure la partie s'est-elle terminée ?

– Sur le coup de trois heures du matin quand j'ai ramassé mon plus gros pot, précisa-t-il en se délectant à ce souvenir. J'étais tout disposé à continuer mais les autres en avaient marre. Harley serait bien resté, naturellement, mais il n'avait plus un radis. Franchement, comme joueur de poker, il ne fait pas le poids.

– Il n'a pas cherché à vous causer d'ennuis ?

– Foutre pas ! Le monsieur qui organise ces parties ne l'aurait pas toléré. Non, Harley n'a pas fait d'histoires. A la fin, il m'a tapé et je me suis laissé faire. Je lui ai filé cent dollars pour qu'il puisse rentrer à la maison.

– Où ça, à la maison ?

– Il m'a dit qu'il venait de l'Idaho.

Je sautai dans un taxi pour retourner à l'aéroport et pris une réservation à bord d'un avion qui faisait escale à Pocatello. Avant même que le soleil fût couché, je roulais au volant d'une voiture de location sur la route rurale n° 7 en direction de la ferme des Harley.

16

Le domaine, vert et or sous les rayons obliques du soleil, était enfermé dans un méandre de la rivière. C'est par un chemin de terre qu'on accédait à la ferme, une bâtisse de brique badigeonnée de blanc sans le moindre souci décoratif. L'étable qui y était accolée, rongée par les intempéries, avait visiblement besoin d'être rafistolée.

Il n'y avait pas un souffle de vent et les arbres entourant la cour clôturée étaient parfaitement immobiles. On aurait dit une aquarelle. La chaleur était encore plus étouffante qu'à Vegas.

Mais quelle différence entre ici et Vegas ! Il était difficile d'admettre que Harley pût être revenu en ces lieux ou même qu'il y reviendrait un jour. Néanmoins, c'était une éventualité qu'on ne devait pas écarter sans vérifications. Un colley noir et blanc auquel il manquait un œil aboya de l'autre côté du grillage quand je mis pied à terre. J'essayai de lui parler pour le calmer, mais rien à faire : je lui faisais peur. Finalement, une vieille femme sortit de la maison, le fit taire d'un mot.

– M. Harley est dans la grange, me cria-t-elle.

Je poussai la barrière.

– Est-ce que je peux vous parler ?

– Ça dépend de quoi.

– Il s'agit de questions de famille.

– Si c'est une nouvelle technique pour placer des assurances, sachez que M. Harley n'a pas confiance dans les assurances.

– Je ne suis pas venu vous vendre quoi que ce soit. Vous êtes Mme Harley ?

– Oui, je suis Mme Harley.

C'était une septuagénaire décharnée aux épaules carrées, vêtue d'une blouse rayée à longues manches et portant un tablier noué autour de la taille. Ses cheveux gris étaient sévèrement tirés en arrière. Je lui trouvai une bonne tête malgré son visage las aux traits tirés. Il y avait de l'humour dans son regard. Et on devinait que la souffrance l'avait rendue compréhensive.

– Qui êtes-vous ?

– Un ami de votre fils Harold. Je m'appelle Archer.

– Quel plaisir ! Nous allons nous mettre à table dès que M. Harley aura fini de traire. Restez donc souper avec nous.

– Vous êtes trop aimable.

Mais je n'avais, en vérité, aucune envie de partager leur repas.

– Comment va Harold ? reprit-elle. C'est qu'on n'a pas souvent de ses nouvelles depuis qu'il est marié avec Lila.

De toute évidence, elle n'était pas au courant des ennuis de ses fils. J'hésitai à la mettre au fait et elle s'en aperçut.

– C'est à propos de Harold que vous êtes venu ? Qu'est-ce qui lui est arrivé ?

– Il s'agit de Mike. L'avez-vous vu ?

Elle frotta ses mains larges et rouges sur son tablier.

– Ça fait vingt ans qu'on ne l'a pas vu et nous n'espérons plus le revoir en ce bas monde.

– Il se peut néanmoins que vous ayez l'occasion de le voir bientôt. Il a dit à quelqu'un qu'il rentrait à la maison.

– Ici, ce n'est pas sa maison. Elle ne l'est plus depuis longtemps. Il était encore tout gamin quand il s'est sauvé. Il est allé vivre à Pocatello avec un monsieur qui s'appelait Brown, et ça a fait son malheur.

– Comment cela ?

– La fille de ce Brown était une Jézabel. Elle a détruit mon fils. Elle lui a enseigné toutes les corruptions de ce monde.

Sa voix n'était plus la même, on aurait dit qu'un ventriloque délirant avait pris possession d'elle. J'interrompis ses imprécations :

– Carol a payé le mal qu'elle a pu lui faire. Elle a été assassinée lundi dernier.

Elle cessa de frotter ses mains à son tablier et les contempla fixement en les levant à la hauteur de ses yeux.

– C'est Mike qui l'a tuée ?

– Nous le pensons mais nous n'en avons pas la certitude.

– Vous êtes de la police.

Ce n'était pas une question mais une affirmation.

– Plus ou moins.

– Pourquoi est-ce que vous êtes venu ? Nous avons fait de notre mieux mais il n'y avait rien à faire avec lui.

Elle laissa retomber ses bras de part et d'autre de son corps.

– S'il est désespéré, il se peut qu'il revienne à la ferme.

– Jamais ! M. Harley a dit qu'il le tuerait s'il avait le malheur de remettre les pieds chez nous. C'était il y a vingt ans quand il a déserté. Et ce n'étaient pas des mots en l'air. Jamais M. Harley ne donnerait refuge à un malfaiteur. Il est faux de prétendre que M. Harley le traitait cruellement. M. Harley ne cherchait qu'à extirper de lui le démon.

Elle semblait de nouveau habitée par la voix du ventriloque exalté. De toute évidence, elle ne savait rien au sujet de son fils et même si elle avait su quelque chose, elle aurait été incapable de l'exprimer de façon sensée. Je commençai à me dire que j'étais tombé sur un bec.

Je n'insistai pas davantage et me dirigeai vers les communs. Je trouvai le mari dans l'étable, assis sur un tabouret, le front appuyé contre le flanc d'une holstein blanc et noir dont il s'activait à tirer sur les pis. Le lait giclait dans le seau qu'il serrait entre ses genoux, mêlant son odeur fade aux relents de bouse qui stagnaient comme un remugle dans l'air étouffant.

– Monsieur Harley ?

– Je suis occupé, répondit-il sur un ton revêche. Si vous voulez attendre, j'en suis à la dernière.

Je reculai pour regarder les autres vaches. Il y en avait peut-être une douzaine qui s'agitaient nerveusement dans leurs stalles à chaque mouvement que je faisais. Quelque part, un cheval se mit à hennir en piaffant.

– Vous effrayez les bêtes, m'avertit M. Harley. Si vous tenez à rester, faut pas que vous bougiez.

Pendant cinq minutes, je conservai une immobilité parfaite. Le colley borgne entra furtivement dans l'étable et flaira longuement mes chaussures mais il refusa que je le touche. Quand je me baissai pour le caresser, il recula vivement.

Enfin, M. Harley se leva et vida son seau dans un énorme bidon au sommet duquel le lait se mit à mousser.

C'était un grand vieillard sec : c'est tout juste si son chapeau de paille ne frôlait pas les poutres quand il était debout. Ses yeux étaient aussi hargneux, le pli de sa bouche aussi maussade et sévère que sur la photo que Harold avait faite de lui.

– Vous n'êtes pas d'ici, fit-il. Représentant ?

– Non, détective. Et j'en arrive tout de suite au fait, monsieur Harley. Votre fils Mike a de très graves ennuis.

– Mike n'est pas mon fils, récita-t-il d'un ton solennel, et je refuse d'entendre parler de lui ou de ses ennuis.

– Mais il se peut qu'il vienne chez vous. Il a dit qu'il en avait l'intention. Dans ce cas, il vous faudrait en informer la police.

– Ce n'est pas à vous de m'apprendre ce que je dois faire ou ne pas faire. Je n'obéis qu'aux ordres du Tout-Puissant. Et c'est mon cœur qui entend ses instructions.

Pour appuyer ses dires, il se frappa la poitrine du poing.

– C'est bien pratique.

– Pas de blasphèmes ni de moqueries ou vous le regretterez. Je peux appeler le châtiment sur vous.

Et, joignant le geste à la parole, il s'empara d'une fourche posée contre le mur. Le chien s'enfuit en courant, la queue basse. Je me rendis compte que ma chemise collait à mon dos : je me sentais vraiment mal à l'aise. Les dents acérées de la fourche – il y en avait trois pointées sur mon abdomen – étincelaient dans la pénombre.

– Allez-vous-en ! J'ai livré combat à Satan toute ma vie et je sais reconnaître ses suppôts quand j'en vois un.

« Moi aussi », rétorquai-je dans mon for intérieur tout en reculant en direction de la porte. Je trébuchai contre le seuil en sortant.

Mme Harley m'attendait debout contre la voiture, tenant sa maigre poitrine à deux mains.

– Je regrette, me dit-elle. Je regrette ce qui est arrivé à Carol Brown. Ce n'était pas une mauvaise fille mais j'ai endurci mon cœur contre elle.

– Cela n'a plus d'importance, désormais. Elle est morte.

– Ça a de l'importance au regard des cieux.

Elle leva les yeux comme si le paradis avait été le second étage du ciel. Pour ma part, il m'était plus facile, en cet instant, d'imaginer l'enfer à la limite de l'horizon qu'embrasaient les feux du couchant.

– J'ai commis beaucoup de mauvaises actions et j'ai détourné les yeux de beaucoup d'êtres, poursuivit-elle. Mais j'étais forcée de faire un choix, n'est-ce pas ?

– Je ne comprends pas.

– Un choix entre M. Harley et mes fils. Je savais que c'était un homme dur, un homme cruel, et que ça ne tournait peut-être pas très rond dans sa tête. Mais qu'est-ce que je pouvais faire ? Il fallait que je soutienne mon époux, puisque je n'étais pas assez forte pour m'opposer à lui. Personne n'est assez fort pour ça. Je suis restée avec lui quand il a chassé notre fils du foyer. Harold était le plus facile des deux, il a fini par nous pardonner. Mais pas Mike : il est de la même trempe que son père. Je ne connaîtrai jamais mon petit-fils.

Des larmes ruisselaient sur son visage creusé de rides. Harley sortit de la grange, le bidon sur l'épaule gauche, la fourche dans la main droite.

– Rentre à la maison, Martha, ordonna-t-il à la vieille. Cet homme est un suppôt de Satan. Je t'interdis de lui adresser la parole.

– Ne lui fais pas de mal, je t'en supplie.

– Rentre à la maison, répéta-t-il.

Elle obéit, la tête basse et le pas traînant.

– Quant à toi, suppôt du Mauvais, va-t'en d'ici ou ton châtiment ne se fera pas attendre.

Il brandit sa fourche vers le ciel empourpré, mais j'avais déjà sauté dans la voiture dont je remontai précipitamment les vitres.

Je les rouvris après avoir roulé quelques centaines de mètres. Ma chemise était trempée et je sentais la sueur dégouliner le long de mes cuisses. Je jetai un coup d'œil en arrière. La vision fugitive de la rivière miroitant comme une coulée de métal dans le crépuscule naissant avait quelque chose de rafraîchissant.

17

Avant de prendre la route pour aller à la ferme des Harley, j'avais téléphoné aux Brown afin de leur fixer un rendez-vous en fin de journée. Ils étaient déjà au courant de la mort de leur fille, ce qui m'épargna la pénible corvée de leur apprendre ce qui lui était arrivé.

Ils habitaient une rue agréable bordée d'arbres, parallèle à Arthur Street, dans la partie nord de la ville. La nuit était presque tombée lorsque j'arrivai et les lampadaires diffusaient une lumière brillante derrière les épais feuillages. Il faisait encore très chaud : on aurait dit que la chaleur suintait du sol même comme le sang d'une bête.

Robert Brown me guettait sur sa terrasse. Il me salua de loin et vint à ma rencontre. C'était un homme corpulent aux cheveux gris coupés en brosse. Bien que sa démarche fût ferme et vigoureuse, on avait l'impression qu'il pataugeait dans une substance gluante – sécrétée par l'âge ou le chagrin. Nous échangeâmes une poignée de main solennelle.

– J'avais projeté de me rendre en Californie demain, fit-il d'une voix qui manquait d'énergie. Cela aurait pu vous épargner un dérangement.

– N'importe comment, je voulais voir les Harley.

– Bien sûr, fit-il en inclinant la tête de côté à la manière d'un oiseau, ce qui était d'un effet singulier chez cet homme bâti en force. Avez-vous réussi à tirer d'eux des propos sensés ?

– Mme Harley m'a parlé avec beaucoup de bon sens mais je n'en dirais pas autant de son mari.

– Vous ne m'étonnez pas. C'est un agriculteur qui connaît très bien son affaire, à ce qu'il paraît, mais c'est aussi un client régulier de l'hôpital psychiatrique. Je me suis... nous nous sommes occupés, ma femme et moi, de son fils à l'occasion d'une de ses crises. Nous avons hébergé Mike.

Il avait l'air d'en éprouver encore de la honte.

– C'était généreux de votre part.

– Une générosité mal placée, j'en ai peur. Mais qui peut prévoir l'avenir ? Enfin, c'est fini, maintenant. Définitivement.

Pendant quelques instants, il parut oublier ma présence, puis il tressaillit et revint sur terre.

– Entrez, monsieur Archer. Ma femme sera contente de parler avec vous.

Des photographies de famille étaient accrochées aux murs du salon recouverts d'une tapisserie à vous rendre claustrophobe qui expliquait sans doute l'atmosphère guindée et vieillotte, pour tout dire provinciale, de la pièce. Des meubles solides en bois d'érable étaient soigneusement entretenus. Des coupes et des trophées sportifs auxquels la lumière crue du plafonnier arrachait des reflets d'or et d'argent étaient entassés sur la cheminée.

Mme Brown se tenait sous la lampe, assise dans un fauteuil. Un peu plus jeune que son mari – elle pouvait avoir dans les cinquante-cinq ans –, c'était une femme remarquablement belle en dépit de la robe noire peu seyante dont elle était attifée. Des fils argentés parsemaient ses cheveux châtains aux ondulations irréprochables. De grands cernes entouraient ses beaux yeux noisette, au regard désemparé. Elle me tendit la main et me fit signe de prendre place sur un petit tabouret à côté d'elle, mais c'était moins un geste d'accueil qu'un appel au secours.

– Dites-nous tout sur notre pauvre Carol, monsieur Archer.

Tout sur notre pauvre Carol... Je jetai un coup d'œil circulaire sur ce salon petit-bourgeois, ouaté et feutré, aux murs ornés de portraits : que venait faire Carol là-dedans ? C'était sans doute de sa mère qu'elle tenait sa beauté, mais il n'y avait apparemment pas de rapport entre la vie de l'une et celle de l'autre, et je ne trouvais pas dans cette ressemblance l'explication de la fin tragique de Carol.

– Nous savons qu'elle est morte assassinée et nous supposons que Mike est son meurtrier, dit Robert Brown. Mais c'est à peu près tout.

Il me faisait penser à un général romain de la fin de l'Empire à qui les hordes barbares auraient infligé une longue série de défaites.

– Je n'en sais guère plus. Il semblerait que Mike se soit servi d'elle comme appât pour une tentative d'extorsion de fonds. Vous avez entendu parler du rapt du jeune Hillman ?

Il opina du chef.

– J'ai lu ça dans les journaux avant que ma fille...

Sa voix se brisa.

– D'après ce qu'on dit, il serait mort, lui aussi... fit sa femme.

– Peut-être, madame Brown.

– Et le coupable serait Mike ? Je savais que ce n'était pas un individu très fréquentable, mais de là à penser qu'il fût capable de crimes aussi monstrueux...

– Ce n'est pas un monstre, répliqua Brown sur un ton empreint de lassitude. C'est un malade. Son père l'était déjà et tous les séjours qu'il a pu faire dans des services de psychiatrie ne l'ont pas guéri.

– Si tu savais Mike aussi atteint, pourquoi lui as-tu ouvert toute grande la porte de la maison sans penser au risque que courait ta fille ?

– C'était aussi ta fille.

– Oh ! je sais ! Comment pourrais-je l'oublier ? Mais ce n'est pas moi qui ai brisé sa vie.

– Tu y as quand même été pour quelque chose. Qui l'a poussée à se présenter à ce concours de beauté ?

– Elle a eu le premier prix, non ?

– C'est justement ce qui a tout empoisonné.

– Tu crois ? Ce qui a tout empoisonné, c'était l'affection que tu portais à Mike Harley, si tu veux mon avis.

– Je voulais l'aider. Il avait besoin qu'on l'aide et il avait du talent.

– Du talent ? Vraiment ?

– Il avait toutes les qualités qui font les athlètes, oui. Et j'ai cru que je pourrais l'aider à les développer.

– Eh bien, je te félicite !

Cet échange de propos aigres-doux passait au-dessus de ma tête. Ils n'avaient pas vraiment oublié ma présence mais ils se servaient de moi comme d'une espèce de bras de levier, pour faire rebondir une querelle qui devait durer depuis vingt ans.

– Je voulais un fils, murmura Brown.

– Eh bien, tu l'as eu. Et tu peux en être fier !

Je crus qu'il allait la gifler, mais il se maîtrisa à temps.

– Pardonnez-nous, me dit-il. Cette scène est embarrassante.

Sa femme le fixait en silence, avec un regard impitoyable. Je cherchais le moyen de briser ou, tout au moins, d'atténuer la tension qui régnait.

– Je ne suis pas venu pour déclencher une dispute entre vous.

– Vous n'avez rien déclenché, je vous assure, ricana Brown. Tout a commencé le jour où Carol s'est enfuie avec Mike. Je n'avais pas prévu un tel dénouement.

– Cela a commencé quand elle est née, l'interrompit brutalement sa femme. Tu voulais un fils, pas une fille. Tu l'as rejetée et moi avec, par la même occasion.

– C'est absolument faux !

Elle se tourna vers moi.

– Il préfère l'oublier ! Comme tous les hommes, il ne conserve que les souvenirs qui lui conviennent. Tous ceux qui ne concordent pas avec la haute idée qu'il se fait de lui-même, hop ! il les gomme. Mon mari est d'une rare mauvaise foi, acheva-t-elle avec un petit sourire au vitriol.

– C'est ridicule ! protesta Brown. Je t'ai été fidèle toute ma vie.

– Sauf dans un domaine où je ne pouvais pas me défendre : lorsque tu as ramené le petit Harley chez nous, par exemple. En jouant les philanthropes ! Ah ! le conseiller pédagogique débordant d'altruisme !

– Tu n'as pas le droit de parler sur ce ton de mon action. Je voulais l'aider. Comment pouvais-je savoir qu'il était irrécupérable ?

– Tu voulais avoir un fils, c'est tout. Et pour ça, tous les moyens étaient bons.

– Tu ne comprends rien à rien. Quoi de plus naturel pour un homme que de désirer former un garçon en lui apprenant ce qu'il sait ?

– La seule chose que tu as apprise à Mike, c'est l'hypocrisie.

Robert Brown leva les bras dans un geste d'impuissance et soupira en me prenant à témoin :

– Elle me met tout sur le dos.

Sur quoi, il quitta la pièce d'un pas traînant et disparut dans les profondeurs de la maison.

J'avais maintenant l'impression de me trouver en tête à tête avec une tigresse qui était loin d'être sans défense.

– Je ne me pardonne pas d'avoir été aussi idiote, laissa tomber Mme Brown. J'ai épousé un homme qui n'est jamais devenu adulte. Il en est encore à se passionner pour les équipes universitaires de football. Les gosses l'adorent. Tout le monde l'adore. On parle de lui comme s'il était un saint ! Et il n'a même pas été capable de protéger sa propre fille.

– Vous devriez essayer de régler vos différends, votre mari et vous.

– Il est un peu tard, vous ne croyez pas ?

Elle me scruta d'un regard fiévreux.

– Si vous continuez comme ça vous allez finir par le tuer.

– Lui ? Sûrement pas. Il est increvable. Il vivra jusqu'à quatre-vingts ans ! Comme son père.

Elle désigna du menton une des photographies accrochées au mur, en secouant les boucles de sa chevelure. Quel que fût l'angle sous lequel on la regardât, cette tête bouclée était si gracieuse que j'avais toutes les peines du monde à détourner les yeux. Comment un front aussi élégant pouvait-il abriter une colère aussi froide ?

– Vous deviez être très belle quand vous étiez jeune fille, remarquai-je, en partie pour lui faire un compliment sincère, en partie pour la calmer.

– Oui, très.

Elle ne paraissait pas éprouver le moindre plaisir à être ainsi l'objet de mon admiration et la lumière commença à se faire en moi : elle ne se sentait aucune affinité avec la gent masculine, voilà. Cela arrive parfois aux filles trop jolies. A force d'être traitées comme de beaux objets, elles se sentent de beaux objets, et là s'arrêtent leurs sentiments.

– J'aurais pu épouser n'importe lequel des garçons avec qui j'ai fait mes études, reprit-elle. Certains sont aujourd'hui directeurs de banque ou cadres supérieurs. Et il a fallu que je tombe amoureuse d'un joueur de football !

– Votre mari n'est pas simplement un joueur de football.

– N'essayez pas de faire sa publicité : je sais ce qu'il vaut et je sais ce qu'a été ma vie. J'ai été victime d'une escroquerie ! J'ai tout sacrifié pour être une épouse et une mère irréprochable et quelle est ma récompense, voulez-vous me dire ? Savez-vous que je n'ai même jamais vu mon petit-fils ?

Mme Harley m'avait dit la même chose mais je m'abstins de lui faire observer la coïncidence.

– Qu'est-il devenu, ce petit-fils ?

– Carol s'est arrangée pour le faire adopter. Pouvez-vous imaginer une chose pareille ? En fait, je sais pourquoi elle a pris cette décision : elle avait peur que son mari ne fasse du mal au bébé. Voilà l'homme qu'elle a épousé !

– Elle vous l'a dit ?

– Plus ou moins. Mike est un sadique – pour ne parler que de cela. Son grand plaisir était de faire tournoyer en l'air des chats qu'il tenait par la queue. Il a vécu ici plus d'un an et, pendant tout ce temps, je n'ai pas cessé d'avoir peur. Il avait une force herculéenne et je ne savais jamais de quoi il pourrait être capable.

– Vous a-t-il agressée ?

– Non. Il n'a jamais osé.

– Quel âge avait-il quand il est parti de chez vous ?

– Laissez-moi réfléchir. Carol avait quinze ans à l'époque. Il devait donc en avoir dix-scpt ou dix-huit.

– Et c'est parce qu'il était mobilisé qu'il vous a quittés ?

– Non, il n'a pas rejoint tout de suite la marine. Il nous a faussé compagnie pour suivre un homme plus âgé que lui qui avait appartenu autrefois à la police de Pocatello. J'ai oublié son nom. Toujours est-il que cet individu, qui avait été révoqué pour corruption, a quitté la ville avec Mike. Il voulait faire de lui un boxeur, prétendait-il. Ils sont allés sur la côte ouest. Je crois que Mike s'est embarqué quelques mois plus tard. Carol pourrait...

Elle n'alla pas plus loin.

– Qu'est-ce que Carol vient faire là-dedans ?

– J'allais dire que Carol aurait pu vous en parler de façon plus précise, ironisa-t-elle, avec un sourire grimaçant. Je dois être en train de perdre la tête.

– J'en serais fort étonné, madame Brown. Mais il faut du temps pour surmonter ce genre de choc.

– Plus que je n'en ai devant moi...

Visiblement agacée, elle se leva et s'approcha de la cheminée. Un des trophées sportifs exposés n'était pas dans l'alignement des autres. Elle le remit en place, et demanda soudain :

– Qu'est-ce que Rob peut fabriquer dans la cuisine ?

Mais elle n'alla pas voir ce qu'il faisait. Elle resta immobile devant l'âtre vide dans une position inconfortable, la hanche en porte à faux. Sous cette robe noire qui lui allait comme un tablier à une vache, on devinait que son corps tout entier était crispé de rage mais rien ne pouvait en altérer la beauté profonde. Elle en était prisonnière, de cette beauté, comme Carol l'avait été de la sienne.

– J'aimerais que vous continuiez votre récit, madame Brown.

– Le mot de récit convient assez mal.

– Soit, donnez à vos confidences le nom que vous voulez. Je suis très heureux de pouvoir m'entretenir avec vous. Depuis que j'ai commencé mon enquête, c'est la première fois que je rencontre quelqu'un qui me parle des origines profondes de cette affaire.

– A présent, ces origines n'ont plus guère d'importance. Ni le reste, d'ailleurs.

– Détrompez-vous, chère madame, peut-être me direz-vous quelque chose qui m'aidera à mettre la main sur Harley. Si j'ai bien compris, vous les avez vus de temps à autre au cours de toutes ces années, Carol et lui ?

– Je ne l'ai revu, lui, qu'une seule fois. Pendant l'hiver 44-45 après sa mobilisation, il n'était plus question de l'héberger. Il avait prétendu qu'il était en permission, mais c'était une fausse permission ! Il a quand même réussi à embobiner mon mari. Rob avait été terriblement déçu lorsque Harley était parti avec cet ex-policier destitué pour avoir touché des pots-de-vin. Mon jobard d'époux a tout gobé une fois de plus. Il lui a même donné de l'argent, et c'est cet argent qui lui a servi à enlever ma fille, mon unique enfant.

– Pourquoi Carol est-elle partie avec lui ?

Elle se gratta le front et ses ongles laissèrent de minces traces blanches sur sa peau claire.

– Je lui ai justement posé la question la dernière fois qu'elle est venue à la maison, il y a deux mois à peine. Je lui ai demandé pourquoi elle s'était sauvée et pourquoi elle restait avec lui. Elle ne le savait pas vraiment elle-même. Bien sûr, elle voulait quitter Pocatello dont elle avait horreur, aller sur la côte Pacifique et faire du cinéma : ma fille avait des rêves de midinette.

– Comme toutes les jeunes filles de quinze ans.

Je pensai soudain à Stella avec un pincement au cœur. Une idée s'ébauchait dans je ne sais quel recoin perdu de mon esprit : chaque génération était condamnée à repartir de zéro et à tout réapprendre de la vie. Le monde changeait si vite que les jeunes étaient dans l'incapacité de tirer parti de l'expérience de leurs aînés. Les générations se côtoyaient comme des tribus étrangères, isolées dans le temps.

– Carol a effectivement fait du cinéma, repris-je.

– C'est vrai ? Elle me l'a bien dit un jour mais je ne l'ai pas crue.

– Elle avait l'habitude de mentir ?

– Non. C'était Mike qui affabulait. Simplement, je ne pensais pas qu'elle réussirait à s'imposer dans quelque domaine que ce fût. Elle n'avait jamais rien réussi.

L'amertume de cette femme me laissait pantois. Elle semblait en avoir des réserves inépuisables. En songeant qu'elle était sans doute comme ça vingt ans plus tôt, je m'expliquais mieux que Carol se soit enfuie de chez elle à la première occasion – et sans intention d'y revenir.

– Vous disiez que Carol était passée il y a deux mois ?

– Oui, en juin. Elle était venue du lac Tahoe par le car. Je ne l'avais pas vue depuis longtemps. On aurait presque dit une clocharde. Dieu sait quel genre de vie l'autre lui faisait mener ! Elle ne s'est pas étendue sur ce sujet.

– Une vie précaire. Harley n'avait plus d'emploi fixe et ils étaient dans la poisse.

– C'est ce qu'elle m'a dit. Comme d'habitude, elle cherchait à nous apitoyer ; je suppose que Rob lui a donné un peu d'argent : il se laisse toujours faire. Après, il m'a raconté qu'il lui avait aussi fait cadeau de la voiture, mais je sais très bien qu'elle se l'est purement et simplement appropriée. D'après ce que j'ai compris, la leur avait rendu l'âme et on ne peut pas vivre sans voiture au lac Tahoe.

– Comment pouvez-vous affirmer avec autant de certitude qu'elle l'a prise alors que votre mari soutient qu'il la lui a donnée ?

La question parut l'embarrasser.

– C'est sans importance. Si cela a pu leur rendre service, tant mieux.

Enfin, une phrase généreuse ! Mais elle gâcha tout quand elle crut bon d'ajouter :

– N'importe comment, il fallait que nous changions de voiture et je suis sûre que Carol a agi sans réfléchir. Elle a toujours été une enfant impulsive. Toujours est-il qu'elle est partie sans nous dire au revoir. Elle n'a même pas emporté sa valise.

– Vous vous étiez querellées ?

– Pas plus que d'habitude... Nous nous étions, en effet, disputées au dîner.

– A quel propos ?

– Au sujet de mon petit-fils. Elle n'avait pas le droit de le placer dans une famille adoptive. Elle prétendait que c'était son enfant à elle, et qu'elle avait le droit d'en faire ce qu'il lui plaisait. Mais non ! Elle n'en avait pas le droit ! Si elle ne pouvait pas le garder, elle n'avait qu'à nous le confier. On aurait veillé à assurer son avenir ; il aurait reçu une bonne éducation... Ce soir-là, elle m'a dit une chose que je ne lui ai pas pardonnée : elle m'a demandé si nous assurerions son avenir comme nous avions assuré le sien... Et elle est partie sur ces mots. Je ne l'ai plus revue ensuite. Son père non plus. C'est pourtant la vérité : nous lui avions donné tous les atouts ! ajouta-t-elle en secouant énergiquement le menton pour souligner son affirmation. Est-ce notre faute si elle n'a pas su en tirer parti ? Elle n'avait pas à nous faire ce reproche, c'était injuste.

– Vous vous accusez réciproquement de fautes imaginaires, vous vous déchirez inutilement.

– Oh ! je vous en prie ! J'ai assez de mon mari pour me tenir ce genre de discours.

– Je me bornais à attirer votre attention sur un fait patent. Vous auriez besoin qu'un tiers vous aide à replacer les choses dans leur juste perspective.

– Et vous vous proposez pour ce rôle ?

– Loin de là ! Ce qu'il vous faut, c'est un conseiller professionnel.

– C'est le métier de mon mari. Quel bien cela lui a-t-il fait ? N'importe comment, je ne crois pas à ce genre d'aide. Les gens doivent être capables de résoudre eux-mêmes leurs problèmes.

Elle se composa un visage, et alla se rasseoir dans son fauteuil en affichant le plus grand calme, histoire de bien me montrer qu'elle savait admirablement faire face aux attaques imprévues.

– Et s'ils ne le sont pas, madame Brown ?
– Eh bien, ils font avec, voilà tout.
Je risquai une dernière tentative :
– Allez-vous à l'église ?
– Naturellement.
– Vous pourriez peut-être parler de ces problèmes avec votre directeur de conscience.
– Quels problèmes ? Je n'ai pas de problèmes particuliers.

Son désespoir était si grand qu'elle refusait même de lever les yeux du fond de l'abîme où elle se trouvait pour chercher la lumière. Sans doute redoutait-elle aussi ce que lui révélerait la lumière. Il était préférable de ne pas insister.

– Vous avez fait allusion à une valise appartenant à votre fille. Est-elle toujours là ?
– Oui, dans sa chambre. Il n'y a pas grand-chose dedans. J'aurais aussi bien pu la mettre à la poubelle, mais je ne l'ai pas fait pour le cas où Carol serait revenue la chercher.
– Puis-je la voir ?
– Je vais vous la descendre.
– Je préférerais vous suivre dans sa chambre si vous n'y voyez pas d'inconvénient.
– Comme vous voudrez.

Nous gravîmes l'escalier l'un derrière l'autre. Mme Brown alluma la pièce du fond et s'effaça pour me laisser passer.

Je compris immédiatement à quel point le départ de sa fille l'avait traumatisée. C'était la chambre type d'une collégienne. Le dessus-de-lit jaune à volants était assorti à la garniture de la coiffeuse sur laquelle deux poupées roses et joufflues, au sourire inexpressif, surmontées d'un abat-jour, se faisaient face. Dans un coin de la descente de lit en laine bouclette, jaune également, un chien en peluche me contemplait en tirant une langue de feutre rouge. Sur les rayonnages d'une petite bibliothèque laquée blanc s'alignaient manuels scolaires et romans policiers à l'usage de la jeunesse. Les murs étaient ornés des fanions de diverses universités.

– Je n'ai touché à rien depuis son départ, me dit Mme Brown.

– Pourquoi ?

– Je ne sais pas... Je pensais sans doute qu'elle reviendrait un jour ou l'autre. D'ailleurs, elle est revenue plusieurs fois. La valise est dans la penderie.

A l'intérieur, la penderie sentait vaguement la lavande. Elle débordait littéralement de jupes et de robes comme en portaient les filles vingt ou vingt-cinq ans auparavant. Je commençai à soupçonner que cette chambre conservée en l'état correspondait moins à la personnalité de Carol qu'aux fantasmes secrets de sa mère. Et comme pour confirmer mon impression, Mme Brown m'expliqua :

– Je viens souvent dans sa chambre. Je me sens alors très proche de ma fille. A une époque, d'ailleurs, nous étions très proches toutes les deux : elle me racontait tout sur les garçons avec qui elle sortait... C'était un peu comme si je revivais ma propre jeunesse.

– Croyez-vous que c'était une bonne chose ?

– Je ne sais pas, avoua-t-elle en se mordant les lèvres. Probablement pas, en effet, puisqu'elle s'est finalement retournée contre moi. Elle est devenue brusquement renfermée ; elle ne me fit plus aucune confidence. J'ignorais ce qui se passait, mais elle n'était plus la même. Elle se montrait dure avec moi. C'était pourtant une petite fille si mignonne, si pure !

Sa bouche trembla comme si le fait d'évoquer la rupture avec sa fille avait provoqué une embolie cérébrale.

La valise était en fait un vieux sac de voyage de cuir râpé marqué aux initiales de Robert Brown. Je le tirai jusqu'au milieu de la pièce pour l'ouvrir ; je me crus soudain transporté au motel, en train de fouiller l'autre valise de Carol. Le même parfum aigre s'en dégageait, et c'était le même fouillis de vêtements à ceci près que ceux-ci étaient exclusivement féminins : des jupes, des robes, des bas, quelques produits de beauté. Il y avait aussi un livre – une *Clé des songes* – avec, glissée entre deux pages en guise de signet, une feuille de bloc de papier à lettres griffonnée. Je la dépliai. C'était signé : « Ton frère affectionné, Har. » Et je lus :

« Mon cher Mike,

Je suis bien chagriné que Carol et toi vous traversez une mauvaise passe et je t'envoie par la présente un mandat de cinquante tickets que tu auras qu'à aller toucher à la poste espérant que ça t'aidera. J'aurais bien voulu pouvoir faire mieux mais c'est que je suis un peu serré depuis que je suis marié. Lila c'est une brave fille mais elle croit pas de trop aux liens du sang. Tu me demandais si je suis content d'être marié, par certains côtés oui c'est pas déplaisant mais par d'autres c'est pas tellement la pêche. Lila elle a des idées drôlement arrêtées. C'est pas une beauté sensationnelle comme Carol mais on s'entend bien quand même.

C'est bien embêtant que tu as perdu ta place, Mike, les boulots sans qualifications spéciales ça court pas les rues à l'heure qu'il est mais je sais que comme barman tu connais ton affaire et je pense que tu pourras te dégotter un nouveau job dans la partie même si on a fait tort à ta réputation comme tu dis. J'ai été voir M. Sipe comme tu m'avais demandé de faire mais il peut aider personne c'est pas la pêche il est dans la dèche, vu que le Barcelona a fait faillite cet hiver maintenant il est plus que gardien mais il t'envoie ses amitiés rapport au bon vieux temps même qu'il voudrait savoir si tu as amélioré ton gauche.

J'ai aussi causé l'autre semaine à un autre pote à toi le capitaine Hillman je veux dire, je sais bien que tu l'as pas à la bonne mais somme toute il a pas été vache avec toi car il aurait pu te faire écoper de dix ans de taule. Faut oublier les vieilles rancunes parce que Hillman pourrait faire quelque chose pour toi s'il voulait. Faudrait que tu voies son yacht. Je le connais vu que j'ai été à Newport faire des photos de régate. Je parie qu'il lui a pas coûté moins de vingt-cinq mille dollars il est plein aux as ce mec. Il vit à Pacific Point avec sa femme et son fils si tu veux prendre contact avec lui pour y demander un job il dirige une grosse boîte.

C'est à peu près tout ce que j'ai à te dire pour le moment. Des fois que l'idée te viendrait de venir te chauffer au soleil de la Californie tu sais où c'est qu'on habite et te casse pas le bonnet Lila te fera bon accueil car dans le fond c'est une chouette fille. »

Mme Brown sortit de l'espère de transe dans laquelle elle était plongée et elle s'approcha de moi, l'air intrigué.

– Qu'est-ce que c'est ? voulut-elle savoir.

– Une lettre d'Harold à son frère. Pourrais-je la conserver ?

– Je vous en prie.

– Merci. A mon sens, elle constitue une pièce à conviction. Il me semble que c'est cette lettre qui a donné à Mike l'idée d'extorquer de l'argent à Hillman.

Et – mais je gardai cela pour moi – elle expliquait aussi pourquoi Harold se considérait comme responsable du crime.

– Je peux la lire ?

Je la lui tendis. Elle la tint à bout de bras, les yeux mi-clos.

– Il me faut mes lunettes.

Nous redescendîmes au salon. Elle mit ses lunettes à monture de corne et s'installa dans son fauteuil.

– Sipe, murmura-t-elle quand elle eut lu la lettre jusqu'au bout. C'est ce nom que j'essayais de me rappeler. Robert ! appela-t-elle. Viens voir.

– J'arrive, fit la voix de Brown.

Il surgit avec un plateau sur lequel étaient posés trois verres et une carafe d'eau dans laquelle cliquetaient des glaçons.

– Je me suis dit que ce ne serait pas une mauvaise idée de boire un peu de citronnade. Avec cette chaleur, on a besoin de se rafraîchir.

– C'est une excellente idée, Robert. Pose tout cela sur la petite table. Dis-moi, comment s'appelait ce policier révoqué avec qui Mike est parti, la première fois ?

– Sipe... Otto Sipe, répondit-il en rougissant de façon imperceptible. Cet homme a eu une très mauvaise influence sur lui, tu peux me croire.

Était-ce encore le cas ?

La question m'obsédait à tel point que je me rendis séance tenante à l'aéroport. Je sautai dans le premier avion en partance : il allait à Salt Lake City. Un jet en provenance de Minneapolis – c'était le dernier vol de la journée – m'évita de passer la nuit dans la salle d'attente et me déposa à Los Angeles International à quelques kilomètres à peine du Barcelona Hotel où le dénommé Sipe exerçait les fonctions de gardien.

18

J'avais un revolver dans un tiroir d'une commode dans mon appartement et un autre au bureau. L'appartement étant plus près, j'y allai directement.

C'était dans un immeuble tout neuf, auquel on accédait par une galerie couverte.

C'était le temps mort de la nuit, l'heure figée où hier arrive à sa fin et où demain rassemble ses forces pour entrer en scène. Pour ma part, mes forces commençaient à décliner mais je n'étais pas fatigué. J'avais dormi pendant le vol. Et le dénouement de cette affaire invraisemblable approchait.

Il me sembla voir une vague lueur derrière les rideaux de la fenêtre du salon, et quand j'introduisis ma clé dans la serrure, je constatai que la porte n'était pas fermée. Je vis seul, je n'ai ni femme ni maîtresse. Je poussai doucement le battant en évitant de faire du bruit.

Il y avait bien quelqu'un chez moi. Une femme était couchée en chien de fusil sur le divan, enveloppée dans une couverture prise sur le lit. Elle dormait. La lampe allumée éclairait son visage, un visage si jeune qui me fit l'effet d'être un centenaire.

Je refermai la porte.

– Salut, Stella.

Elle tressaillit, repoussa la couverture et se dressa sur son séant. Elle portait une jupe et un pull du même bleu.

– Oh ! c'est vous !

– Qui vouliez-vous que ce soit ?

– Je ne sais pas. Mais ne m'en voulez pas. Je rêvais. Je ne sais plus à quoi mais c'était une histoire triste.

Les derniers vestiges du rêve assombrissaient encore son regard.

– Mais comment diable avez-vous fait pour vous introduire chez moi ?

– Le gardien m'a laissée entrer. Je lui ai dit que je voulais témoigner dans votre enquête et il a tout de suite compris.

– Moi pas. Témoigner à quel propos ?

– De tas de choses ! Mais si vous voulez que je vous dise tout, arrêtez de me traiter comme une débile mentale ou une délinquante. Personne ne me traite comme ça en dehors de mes parents.

Je m'assis au bord du divan à côté d'elle. Je l'avais à la bonne, cette petite, mais, pour le moment, elle constituait plutôt un obstacle et risquait de me créer de sérieux ennuis.

– Vos parents savent-ils que vous êtes ici ?

– Bien sûr que non. Qu'est-ce que j'aurais pu leur dire ? Ils ne m'auraient pas laissée partir et je devais absolument vous voir. Vous m'avez donné pour consigne d'entrer en contact avec vous si j'avais des nouvelles de Tom, oui ou non ? Le service des abonnés absents était incapable de vous joindre et ils m'ont finalement donné votre adresse.

– Alors, vous avez eu de ses nouvelles ?

Elle opina de la tête, les yeux braqués sur moi ; des yeux qui brassaient des émotions complexes, des émotions de femme plus que d'adolescente.

– Vous savez où il est ?

Elle marqua une hésitation.

– Il m'a fait promettre de ne le répéter à personne. Et j'ai déjà failli à ma promesse.

– Comment cela ?

– J'ai glissé un petit mot dans la boîte de M. Hillman avant de quitter El Rancho. Je ne pouvais quand même pas les laisser se faire du mauvais sang alors que moi j'étais au courant.

– Et que disiez-vous à M. Hillman dans ce petit mot ?

– Que j'avais eu des nouvelles de Tommy et qu'il était vivant. Juste pour le rassurer.

– C'est là un geste qui vous honore.

– Peut-être, il n'empêche que j'ai manqué à ma promesse. Tom voulait que je n'en parle à personne, et surtout pas à ses parents.

– Il est quelquefois bon de ne pas tenir ses promesses quand des considérations d'un ordre supérieur entrent en ligne de compte.

– A quoi pensez-vous en disant ça ?

– A la sécurité de Tom. Je craignais qu'il ne soit plus en vie. Vous êtes absolument certaine de lui avoir parlé ?

– Pourquoi est-ce que je vous raconterais des histoires ?

– Ce n'est pas cela... Êtes-vous sûre que votre interlocuteur n'était pas un imposteur ? Ou qu'il ne s'agissait pas d'une bande enregistrée ?

– Absolument. D'ailleurs, nous avons parlé à bâtons rompus.

– D'où Tom vous appelait-il ?

– Je ne sais pas, mais je crois que c'était une communication longue distance.

– Que vous a-t-il dit ?

Elle hésita de nouveau, un doigt levé.

– Vous croyez que je peux vous le répéter même après lui avoir promis de garder le silence ?

– En vous taisant vous prendriez un grand risque. Et vous le savez très bien, n'est-ce pas ? Vous n'auriez pas fait ce long trajet si vous aviez l'intention de garder le silence.

– Non, admit-elle en esquissant un sourire. Il ne m'a pas dit grand-chose. Et pas un mot sur ses ravisseurs. Mais il est vivant, et c'est ça l'important. Il m'a dit que ce n'était pas de gaieté de cœur qu'il m'avait laissée me morfondre mais qu'il n'avait pas pu faire autrement. Il m'a surtout demandé de m'arranger pour le rencontrer et de lui apporter de l'argent.

J'avais soudain un poids de moins sur la poitrine. Si Tom avait besoin d'argent, cela signifiait qu'il n'était pas complice de la tentative de rançonnement.

– Combien ?

– Tout ce que je pourrai rassembler en aussi peu de temps. Il sait bien que ça n'ira pas chercher très loin. J'ai emprunté ce que j'ai pu aux amis du Beach Club. La secrétaire m'a donné cent dollars à titre personnel. Elle a confiance dans mon honnêteté. Puis je suis allée à la gare routière en taxi. Vous savez, c'était la première fois que je prenais un car, à part les cars de ramassage scolaire.

Je l'interrompis avec impatience :

– L'avez-vous retrouvé à Los Angeles ?

– Non. En principe, il devait m'attendre à la gare de Santa Monica à neuf heures. Le car avait quelques minutes de retard, c'est peut-être pour cela que je l'ai manqué. Au téléphone, il m'avait dit qu'il n'était pas absolument sûr de pouvoir être au rendez-vous ce soir. Dans ce cas, ce serait remis de vingt-quatre heures. D'après ce que j'ai compris, il ne peut sortir que la nuit.

– Il ne vous a pas dit où il se trouvait ?

– Eh non, justement. C'est ça qui est embêtant. J'ai traîné autour de la gare routière pendant près d'une heure, et puis j'ai essayé de vous téléphoner. Comme je ne pouvais pas vous joindre, je suis venue chez vous en taxi. Il me fallait bien trouver un endroit pour passer la nuit.

– Évidemment. Dommage que Tom n'y ait pas pensé.

– Il avait probablement autre chose en tête, répliqua-t-elle sur la défensive. Il est passé par des moments épouvantables.

– Il vous l'a dit explicitement ?

– La façon dont il parlait m'a suffit. Il avait l'air... Comment dire ? Terriblement agité...

– Il était ému ? Ou avait-il tout simplement peur ?

Elle fronça les sourcils.

– Peur ? Non. Mais il semblait inquiet. Il ne m'a donné aucune explication ; il n'a pas dit un mot de ce qui lui était arrivé. Je lui ai demandé s'il était O.K... enfin, physiquement. Il m'a dit oui. Alors, j'ai voulu savoir pourquoi il ne rentrait pas chez lui. Il m'a répondu que c'était à cause de ses parents, ou plus exactement selon son expression de ses « anti-parents ». D'après lui, ils n'ont sûrement qu'une envie : le réexpédier à l'I.M.P. de Laguna Perdida. Oh ! je me rappelle maintenant le rêve que je faisais quand vous m'avez réveillée : il était à sa pension ; on ne le laissait pas sortir et on ne me laissait pas le voir. Je faisais le tour de toutes les portes, de toutes les fenêtres pour essayer d'entrer, mais des visages terrifiants me regardaient en ricanant derrière les vitres.

– Ils ne sont pas si terrifiants que ça. J'y suis allé.

– Peut-être, mais vous, vous n'y étiez pas enfermé. Tom dit que c'est un endroit affreux. Ses parents n'avaient pas le droit de l'y envoyer et il a eu raison de se sauver, ce n'est pas moi qui le lui reprocherai.

– Moi non plus, Stella. Mais compte tenu de la situation, il faut qu'on l'y ramène. Vous comprenez, mon petit ?

– Oui, je crois.

– S'il arrivait maintenant quelque chose à Tommy, ce serait catastrophique. Vous ne le voulez sûrement pas.

Elle hocha la tête et j'ajoutai :

– Alors, vous allez m'aider à le retrouver ?

– C'est pour ça que je suis venue : je ne pouvais pas lancer la police à ses trousses, mais vous, c'est différent, dit-elle en effleurant le dos de ma main. Vous ne les laisserez pas le renvoyer à Laguna Perdida, hein ?

– Certainement pas si je peux les en empêcher, et je crois que je le pourrai. Même si Tom a besoin de soins, il n'est pas indispensable de l'enfermer dans un tel établissement.

– Il n'est pas malade !

– Son père devait pourtant avoir de bonnes raisons pour l'envoyer là-bas. Il s'est passé quelque chose ce dimanche-là mais M. Hillman refuse obstinément de me dire quoi.

– Il faut remonter bien plus loin dans le temps. Son père l'avait pris en grippe, voilà ce qu'il y a, si vous voulez le savoir. Tommy n'est pas du genre monsieur Muscle. Il préfère la musique au ball-trap, aux régates et autres trucs du même genre. Alors, son père ne peut plus le supporter. C'est aussi simple que cela.

– Rien n'est jamais simple, mais ce n'est pas le moment d'ouvrir un débat là-dessus. Excusez-moi une minute, Stella, il faut que je passe un coup de téléphone.

L'appareil était sur le bureau derrière la fenêtre. Je formai le numéro personnel de Susanna Drew. Elle décrocha à la première sonnerie.

– Allô ?

– Lew Archer. Tu me parais rudement alerte à trois heures du matin.

– Je ne dormais pas, je réfléchissais : à toi, entre autres. Quelqu'un – je crois que c'était Scott Fitzgerald – a dit qu'au cœur de la nuit de l'âme, il était toujours trois heures du matin – ou quelque chose dans ce goût-là...

– Si je comprends bien, cela te flanque la déprime de penser à moi ?

– Dans un certain contexte, oui.

– Tu parles par énigmes, Sphinx.

– C'est tout à fait volontaire, Œdipe. Mais tu n'es pas à l'origine de ma déprime comme tu dis. Elle remonte à plus loin.

– Tu veux m'en parler ?

– Une autre fois, docteur, éluda-t-elle. Je suppose que ce n'est pas pour m'arracher des fragments de mon autobiographie que tu m'appelles à trois heures du matin ?

– Exact ; encore que j'aimerais toujours bien savoir qui t'a téléphoné l'autre jour.

– Et c'est pour ça que tu me déranges ?

Le désappointement qui perçait dans sa voix était voisin de la colère.

– Non, c'est pour autre chose. J'ai besoin de ton aide.

– Vraiment ?

Son étonnement était teinté de satisfaction. Mais ce fut avec circonspection qu'elle ajouta :

– En te disant tout ce que je sais, par exemple ?

– Nous n'avons pas le temps. Je crois que j'arrive au terme de mon enquête. En tout cas, je dois prendre une décision immédiate. En rentrant chez moi j'ai eu la surprise de trouver sur mon divan une très jolie jeune fille prénommée Stella, étudiante de son état, expliquai-je en parlant aussi bien pour l'intéressée elle-même que pour Susanna, et ne sachant plus exactement pour laquelle j'avais un coup de cœur. J'ai besoin de lui trouver un lieu sûr pour passer la nuit.

– Je ne puis pas vraiment me porter garante de sa sécurité...

Il y avait dans sa voix une certaine âpreté qui donnait à penser qu'elle ne parlait pas à la légère.

– Je peux très bien rester ici ! s'exclama Stella derrière moi.

– Je ne peux pas la garder chez moi, poursuivis-je. Ses parents porteraient probablement plainte en m'accusant de détournement de mineure.

– C'est sérieux ?

– La situation est sérieuse, oui.

– Alors, entendu. Où habites-tu ?

– Nous allons venir. A cette heure, il nous faudra moins d'une demi-heure pour faire le trajet.

– Vous n'aviez pas besoin de faire toutes ces manigances dans mon dos, s'écria Stella quand j'eus raccroché.

– Je n'ai rien fait dans votre dos, vous étiez là et je n'ai pas le temps de discuter.

Et pour bien lui prouver que je ne plaisantais pas, j'enlevai ma veste, sortis du tiroir mon revolver dans son étui et, sous ses yeux, je le fixai sous mon aisselle. Elle me regarda faire, les yeux écarquillés, mais le sinistre rituel auquel je me livrais ne fut pas tout à fait suffisant pour la réduire au silence.

– Mais je ne voulais voir personne, ce soir !

– Susanna Drew vous plaira. C'est quelqu'un qui a beaucoup de classe et d'entregent.

– Les gens qui sont censés me plaire ne me plaisent jamais.

Après le gros effort qu'elle avait fourni cette nuit, elle redevenait une enfant.

– Oubliez un peu vos révoltes d'adolescente. Vous serez bientôt une adulte à votre tour. Alors qui rendrez-vous responsable de tout et du reste ?

– Ce n'est pas juste.

Elle avait raison et cette pensée la soutint jusqu'à ce que nous fussions arrivés à l'appartement de Beverly Glen. Susanna nous ouvrit. Elle portait un pyjama de soie que personne n'aurait jamais eu l'idée de mettre pour dormir. Si elle s'était brossé les cheveux, elle n'avait pas pris la peine de se maquiller et son visage nu, avec ses yeux aussi profonds et aussi noirs que la nuit, était d'une beauté extraordinaire.

– Entre, Lew. Ravie de faire ta connaissance, Stella. Moi, je m'appelle Susanna. Je t'ai préparé un lit au-dessus, annonça-t-elle en désignant d'un geste de la main la mezzanine du spacieux duplex. Tu veux manger quelque chose ?

– Non, merci. J'ai pris un hamburger à la gare routière.

– Si tu as envie que je te fasse un sandwich, tu n'as qu'à le dire.

– Non, je n'ai vraiment pas faim.

Stella avait une petite mine et elle n'avait pas l'air d'être dans son assiette.

– Alors, tu veux monter te coucher ?

– Je n'ai pas le choix, murmura Stella, malgré elle, avant d'ajouter : Ce n'était pas poli de dire ça... Je n'avais pas l'intention d'être grossière. C'est vraiment chouette de m'héberger. Mais enfin M. Archer ne m'a pas laissé le choix.

– Moi non plus, je n'ai pas eu le choix, ripostai-je. Qu'auriez-vous fait si vous l'aviez eu, le choix ?

– Je serais avec Tommy. Où qu'il soit, je serais avec lui.

Sa bouche commença à trembler et la peau délicate autour de ses yeux se plissa. Le masque d'une enfant en larmes allait rendre son visage méconnaissable. Pour empêcher cette profanation, elle grimpa quatre à quatre l'escalier qui montait au balcon.

– Il y a un pyjama sur le lit et une brosse à dents neuve dans la salle de bains, lui cria Susanna avant qu'elle disparaisse.

– Tu es une hôtesse efficace, fis-je observer.

– Merci. Tu prends un verre avant de repartir ?

– J'ai intérêt à rester sobre en ce moment.

– Tu as l'intention d'aller là où tu voulais aller et de faire ce que tu avais décidé de faire ?

– J'étais en route pour le Barcelona Hotel mais je n'arrête pas de faire des détours.

Elle réagit à ma réponse avec une violence apparemment injustifiée.

– Parce que, c'est tout ce que je suis : un détour ?

– Le détour, c'était Stella. Toi, c'est différent...

– J'apprécie quand même ! Mais en voilà une idée d'aller au vieux Barcelona ! Qu'est-ce que tu vas y faire ? C'est fermé, si je ne me trompe ?

– Quelqu'un, au moins, y habite. L'ancien détective de l'établissement en est aujourd'hui le gardien. C'est un certain Otto Sipe.

– Dieu me pardonne mais je crois bien que je le connais ! N'est-ce pas un gros bonhomme rougeaud qui sent le whisky à plein nez ?

– C'est probablement lui. Mais comment se fait-il que tu le connaisses ?

Elle hésita avant de répondre, circonspecte :

– J'ai plus ou moins fréquenté le Barcelona à une époque... vers la fin de la guerre. C'est là que j'ai fait la connaissance de Carol.

– Et de M. Sipe ?

– Et de M. Sipe.

Il était inutile d'escompter qu'elle poursuive ses confidences.

– Et puis de quel droit me questionnes-tu ? ajouta-t-elle. Va-t'en et fiche-moi la paix !

– C'est tout ce que je demande.

Elle me suivit jusqu'à la porte.

– Écoute, Lew, ne nous séparons pas de cette manière. S'il te plaît... S'il y a des choses que je préfère garder pour moi, ce n'est pas pour le plaisir. Pourquoi, à ton avis, suis-je incapable de trouver le sommeil ?

– Le remords ?

– Ne dis pas d'âneries. Je n'ai pas à avoir honte de ce que j'ai fait, affirma-t-elle alors qu'à son insu, son regard exprimait un léger sentiment de honte. De toute façon le peu que je sais ne pourrait t'être utile.

– Tu n'es pas honnête avec toi-même. Tu cherches à profiter de l'affection que j'éprouve pour toi...

– J'ignorais que tu éprouvais pour moi une quelconque affection, mais si tel est le cas je suis libre d'en profiter à ma convenance.

– Non, tu n'en as pas le droit.

– Ma vie privée est une chose à laquelle j'attache beaucoup de prix et, toi, tu n'as pas le droit de la violer.

– Même pour sauver une vie ?

La porte de la chambre s'ouvrit au-dessus de nous et Stella apparut sur la mezzanine.

– Hé, les adultes ! Si vous vouliez bien baisser le ton, j'arriverais peut-être à dormir un peu.

– Pardon, fîmes-nous en chœur.

– Quelle vie est menacée, Lew ? me demanda Susanna quand la jeune fille eut regagné sa chambre.

– Celle de Tom Hillman pour commencer. Et peut-être d'autres, dont la mienne.

Elle effleura le revers de ma veste.

– Tu as un holster. Otto Sipe fait-il partie de la bande des ravisseurs ?

Je lui répondis par une autre question :

– Cet homme a-t-il compté dans ta vie ?

– Bien sûr que non ! se récria-t-elle avec indignation. Maintenant, file. Et sois prudent.

Elle me poussa au-dehors.

19

Sur la route du littoral, la circulation était fluide. De temps à autre surgissait un poids lourd festonné de girandoles rouges et jaunes, qui roulait à une allure d'escargot. La chaussée était un hideux ruban émaillé de flaques d'huile, zébré de marques noires laissées par les pneus, empuanti par les gaz d'échappement. La mer, en bas, avait une odeur d'eau de vaisselle.

A l'intérieur de la station-service de Ben Daly brûlait une ampoule destinée à décourager les casseurs. Je laissai la voiture au parking à côté d'une cabine téléphonique et traversai la route en direction du Barcelona.

Une vraie nécropole : on se serait cru à Ninive ! Dans le parc sur lequel donnait le bâtiment principal, un merle moqueur essaya de lancer quelques trilles semblables aux battements d'un cœur minuscule mais il y renonça vite. Le passage intermittent d'un véhicule sur la route était le seul signe de vie dans l'obscurité.

Je marchai jusqu'à l'entrée vitrée où était apposée l'affichette annonçant la vente aux enchères et cognai au carreau avec ma torche électrique. J'eus beau insister, je n'obtins pas de réponse. En désespoir de cause, je me préparais à casser un carreau pour entrer quand je m'aperçus que la porte n'était pas fermée à clé. Quand je pénétrai dans le hall j'eus la sensation de bousculer deux fantômes : Susanna à vingt ans et un homme sans visage. Je leur ordonnai de dégager la piste en vitesse.

Je me dirigeai vers le couloir au bout duquel Sipe était apparu lors de ma première visite et je passai devant un double alignement de portes portant chacune un numéro. La dernière était entrebâillée. Il faisait noir à l'intérieur mais on entendait respirer bruyamment un homme endormi. Ou ivre mort. Une forte odeur de whisky me monta aux narines.

J'entrai en tâtonnant à la recherche de l'interrupteur ; j'allumai en étreignant la crosse de mon revolver. Mais c'était une précaution inutile : Sipe était vautré tout habillé sur son lit, la bouche ouverte braquée sur le plafond. Il était seul.

Il n'y aurait d'ailleurs pas eu de place pour qui que ce soit d'autre. La chambre n'était déjà pas grande mais, en plus, elle était bourrée d'objets qu'on y avait accumulés, semblait-il, pendant des décennies : des cartons, des valises, des coffres y étaient empilés presque jusqu'au plafond. Sur quelques pans de mur encore dégagés on avait épinglé des photos de jeunes boxeurs en position d'attaque et de pin-up.

Des bouteilles de whisky vides montaient la garde près de la porte. Une autre, à moitié pleine, celle-là, était posée par terre à côté du lit sur lequel gisait Sipe. La clé était dans la serrure. Je fermai à double tour et observai avec plus d'attention l'homme endormi.

Il n'était pas seulement endormi : il était bien au-delà du sommeil. Si j'avais gratté une allumette devant ses lèvres, son haleine aurait suffi à l'enflammer. Sa chemise elle-même était imbibée de whisky comme s'il s'en était arrosé avant de perdre conscience.

Son revolver était glissé dans la ceinture de son pantalon graisseux. Je le transférai dans ma poche avant d'essayer de réveiller l'ivrogne. Mais j'eus beau le secouer, il était aussi inerte qu'une carcasse de bœuf de boucherie et mes efforts n'eurent pour effet que de faire mollement rouler sa tête massive sur l'oreiller. Il n'émit même pas un grognement lorsque je giflai ses joues rubicondes.

Je passai dans la salle de bains, qui faisait aussi office de cuisine : elle était équipée d'un chauffe-plats électrique et d'un percolateur qui sentait le café bouilli. Je remplis un verre d'eau froide au robinet de la baignoire, et j'allai le vider sur le crâne de Sipe en faisant quand même attention d'éviter de le faire suffoquer ; mais je n'eus pas plus de succès.

Je commençai à me faire du mouron. Pas tellement pour Sipe lui-même : je craignais surtout qu'il ne puisse jamais me raconter son histoire. Comment savoir combien de ces bouteilles vides il avait descendues au cours des heures précédentes ? Je lui tâtai le pouls : il était lent et irrégulier ; quand je lui soulevai la paupière, j'eus l'impression de contempler une huître rougeâtre.

J'avais remarqué que la salle de bains avait deux portes et communiquait avec une seconde chambre comme cela se faisait dans les vieux hôtels. J'allai inspecter cette chambre en m'éclairant avec ma torche. Elle ressemblait à la première, à cette différence près qu'elle était quasiment vide. Le seul meuble était un grand lit de cuivre dont le matelas était recouvert d'un drap froissé dont les plis auraient pu avoir été faits par un homme ou un adolescent.

Au-dessus de la tête du lit, telle l'ombre tronquée d'un jeune garçon, était accroché un chandail noir, tricoté à la main, dont une manche était déchirée. Là où la laine s'effilochait, on distinguait nettement des traces de graisse légèrement colorée, le genre de graisse qui sert à lubrifier les serrures des coffres de voitures. Je trouvai ensuite, dans une corbeille à papier plusieurs emballages de carton contenant des restes de hamburgers et de frites.

Le sang me martelait les tempes. Ce chandail était la preuve irréfutable que Stella n'avait pas été victime d'une mystification.

Je soulageai Sipe de ses clés, l'enfermai à double tour et visitai toutes les pièces de l'établissement, soit une centaine de chambres en comptant celles réservées au personnel. J'avais l'impression d'être un archéologue explorant une pyramide. Comme il était loin, l'âge d'or du Barcelona !

Mes efforts ne me rapportèrent qu'une gêne respiratoire provoquée par la poussière qui me bouchait le nez. Si Tom se trouvait dans cette bâtisse, il y était bien caché. Mais quelque chose me disait qu'il avait déjà quitté le Barcelona. N'importe qui l'aurait fait à sa place pour peu que l'occasion se fût présentée.

Je retournai à la station-service et découvris à la lueur de ma lampe une pancarte accrochée à l'angle droit de la porte vitrée : « En cas d'urgence, téléphoner au pompiste. » Suivait le numéro de Daly.

Je l'appelai de la cabine. Il se passa un bon bout de temps avant qu'il réponde :

– Allô ? Daly à l'appareil.

– Lew Archer. Vous vous rappelez ? Le détective privé qui recherchait Harold Harley.

– C'est vraiment pas une heure pour chercher quelqu'un.

– Je l'ai trouvé grâce à vous. Mais, maintenant, j'ai encore besoin de votre concours pour une affaire plus importante.

– Quelle affaire ?

– Je vous expliquerai quand vous serez là. Je vous attends à la station-service.

Je m'installai dans la voiture et, en l'attendant, je m'efforçai de reconstituer toute l'histoire. Il sautait aux yeux que Sipe et Harley étaient complices et qu'ils avaient choisi le Barcelona comme base d'opérations. C'était leur planque. Mais il ne semblait pas que Tom eût été retenu prisonnier. Il y était plus vraisemblablement venu de son propre gré – ce que Harley avait soutenu depuis le début. Pourtant, la perspective, peu réjouissante certes, d'un retour forcé à Laguna Perdida ne me paraissait pas suffisante pour expliquer le comportement du jeune garçon.

Daly arriva enfin, rangea sa camionnette à côté de ma voiture, descendit, fit bruyamment claquer la portière sur laquelle il avait peint son nom et me décocha le regard à la fois sardonique et renfrogné du type réveillé en pleine nuit.

– Qu'est-ce qu'il y a pour votre service, monsieur Archer ?

– Montez. Je voudrais vous faire voir quelque chose.

Il s'assit à côté de moi. J'allumai le plafonnier et je lui montrai le portrait de Tom. Quand je le regardai, il me sembla changé – ses yeux, sa bouche avaient une expression ambiguë.

Il prit la photo dans ses mains aux ongles maculés de cambouis.

– Avez-vous déjà vu ce garçon ?

– Oui, je l'ai aperçu deux ou trois fois au cours des dernières quarante-huit heures. Il a téléphoné à plusieurs reprises de la cabine. Hier après-midi, notamment.

– A quelle heure ?

– Je n'ai pas fait attention, j'étais occupé. Plutôt en fin de journée. Et puis, je l'ai revu hier soir. Il attendait le car, précisa-t-il en tendant le bras vers la route de Santa Monica. Il s'arrête à ce carrefour si on lui fait signe. Autrement, il continue.

– Quel car ?

– Un express.

– Avez-vous vu le garçon monter dedans ?

– Non. Je me préparais à fermer. Quand j'ai relevé la tête, il n'était plus là.

– C'était vers quelle heure ?

– Aux environs de vingt heures trente.

– Comment était habillé ce jeune homme ?

– Il avait une chemise blanche et un pantalon sombre.

– Pourquoi a-t-il éveillé votre curiosité ?

Daly s'agita nerveusement.

– Je ne sais pas. Je ne l'ai pas observé à proprement parler. Je l'ai vu sortir du parc du Barcelona et, naturellement, je me suis demandé ce qu'il faisait là. Ça me défrisait qu'un gamin qui avait l'air sympathique fricote avec un type du genre de Sipe.

Après un dernier regard à la photo, il me la rendit comme pour se laver les mains de cette affaire et n'avoir pas à s'expliquer davantage sur le cas de Tom.

– Qu'est-ce que vous avez à reprocher à Sipe ?

– Ce que j'ai à lui reprocher ? J'ai des fils, moi, et qu'un mec de cet acabit apprenne à des petits gars à boire et à... et cetera, ça, je ne peux pas le digérer. C'est en prison qu'il devrait être, si vous voulez mon avis.

– D'accord avec vous. On va le faire flanquer en taule.

– Vous rigolez ?

– Non, Ben, je parle tout à fait sérieusement. Pour le moment, il est dans sa chambre, ivre mort. Il ne se réveillera sans doute pas avant un bon moment, mais au cas où il referait surface plus tôt que je ne pense, j'aimerais que vous restiez là pour surveiller les issues.

– Et qu'est-ce que je ferai s'il sort ?

– Vous appelez les flics et vous leur dites de venir l'arrêter.

– Ce n'est pas possible, fit-il avec gêne. Que ce soit un individu malfaisant, je ne dis pas le contraire, mais je n'ai pas d'accusations précises à formuler contre lui.

– Moi si. Vous n'aurez qu'à dire aux poulets qu'il est soupçonné d'enlèvement de mineur et recherché par la police de Pacific Point. Mais ne les appelez qu'en cas de nécessité absolue. Sipe est mon témoin numéro un et s'il est incarcéré, je ne le reverrai plus.

– Qu'est-ce que vous comptez faire ?

– Retrouver la trace de ce garçon.

Les yeux de Daly s'illuminèrent.

– Ce ne serait pas de lui qu'on parle dans les journaux ? Comment c'est son nom, déjà ? Ah oui ! Hillman, c'est ça ?

– Exactement.

– J'aurais pourtant dû le reconnaître. C'est que je ne suis pas tellement physionomiste, vous comprenez ? Mais je peux vous dire quelle voiture ils ont.

– Sipe a une voiture ?

– Eh oui : une Ford de 1953 dont le moteur est cuit. Je l'ai bien rafistolé mais il est mûr pour claquer d'un instant à l'autre.

Je demandai encore à Daly s'il avait vu quelqu'un d'autre dans les parages de l'hôtel : Mike Harley était passé lundi matin au volant d'une voiture immatriculée dans l'Idaho. J'en conclus que Tom devait être dans la malle arrière.

– Et hier soir, il est venu quelqu'un d'autre, un jeune type qui conduisait une Chevrolet toute neuve. Il me semble qu'il était avec une fille. A moins que ce ne soit un autre garçon plus petit. Je fermais la boutique et j'avais éteint les lumières.

– Avez-vous bien vu le chauffeur ?

– Non, pas trop. Je crois qu'il était brun, plutôt beau gosse. Quant à savoir ce qu'il pouvait trafiquer avec cette espèce de déchet...

Ben secoua la tête, ouvrit la portière mais il s'immobilisa avant de mettre pied à terre.

– Mais dites-moi... qu'est-ce que le petit Hillman faisait dans le coin ? Je croyais qu'il était prisonnier et que toute la Californie du Sud le recherchait ?

– Vous ne vous trompez pas.

Il me fallut deux heures et le concours de plusieurs employés de la compagnie de transports pour identifier le chauffeur de car qui avait ramassé Tom la veille au soir, un certain Alberston qui habitait au diable. Il logeait au-dessus d'une boulangerie à La Cienaga et son petit living sentait le pain frais.

Il était encore très tôt. Alberston avait enfilé un pantalon par-dessus son pyjama. C'était un homme d'une quarantaine d'années aux épaules carrées et à l'œil vif.

– Oui, je me souviens de lui, fit-il avec un hochement du menton en examinant la photo. Il est monté à l'arrêt du Barcelona et il a pris un billet pour Santa Monica. Pourtant, il n'est pas descendu à l'arrêt de Santa Monica.

– Pourquoi ?

Il se gratta la mâchoire en faisant crisser sa barbe de manière horripilante.

– Il a fait une bêtise ?

– Tout juste.

– C'est bien ce que je me suis dit. Il se préparait à descendre, et puis il a vu quelqu'un dans la gare et il est revenu à sa place. Je suis sorti pour me dégourdir les jambes et j'ai tout de suite compris : il y avait un flic. Quand je suis remonté dans mon car, le gamin n'avait pas bougé. Je lui ai expliqué qu'avec son ticket, il ne pouvait pas aller plus loin. Alors, il m'en a demandé un autre pour Los Angeles. Fallait que je reprenne la route et je ne lui ai pas cherché des poux dans la tête. S'il avait des ennuis, j'allais quand même pas le balancer, hein ? Moi aussi, ça m'est arrivé d'être en délicatesse avec la poulaille. J'ai eu tort ?

– Ça, vous le saurez le jour du Jugement dernier.

Il sourit.

– Eh bien, c'est pas demain la veille ! Qu'est-ce qu'il a fait, ce môme ?

– Lisez les journaux, c'est dedans, monsieur Alberston. Il est allé jusqu'au terminus de la ligne ?

– Oui. Là, je suis formel. Il était parmi les derniers à descendre.

Je me rendis ensuite à la gare routière pour interroger les employés. Personne ne se rappelait avoir vu le garçon. Mais, évidemment, les gens qui étaient de service à cette heure-là n'étaient pas les mêmes. J'aurais peut-être plus de chance en revenant en fin de journée. D'ailleurs, il était temps que j'aille prendre des nouvelles d'Otto Sipe.

Il n'avait pas quitté le Barcelona, me dit Ben Daly. Mais quand je voulus entrer dans la chambre du bonhomme, la porte était grande ouverte et l'oiseau s'était envolé. Avant de déguerpir, il avait terminé la bouteille de whisky entamée posée par terre à côté du lit.

– Il devait avoir un passe, dis-je à Ben. Peut-on sortir de l'hôtel en passant par-derrière ?

– Non, il n'y a pas d'autre issue que la porte qui donne sur le parc. Il est forcément à l'intérieur.

Nous fîmes le tour de la propriété, nous passâmes devant une piscine à sec dans un coin de laquelle le vent avait amassé des feuilles mortes, puis nous examinâmes les dépendances. Les logements destinés au personnel, les garages et quelques autres bâtiments étaient regroupés au pied de la falaise abrupte haute d'une soixantaine de mètres à laquelle était adossé l'hôtel dont les deux ailes arrière encadraient un jardin d'agrément. Les buissons et les haies jadis taillés avaient repris leur aspect naturel. Un merle qui se balançait à la cime d'une dentelaire bleue sifflait comme un geai.

Je m'arrêtai net et fis signe à Daly de ne pas faire de bruit. Quelqu'un était en train de fouiller la terre de l'autre côté des buissons. Je distinguais ses mouvements par intermittence, j'entendais surtout le raclement de la bêche et le choc sourd des pelletées de terre. Je sortis mon revolver et me montrai à découvert.

Otto Sipe redressa la tête. Il se tenait au milieu d'une tranchée peu profonde de cinq mètres de long sur soixante centimètres de large environ. Ses vêtements étaient maculés de boue et sa figure trempée de sueur.

Un homme vêtu d'une veste grise était allongé dans l'herbe près de la fosse. Le manche d'un couteau sortait de sa poitrine. Il ressemblait à Mike Harley et l'on aurait dit que ce poignard le clouait définitivement au sol.

– Qu'est-ce que vous faites, Otto ?

– Je plante des pétunias.

Il souriait comme un chien qui montre les dents. Il était dans cet état d'indifférence que procure l'ivresse quand on a atteint le stade où tout vous devient irréel ou cocasse.

– Vous voulez dire que vous plantez des cadavres.

Il se retourna et considéra le corps de Harley comme s'il venait de tomber du ciel.

– L'est venu avec vous ?

– Vous savez très bien qui c'est, Otto. Vous êtes une paire d'amis, Mike et vous. Depuis le début des années quarante, quand il a quitté Pocatello avec vous.

– Eh ben alors, j'ai bien le droit d'enterrer décemment un pote, non ? On peut quand même pas le laisser comme ça pour qu'il se fasse dévorer par les vautours.

– Les seuls prédateurs qui fréquentent ce coin sont les vautours à face humaine. C'est vous qui l'avez tué ?

– Non. Pourquoi j'aurais tué mon pote ?

– Alors, qui l'a tué ?

Appuyé sur le manche de sa bêche, l'homme me lança un regard cauteleux.

– Où est Tom Hillman, Otto ? demandai-je encore.

– Je causerai seulement devant qui de droit.

Je me tournai vers Ben Daly :

– Savez-vous vous servir d'un revolver, Ben ?

– Ça me ferait mal ! J'ai pas seulement fait le débarquement de Guadalcanal.

– Vous allez le tenir en respect.

Je lui passai mon pétard et m'approchai du cadavre de Harley. Je tâtai son visage : il était froid, froid comme l'avait été la nuit, et le sang coagulé qui souillait le devant de sa chemise indiquait que la mort remontait à plusieurs heures, probablement au début de la soirée.

Je me gardai bien de sortir le couteau de la plaie, et l'examinai sans y toucher : la poignée en était garnie de bandelettes de caoutchouc entrecroisées alternativement blanches et noires qui permettaient d'assurer une bonne tenue en main. Il avait dû coûter cher et paraissait neuf.

C'était la seule chose de quelque valeur que possédait Mike Harley. Je ne trouvai dans ses poches que le talon d'un billet d'avion pour un vol Las Vegas-Los Angeles, délivré la veille, et la somme de trois dollars quarante-deux *cents*.

Ben Daly poussa soudain un cri perçant et les choses se produisirent simultanément : du coin de l'œil, j'entr'aperçus un éclair de métal et le merle s'envola. Le revolver aboya. Une balafre entailla la joue de Daly là où était retombé le tranchant de la bêche. Une grimace déforma les traits de Sipe qui se prit le ventre à deux mains, bascula en avant et s'effondra, la tête et le torse dans la fosse qu'il était occupé à creuser.

– Je ne voulais pas lui tirer dessus, hoqueta Daly, le coup est parti tout seul quand il a brandi sa bêche. Depuis la guerre, je n'ai jamais appuyé sur une détente.

La plaie qui lui entaillait le côté de la figure commençait à saigner et je lui fis un pansement de fortune avec mon mouchoir. Je lui demandai d'aller prévenir la police et d'appeler une ambulance. Il partit en courant. Sa foulée était singulièrement légère pour un homme de son âge.

La mienne était pesante, en revanche, quand je m'approchai de Sipe. Je l'allongeai sur le dos et déboutonnai ses vêtements. Il avait été touché juste au-dessus du nombril. Il n'y avait pas beaucoup de sang mais l'hémorragie interne devait être abondante. Il suffisait de le regarder. La vie quittait son visage.

C'était d'Archer que je portais le deuil : ces trois journées avaient été épuisantes et les seuls indices que j'avais à montrer à la police étaient un homme mort et un autre probablement mourant. Le fait que la balle qu'avait encaissée Sipe provenait de mon revolver ne faisait qu'aggraver mon cas.

Les tiraillements de ma conscience ne m'empêchèrent pas de faire les poches de Sipe. Son portefeuille était bien garni : uniquement des coupures de vingt dollars. Mais la part qui lui revenait sur la rançon versée par Hillman ne lui servirait désormais plus à rien : quand la sirène de l'ambulance retentit au loin il était mort.

20

On gaspilla beaucoup de salive, d'abord sur les lieux, ensuite au bureau du shérif. Grâce à mon appui, à une communication téléphonique avec le lieutenant Bastian et à la méchante entaille qui lui zébrait tout le côté de la figure, Ben parvint à convaincre le shérif et les assistants du district attorney qu'il avait tué en état de légitime défense. Mais ces messieurs n'étaient pas tellement contents. Moi non plus : j'avais perdu mon principal témoin.

Il m'en restait un autre – à condition qu'il parle. Au milieu de la matinée, je sonnai chez Susanna Drew.

– Qui est là, s'il vous plaît ? fit la voix de Stella de l'autre côté de la porte.

– Lew Archer.

Elle ouvrit. Elle avait autour des yeux des cernes violacés. C'étaient à peu près les seules taches de couleur qui marquaient son visage.

– Vous avez l'air terrifié, Stella. Il est arrivé quelque chose ?

– Non. Et c'est pour cela que j'ai peur. En plus, il faudrait que je téléphone à mes parents et je n'en ai pas envie. Ils vont m'obliger à rentrer à la maison.

– Vous devez rentrer chez vous.

– Non.

– Si. Essayez de vous mettre un instant à leur place. Vous cherchez à les inquiéter sans raison valable.

– Mais j'ai une raison ! Je dois essayer de rencontrer Tom aujourd'hui. Il a dit que s'il avait un empêchement la première fois, il serait à la gare routière ce soir.

– A quelle heure ?

– Comme hier, à neuf heures.

– J'irai au rendez-vous à votre place.

Elle ne protesta pas mais elle me décocha un regard perplexe.

– Où est Susanna, Stella ?

– Elle est allée prendre son petit déjeuner dehors. J'étais encore couchée quand elle est sortie et elle m'a laissé un mot pour me prévenir qu'elle ne tarderait pas à rentrer. Mais ça fait au moins deux heures qu'elle est partie et je suis inquiète.

Elle serra les poings et frotta ses phalanges les unes contre les autres.

– Inquiète pour Susanna ?

– Pour elle, pour moi : tout va de mal en pis. J'espérais que les choses allaient s'arranger mais elles ne font que s'aggraver. Et puis je suis en train de changer, moi aussi : je n'aime pour ainsi dire plus personne.

– Ce n'est qu'une mauvaise passe, Stella, et vous vous sentirez à nouveau vous-même.

– Vous croyez ? J'ai bien l'impression que ce changement est irréversible. Et je ne vois pas comment Tom et moi pourrons un jour être heureux.

– L'important, c'est de survivre ! assurai-je, avec le sentiment que c'était une maigre consolation à offrir à une jeune fille. Le bonheur, ça vient par à-coups. Plus je vieillis, plus je me sens bien dans ma peau. La plus mauvaise passe que j'aie connue, c'était quand j'étais adolescent.

– Vraiment ? dit-elle en fronçant les sourcils. Ça vous ennuierait que je vous pose une question personnelle, monsieur Archer ?

– Allez-y.

– Est-ce que vous vous intéressez à Susanna Drew ? Enfin, sérieusement, vous comprenez ce que je veux dire.

– Je crois que oui. Pourquoi ?

– Je ferais peut-être mieux de me taire, mais... elle est allée prendre son petit déjeuner avec un homme.

– C'est son droit.

– Pas si sûr. Je ne l'ai pas vu, lui, mais j'ai entendu sa voix et je suis très sensible au timbre des voix : je crois que c'était un homme marié.

– Comment pouviez-vous le deviner au son de sa voix ?

– C'était le père de Tommy : M. Hillman.

Je me laissai tomber sur un siège, incapable de trouver les mots appropriés. Les masques africains accrochés au mur, éclairés par le soleil, avaient des faces grimaçantes.

Stella s'approcha, l'air anxieux.

– J'aurais mieux fait de ne pas vous raconter ça, non ? Colporter les ragots n'est pas dans mes habitudes. J'ai l'impression de me conduire en espionne.

– Vous avez très bien fait de me mettre au courant. Mais surtout, n'en parlez à personne d'autre.

– Soyez tranquille.

Elle paraissait soulagée d'avoir vidé son cœur.

– Susanna et M. Hillman vous ont-ils donné l'impression d'entretenir des rapports... amicaux, Stella ?

– Pas exactement. Je ne les ai pas vus ensemble, je suis restée dans ma chambre parce que je ne voulais pas qu'il me voie, lui. Elle n'avait pas l'air d'être enchantée de sa visite, cela m'a paru évident. Mais ils se parlaient comme des... intimes, en quelque sorte.

– Qu'entendez-vous au juste par « intimes » ?

Elle réfléchit avant de répondre.

– Ils s'adressaient l'un à l'autre... comme s'ils avaient l'habitude de causer ensemble : sans formules de politesse, sans rien de protocolaire.

– Que se sont-ils dit ?

– Vous voulez que j'essaie de me rappeler la conversation mot pour mot ?

– Absolument. A partir du moment où il est entré.

– Je n'ai pas tout entendu. Mais en tout cas, à son arrivée, Susanna lui a dit : « Je pensais que vous feriez preuve de plus de discrétion, Ralph. » Elle l'appelait Ralph. Et il a répondu : « Je vous en prie, ce n'est pas le moment ! Les événements prennent une tournure catastrophique. » Je ne sais pas ce qu'il voulait dire par là.

– A votre avis ?

– Il faisait allusion à Tom et tout ça, mais il y avait peut-être quelque chose d'autre. Ils n'ont rien dit de précis. Il a seulement expliqué : « J'espérais trouver un peu de compréhension auprès de vous. » Elle a répliqué qu'elle était à court de compréhension et il lui a reproché sa dureté. Et puis, il a fait quelque chose – je crois qu'il a essayé de l'embrasser – et elle a dit : « Non, je vous en prie ! »

– Elle était en colère ?

– Pas tellement. Elle n'avait pas envie, c'est tout. Alors, il lui a dit qu'elle ne paraissait pas apprécier beaucoup sa présence et elle a rétorqué que c'était là une question compliquée et qu'elle ne pensait pas que le moment était bien choisi pour en discuter, surtout qu'il y avait quelqu'un dans la chambre d'amis – il s'agissait de moi. Il s'est écrié : « Pourquoi ne m'avez-vous pas prévenu ? Qui est-ce ? Un homme ? » Après, ils ont baissé le ton et j'ignore ce qu'elle lui a répondu. Quelques minutes plus tard, ils sont sortis pour déjeuner.

– Vous avez une excellente mémoire, Stella.

Elle eut un hochement de tête embarrassé.

– A l'école, ça aide, mais pour le reste, ce n'est pas toujours un avantage. Je me rappelle aussi bien les mauvaises choses que les bonnes.

– Et cette conversation que vous avez surprise ce matin fait partie des mauvaises choses ?

– Oui. Elle m'a fait peur. Je ne sais pas pourquoi.

Moi aussi, elle me faisait peur. Je redoutais d'apprendre que l'homme sans visage qui était avec Susanna quand elle avait vingt ans était Hillman. Tous deux me préoccupaient, mais à des degrés différents. Ils étaient l'un comme l'autre des êtres assez sensibles pour souffrir et assez complexes pour se fourvoyer. Je n'avais même pas encore commencé à analyser les raisons de l'intérêt que je portais à Susanna.

Or, voilà que, soudain, l'affaire la happait par les jupes comme les engrenages d'un mécanisme automatique que personne n'était capable d'arrêter. Et j'étais bien forcé d'admettre que je n'aurais pas arrêté la machine, même si j'en avais eu le pouvoir. C'est le drame du professionnel.

– J'aimerais voir ce mot qu'elle vous a laissé.

Stella alla le chercher dans la cuisine. C'était une feuille de bloc sur laquelle Susanna avait griffonné au crayon : « Ma petite Stella, je descends déjeuner dehors. Je serai bientôt de retour. Il y a tout ce qu'il faut dans le frigo, tu n'auras qu'à te servir, S. Drew. »

– Avez-vous mangé quelque chose, Stella ?

– J'ai bu un verre de lait.

– Et hier, vous avez avalé un hamburger en guise de dîner ! Venez, je vous invite à déjeuner. Ça a l'air d'être la grande mode.

– D'accord et merci d'avance. Mais après, qu'est-ce qui se passera ?

– Je vous reconduis chez vous.

Elle fit demi-tour et alla jusqu'aux portes vitrées coulissantes qui donnaient sur le patio, s'éloignant de moi autant qu'il était possible. Une brise légère faisait bruire les feuilles d'un palmier nain. Enfin, la jeune fille se retourna pour me faire face, d'un mouvement décidé, comme si le vent et le soleil lui avaient insufflé un nouveau courage à travers la vitre.

– Je pense, en effet, que le mieux est encore que je rentre au bercail. Ma mère doit être affolée, je ne peux la laisser comme ça.

– Bravo ! Allez, appelez-la pour lui annoncer que vous arrivez.

Elle réfléchit, la tête légèrement inclinée. Le soleil éclairait une moitié de sa chevelure châtaine en laissant l'autre dans l'ombre.

– D'accord, à condition que vous n'écoutiez pas.

– Moi, je veux bien, mais comment saurai-je que vous le lui avez bien dit ?

– Je ne vous ai jamais raconté de blagues, protesta-t-elle avec véhémence. Et pour une bonne raison : vous ne m'avez pas menti, même dans votre propre intérêt.

Elle agrémenta cette déclaration d'un sourire : le premier depuis le début de la conversation. Je crois que je le lui rendis. Bref, la matinée s'annonçait mal...

Je me réfugiai dans la salle de bains, une salle de bains immense et ultra-moderne. Le sol était recouvert d'une moquette bleue à bouclettes. Je procédai à mes ablutions et elles ne furent pas simplement rituelles. Je dénichai un rasoir perdu au milieu des produits de beauté et des tubes de somnifères qui remplissaient l'armoire à pharmacie et j'en fis l'usage qui se doit. J'avais une entrevue importante en perspective. Plusieurs même, si je parvenais à organiser mon emploi du temps.

Quand j'eus fini, je ressortis. Stella avait les joues en feu.

– J'ai téléphoné chez moi. Je crois qu'il vaudrait mieux ne pas s'arrêter pour prendre le petit déjeuner.

– Votre mère est dans tous ses états, c'est ça ?

– C'est papa que j'ai eu au bout du fil. Il vous tient pour responsable de tout ce qui est arrivé. Je suis désolée.

– J'ai commis une erreur de jugement, que voulez-vous ? J'aurais dû vous ramener chez vous hier soir. Seulement, j'avais autre chose à faire.

Faire abattre un homme.

– C'est moi qui ai commis une erreur de jugement. En fait, je voulais punir mes parents parce qu'ils avaient raconté des mensonges sur Tommy, sur moi et à propos de la voiture.

– Je suis content que vous en ayez conscience. Votre pèrc est en rogne ?

– Oh, là, là ! Il a été jusqu'à me menacer d'un séjour à Laguna Perdida. Mais je ne crois pas qu'il y songe vraiment.

Néanmoins, l'expression de Stella était soucieuse.

Une heure plus tard, sur la route d'El Rancho, j'aperçus l'internat au loin. Le vent qui s'était levé avait chassé les nuages mais, même sous le soleil, il respirait la désolation. Machinalement, je fouillai l'horizon à la recherche du héron bleu solitaire. Il n'était nulle part, ni en mer ni dans le ciel.

Pris d'une subite impulsion, je quittai l'autoroute pour m'engager sur la route secondaire conduisant à Laguna

Perdida. Le portail s'ouvrit automatiquement quand la voiture passa sur la pédale.

– Vous n'allez pas me faire boucler ici ? fit Stella d'une voix blanche.

– Bien sûr que non ! J'ai seulement une question à poser à quelqu'un. Ce ne sera pas long.

– Ils ont intérêt à ne pas m'expédier dans cette boîte parce que je leur tirerais vite fait ma révérence, et ce sera pour de bon, cette fois.

– Je vous ai entendue tenir des propos plus intelligents.

– Qu'est-ce que vous voulez que je fasse d'autre ?

Je perçus une sorte d'affolement dans sa voix.

– Rester dans votre périmètre de sécurité avec les gens de votre milieu. Vous êtes beaucoup trop jeune pour larguer les amarres et je ne crois pas que vos parents soient si imbuvables que vous le dites. Ils sont probablement dans la bonne moyenne, les parents étant ce qu'ils sont.

– On voit que vous ne les connaissez pas.

– Je vous connais, vous. Vous ne vous êtes pas fabriquée toute seule.

Le gardien sortit de sa guérite et s'approcha en claudiquant jusqu'à la voiture.

– Le Dr Sponti n'est pas là pour le moment.

– Et Mme Mallow ?

– Si, elle est là. Vous la trouverez au pavillon est.

Il désigna du doigt le bâtiment aux fenêtres grillagées.

Je laissai Stella dans l'auto, et j'allai frapper à la porte du pavillon en question. Le laps de temps qui s'écoula avant que Mme Mallow vienne m'ouvrir me parut bien long. Elle portait la même tenue noire et solennelle que lundi et dégageait la même odeur de gin. En me voyant, elle me sourit et recula, éblouie par la lumière du jour.

– Mais c'est M. Archer !

– Comment allez-vous, madame Mallow ?

– Ne me posez jamais cette question le matin. Ni, d'ailleurs, à aucun autre moment de la journée... Je survis.

– Bravo.

– Mais vous n'êtes pas venu pour prendre des nouvelles de ma santé ?

– J'aimerais bavarder un instant avec Fred Tyndal.

– Je regrette, mais les élèves sont en classe.

– Cela pourrait être important.

– Vous voulez interroger Fred, c'est ça ?

– J'ai une seule question à lui poser, en fait. Ce ne sera pas long.

– Et ça ne le traumatisera pas ?

– Je ne pense pas.

Elle me fit entrer dans le foyer et disparut dans le bureau de Patch pour téléphoner. Pendant ce temps, je fis le tour de la vaste pièce, décrépite et impersonnelle, en essayant d'imaginer ce que pouvait éprouver un garçon abandonné là, par ses parents.

– Fred arrive tout de suite, annonça Mme Mallow en me rejoignant.

Elle eut le temps de me raconter tous ses mariages, y compris le dernier, le seul qui avait tenu : son mariage avec la dive bouteille. Sur ces entrefaites, Fred apparut dans le soleil aux rayons duquel il donnait l'impression d'être parfaitement insensible. Il avançait d'un pas traînant et s'immobilisa dans l'embrasure de la porte. Il semblait attendre en tiraillant les maigres poils qui hérissaient son menton qu'on lui dise ce qu'il avait fait de mal.

Je m'approchai de lui sans hâte.

– Salut, Fred.

– Salut.

– Tu te rappelles la conversation que nous avons eue l'autre jour, tous les deux ?

– J'ai une mémoire en béton. Vous êtes Lew Archer Premier, ajouta-t-il avec un sourire fugitif. Vous avez retrouvé Tom ?

– Pas encore. Mais je crois que tu pourrais m'aider.

Il gratta le cadre de la porte de la pointe de sa chaussure.

– Je ne vois pas comment.

– En me disant tout ce que tu sais. Je peux te promettre une chose : on ne le réexpédiera pas ici.

– Ça me fait une belle jambe ! fit-il d'un air morne.

Je n'avais rien à répondre à ça. Au bout de quelques instants, il demanda pourtant :

– Qu'est-ce que vous voulez que je vous dise ?

– J'ai comme l'idée que tu as gardé des choses pour toi, la dernière fois. Je ne te le reproche pas. Tu ne me connaissais ni d'Ève ni d'Adam. Tu ne me connais d'ailleurs pas davantage aujourd'hui, mais cela fait maintenant trois jours que Tom a disparu.

Il arborait un air grave ; cette expression ne lui était pas naturelle et il finit par laisser tomber sur un ton gouailleur :

– O.K., je parlerai. Je suis prêt à me mettre à table.

– Voici ce que je voudrais savoir : quand Tom s'est sauvé dans la nuit de samedi à dimanche, avait-il l'intention de se rendre auprès d'une personne particulière ou dans un endroit précis ?

Il hocha affirmativement la tête.

– Oui, je crois.

– Sais-tu où il est allé ?

– Il ne me l'a pas confié. Mais il m'a quand même dit un truc : qu'il allait retrouver son vrai père, ou quelque chose comme ça.

– Qu'entendait-il par là, Fred ?

– D'après lui, il serait un enfant adopté.

– Et c'est vrai ?

– Comment voulez-vous que je le sache ? Des tas de gars, ici, se racontent qu'ils sont des enfants adoptés. Mon psy appelle ça un fantasme familial freudien typique.

– Tom parlait-il sérieusement, d'après toi ?

– Et comment !

A nouveau, son expression se fit sérieuse et je devinai sous ses traits enfantins le visage de l'adulte qu'il serait peut-être un jour.

– Il prétendait qu'il ne saurait qui il était que quand il saurait qui était son père, expliqua-t-il avec un sourire sans joie. Moi, j'essaye d'oublier qui est le mien.

– Ça, ce n'est pas possible.

– On peut toujours essayer.

– Tu devrais t'intéresser à autre chose, Fred.

– Il n'y a rien d'autre.

– Plus tard, il y aura autre chose.

– Quand ?

Mme Mallow nous interrompit :

– Avez-vous appris ce que vous vouliez savoir, monsieur Archer ? Parce qu'il faut vraiment que Fred retourne en classe, à présent.

Je me tournai vers l'intéressé :

– Tu ne vois rien d'autre à me dire ?

– Non, m'sieu. Parole. On n'a pas parlé des masses avec Tom.

Il sortit mais fit brusquement volte-face et me lança sur un ton qui tranchait avec celui qui avait été le sien jusque-là, d'une voix plus grave et plus posée :

– J'aimerais que vous soyez mon père.

Et il plongea dans la lumière froide.

Quand je regagnai la voiture, je demandai à Stella si Tom lui avait raconté qu'il était un enfant adopté.

– Un enfant adopté ? Lui ? Ce n'est pas possible.

– Pourquoi ?

– Parce que ce n'est pas possible, voilà tout.

La route contournait un marais couvert de roseaux, peuplé d'étourneaux aux ailes rouges dont le chant rappelait le son de flûtes et de violons qu'on accorde.

– D'abord, il ressemble à son père, ajouta Stella.

– C'est souvent le cas des enfants adoptés. On les choisit en fonction d'une vague ressemblance avec la famille d'adoption.

– Quelle horreur ! Mais c'est du mercantilisme éhonté ! Et qui vous a dit qu'il avait été adopté ?

– C'est ce qu'il a raconté à un camarade.

– Je suis sûre qu'il fabulait.

– Il lui arrivait fréquemment de fabuler ?

– Non, fréquemment n'est pas le mot. Mais quand même... il a de drôles d'idées à propos de certaines choses. Vous ne savez pas ce qu'il m'a dit cet été ? Qu'il avait sans doute été substitué à un autre bébé, qu'ils s'étaient mélangé les pinceaux à la maternité et que M. et Mme Hillman n'étaient pas ses vrais parents. Vous pensez que ça pourrait être vrai ?

Elle s'assit en chien de fusil sur le siège, les jambes repliées sous elle.

– Pourquoi pas ? Tout peut arriver.

– Mais vous ne le croyez pas ?

– Je ne sais pas ce que je dois croire, Stella.

– Vous êtes une grande personne, répliqua-t-elle avec un soupçon d'ironie, vous êtes donc censé savoir.

Je gardai le silence et nous n'ouvrîmes plus la bouche ni l'un ni l'autre jusqu'à El Rancho.

– Je me demande ce que mon père va me faire, fit alors la jeune fille. Excusez-moi de vous avoir entraîné dans cette aventure, ajouta-t-elle après une brève hésitation.

– Ne vous en faites pas. Votre aide m'a été infiniment précieuse.

Jay Carlson, que je ne connaissais pas encore et que je n'avais d'ailleurs pas particulièrement envie de connaître, était dehors quand nous arrivâmes. Jeune d'aspect et pétant de santé, il avait de beaux yeux bleus qui rappelaient ceux de Stella. Mais pour le moment, il était blême de fureur et tremblait de rage.

Rhea Carlson, sa crinière rousse flamboyant comme un signal de danger, surgit de l'intérieur et se précipita sur la voiture, son mari sur ses talons. Le comportement de Jay Carlson était celui d'un homme qui a horreur des complications et sait mal y faire face. Ce fut sa femme qui passa à l'attaque :

– Qu'avez-vous fait avec ma fille ?

– Je l'ai protégée de mon mieux. Elle a passé la nuit chez une de mes amies. Et ce matin, nous avons eu une discussion et je l'ai convaincue de rentrer chez elle.

– J'ai l'intention de vérifier très soigneusement vos affirmations, fit alors Carlson. Quel est le nom de cette prétendue amie ?

– Susanna Drew.

– C'est vrai, Stella ?

Stella acquiesça d'un signe de tête.

– Tu pourrais au moins prendre la peine d'ouvrir la bouche, glapit son père. Mademoiselle découche et ne daigne même pas nous fournir un mot d'explication !

– Ne t'énerve pas, papa. M. Archer dit la vérité. Je te demande pardon. Je devais aller à Los Angeles mais...

Il ne la laissa pas achever :

– J'ai bien le droit d'être énervé après ce que tu as fait. Nous avons même supposé que tu étais peut-être morte !

Stella baissa la tête.

– Pardon, papa.

La mère prit le relais :

– Tu es une petite fille sans cœur ! Et je ne pourrai plus jamais te faire confiance. Jamais !

– Allons, madame Carlson...

– Vous, restez en dehors de tout ceci, gronda férocement Carlson, qui se retint de m'envoyer son poing dans la figure, préférant empoigner Stella par les épaules pour la secouer comme un prunier. Se conduire de cette façon ! Mais est-ce que tu as perdu la raison ?

– Lâchez-la, Carlson.

– C'est ma fille !

– Alors, traitez-la comme telle. Elle a eu une nuit pénible...

– Une nuit pénible, vraiment ? Qu'est-ce que ça signifie ?

– Elle essaye de grandir au milieu de difficultés quasi insurmontables et vous ne l'aidez guère.

– De la discipline, voilà ce qu'il lui faut. Et je sais où elle l'apprendra !

– Si c'est à Laguna Perdida que vous pensez, vous n'êtes absolument pas dans le coup : Stella est quelqu'un de bien, de vraiment bien...

– Votre opinion ne m'intéresse pas. Si vous voulez un bon conseil, fichez le camp d'ici avant que j'appelle la police.

J'abandonnai la famille Carlson à son sort. Ces trois êtres remplis de bonnes intentions ne semblaient pas capables de vivre sans se déchirer. Stella eut quand même le courage de m'adresser un signe d'adieu.

21

Je pris la direction de la résidence des Hillman. Au moment où je prenais le virage à la hauteur des boîtes aux lettres, j'entendis le moteur d'une voiture de sport qui descendait l'étroite allée goudronnée. Je m'arrêtai au beau milieu du chemin pour barrer la route à Dick Leandro.

Il m'adressa un coup d'œil renfrogné comme si je l'avais obligé à stopper alors qu'il courait un Grand Prix. Je descendis de voiture et je m'approchai de son bolide dont je tapotai le capot.

– Jolie voiture.

– Je l'aime bien.

– Vous en avez d'autres ?

– Non, je n'ai que celle-là. Dites, il paraît qu'on a retrouvé Tom. C'est vrai ?

– Non, on ne l'a pas encore retrouvé, mais il est libre.

– C'est formidable, fit-il sans manifester toutefois un enthousiasme débordant. Dites, est-ce que vous savez où est passé le capitaine ? Mme Hillman dit qu'il n'est pas rentré de la nuit.

Il y avait un mélange d'étonnement et d'inquiétude dans son regard.

– A votre place, je ne me ferais pas de souci pour lui. M. Hillman est assez grand pour sortir sans sa nourrice.

– Oui, oui, bien sûr, mais est-ce que vous savez où il est ? Je voudrais lui pa-parler.

– De quoi ?

– Il s'agit de questions personnelles. Ça ne concerne que nous deux.

– Vous avez beaucoup de secrets en commun, M. Hillman et vous ? lui demandai-je sur un ton cassant.

– Non, je ne d-dirais pas ça. Il me donne des conseils, c'est tout. De b-bons conseils.

La peur lui faisait dire à peu près n'importe quoi. Je le plantai là et continuai ma route jusqu'à la maison. C'était Mme Hillman que je voulais voir. Elle m'ouvrit la porte.

Elle semblait avoir bien récupéré depuis la dernière fois : elle était soigneusement maquillée et portait un tailleur élégant. Elle réussit même à me sourire.

– J'ai reçu vos bonnes nouvelles, monsieur Archer.

– Quelles bonnes nouvelles ?

Je nageais complètement.

– Tom est vivant : le lieutenant Bastian m'a prévenue. Entrez et racontez-moi tout.

Elle traversa le vestibule en faisant un crochet pour éviter de passer sous le lustre et me précéda dans le salon.

– J'appelle cette pièce la salle d'attente, dit-elle d'une voix presque gaie comme si elle avait pris la décision de se montrer enjouée. Elle me fait penser à une salle d'attente de dentiste. Mais nous sommes presque au bout de l'attente, vous ne croyez pas ?

Sa voix montait en fin de phrase, trahissant la tension intérieure qui l'habitait en permanence.

– Oui, oui, je le crois.

– Tant mieux. Je n'aurais pas pu – nous n'aurions pas pu – tenir davantage. Ces derniers jours ont été terribles.

– Je sais. Je suis désolé.

– Ne dites pas cela. Vous nous avez apporté de bonnes nouvelles, assura-t-elle en prenant place sur le canapé. Maintenant, asseyez-vous et racontez-moi tout le reste.

Je m'installai à côté d'elle sur le chesterfield.

– Vous savez, il n'y a pas grand-chose à raconter et tout ne va pas pour le mieux dans le meilleur des mondes. Cela étant dit, Tom est vivant, il est libre de ses mouvements. Selon toute probabilité, il est toujours à Los Angeles. J'ai retrouvé sa trace au Barcelona Hotel où il se cachait. On l'a vu hier descendre d'un car à la gare routière vers vingt-deux heures. J'y passerai ce soir à tout hasard pour essayer de le rencontrer.

– Comme je regrette que mon mari ne soit pas là pour partager ma joie ! Je suis un peu inquiète à son sujet. Il est sorti hier en début d'après-midi et il n'est pas rentré depuis.

Elle balaya la pièce d'un coup d'œil circulaire comme si, sans son époux, l'endroit lui était complètement étranger.

– Il a sans doute été averti que Tom est toujours vivant.

– Par qui ?

Je laissai la question sans réponse.

– D'ailleurs, il ne serait pas parti sans m'avertir.

– Bien sûr. A moins qu'il n'ait eu une bonne raison de ne rien dire.

– Je n'imagine vraiment pas pour quel motif il m'aurait laissée dans l'ignorance de ses intentions.

– Je ne sais pas, madame Hillman.

– Vous ne croyez pas qu'il a perdu la raison ?

– J'en doute. Il a probablement passé la nuit à Los Angeles dans l'espoir de retrouver Tom. Je sais que, ce matin, il a déjeuné avec Susanna Drew.

C'était délibérément que je prononçais ce nom : je voulais la prendre à froid pour tester ses réactions.

Son fin visage se plissa comme un mouchoir en papier que l'on froisse.

– Seigneur ! Alors, ça continue ? Même au milieu de toutes ces horreurs !

– Je ne sais pas très exactement ce qui continue, comme vous dites.

– Elle est sa maîtresse depuis vingt ans, fit Elaine avec amertume. Il m'avait pourtant juré que c'était fini depuis longtemps. Il m'a suppliée de ne pas le quitter et m'a donné sa parole d'honneur qu'il ne la reverrait plus ni de près ni de loin. Mais il n'a pas d'honneur. Mon mari est un homme sans honneur...

Elle leva les yeux et nos regards se croisèrent.

– Ce n'est pas l'impression qu'il m'a donnée.

– Peut-être les hommes peuvent-ils croire en lui. En tout cas, je connais une femme qui en est bien incapable. Et je suis orfèvre en la matière ! Nous sommes mariés depuis plus de vingt-cinq ans. Mais ce n'est pas par loyauté qu'il est resté avec moi, soyez-en sûr. Ce qui l'intéressait, c'était la fortune de ma famille dont il a largement profité, tant pour ses affaires que pour ses loisirs... Y compris ses répugnantes parties de jambes en l'air qui sont un de ses divertissements favoris, ajouta-t-elle en portant la main à sa bouche comme pour cacher une grimace de dégoût. Je ne devrais pas parler ainsi. Cela ne me ressemble pas. Une telle attitude est incompatible avec l'éducation que la fille de la Nouvelle-Angleterre que je suis a reçue dans sa jeunesse. Ma mère, qui avait les mêmes problèmes avec mon père, m'a enseigné par la parole et par l'exemple qu'on doit souffrir en silence. Et c'est ce que j'ai fait. En dehors de Ralph lui-même, vous êtes la seule personne devant qui j'aie jamais abordé ce sujet.

– En fait vous ne m'avez pas dit grand-chose : il serait souhaitable que vous m'apportiez davantage de précisions.

– Croyez-vous que cela puisse avoir un rapport quelconque avec... avec cette affaire ?

Elle fit un geste las de la main.

– Oui, selon toute vraisemblance. A mon avis, c'est à ce propos que votre mari et Susanna Drew se sont vus ce matin. M. Hillman lui avait probablement téléphoné mardi après-midi.

– Mais oui ! Je me rappelle, maintenant. Il téléphonait du bar et, quand je suis entrée, il a interrompu sa conversation. Mais je l'ai entendu dire quelque chose... qu'ils devaient absolument se taire. Ce devait être à cette femme qu'il parlait !

Le mépris qu'elle affichait pour Susanna me fit tiquer. Ce dialogue était pénible mais combien instructif pour l'un comme pour l'autre ! Parler des rapports qui existaient entre ces deux êtres créait, par la force des choses, une sorte d'intimité entre Elaine Hillman et moi.

– Ce devait être à elle, en effet. J'avais présenté Susanna Drew comme un témoin au lieutenant Bastian et il a sans doute transmis l'information à votre mari.

– Là encore, vous avez raison, monsieur Archer. Ralph l'a su par le lieutenant. Comment pouvez-vous donc être au courant d'autant de détails sur la vie des gens ?

– La vie des gens, c'est la matière première dans mon métier.

– Et c'est aussi votre passion ?

– Oui, c'est aussi ma passion. Mon obsession même, je suppose. Je ne connais guère du monde que les hommes et les femmes qui l'habitent.

– Mais je ne vois pas comment vous avez été informé de cette communication téléphonique. Vous n'étiez pas là et mon époux ne vous en a certainement pas touché mot.

– J'étais chez Susanna Drew quand il a appelé. Je n'ai pas entendu ce qu'il lui a dit mais elle était bouleversée.

– Je l'espère bien !

Elle me dévisagea et son regard s'adoucit. Elle posa une main légère sur mon bras et demanda :

– C'est une amie à vous ?

– Oui, en un sens.

– Vous n'êtes pas amoureux d'elle ?

– Non... Du moins j'aimerais ne pas l'être.

– Quelle étrange réponse !

– Je suis bien de votre avis. Si j'apprenais qu'elle est toujours amoureuse de votre mari, cela me ferait l'effet d'une douche froide. Mais je ne pense pas que ce soit le cas.

– Mais alors, que cherchent-ils à cacher ?

– Un événement qui appartient au passé. (Du moins je l'espérais car j'avais appris le matin même que, où que je fusse, Susanna était encore capable de me faire souffrir.)

Si vous pouviez aller un peu plus au fond des choses, même si cela vous semble douloureux, ajoutai-je (et c'était autant à moi qu'à elle que ces mots s'adressaient), nous pourrions peut-être mieux comprendre la situation.

– Je peux supporter la souffrance si elle sert à quelque chose. C'est d'avoir mal sans raison qui m'est intolérable : avoir mal pour Tom, par exemple.

Elle n'expliqua pas ce qu'elle entendait par là. Elle se contenta de caresser du bout des doigts ses tempes veinées de bleu.

– Je vais tâcher d'être bref, madame Hillman. Vous dites que leur liaison dure depuis vingt ans. Cela nous ramène à la fin de la guerre.

– Oui, au printemps 1945, très précisément. Je vivais seule ou, plus exactement, j'habitais avec une amie à Brentwood. Mon mari était officier de marine. Avant, il commandait une escadrille, mais à l'époque dont nous parlons, il était officier à bord d'un porte-avions. Ce n'est que plus tard qu'il a été nommé capitaine de frégate.

Elle s'exprimait avec une sorte de fierté désespérée, en choisissant ses mots avec le plus grand soin comme si ces faits anciens et objectifs étaient des garde-fous. Elle poursuivit après une courte pause :

– Le bâtiment placé sous les ordres de mon mari fut endommagé en janvier ou en février 1945 par un avion-suicide japonais et on dut le mettre en cale sèche à San Diego pour réparer les avaries. Naturellement, Ralph eut droit à une permission de quelques jours et, naturellement, il vint me rendre visite à Brentwood. Mais je ne le voyais pas autant que je l'aurais souhaité ou que je l'avais espéré. J'ai compris pourquoi ultérieurement : il passait certaines nuits et même des week-ends entiers avec Susanna Drew.

– Au Barcelona Hotel ?

– C'est elle qui vous l'a dit ?

– Si l'on veut, admis-je en songeant que c'était Susanna qui m'avait donné la photo de Carol prise par Harold Harley, photo qui, grâce au cachet imprimé au verso, m'avait mis sur la piste du Barcelona. Mais elle ne m'a pas parlé de votre mari. Susanna est, d'ailleurs, un être loyal.

– Épargnez-moi les louanges de cette fille. J'ai trop souffert par sa faute.

– J'en suis désolé, mais n'oubliez pas qu'elle n'avait que vingt ans à cette époque.

– Elle approche de la quarantaine aujourd'hui, mais le fait qu'elle n'avait que vingt ans à l'époque n'a fait qu'aggraver les choses. Je n'étais guère plus âgée mais mon mari m'avait déjà mise au rebut. Pouvez-vous imaginer les sentiments d'une femme que son mari abandonne pour une fille plus jeune ?

Le souvenir de ces événements anciens la torturait encore. Ses yeux brillants étaient secs mais l'on aurait dit qu'ils étaient le reflet d'un brasier intérieur.

– Il ne vous a pourtant pas quittée.

C'était tout ce que je trouvais à dire pour tenter de la rasséréner un peu.

– Non. Mais ce n'était pas moi qui l'intéressais, c'était l'argent, comprenez-vous ? L'argent et la société d'ingénierie qu'il projetait de créer après la guerre. Il me l'a expliqué avec la plus grande franchise et sans aucun complexe. En fait, il avait l'impression, semblait-il, de me faire une immense faveur en restant auprès de moi. Il estimait qu'un couple dans l'incapacité d'avoir un enfant...

A nouveau, elle porta la main à sa bouche.

– Mais vous aviez Tom.

– Tom est arrivé plus tard, trop tard pour recoller les pots cassés, dit-elle d'une voix assourdie. Trop tard pour sauver mon mari : c'est un homme malheureux, mais je n'ai pas assez de compassion dans le cœur pour m'apitoyer sur son sort.

Elle posa la main sur sa maigre poitrine et l'y laissa.

– Quelle est l'origine du conflit qui les oppose, Tom et lui ?

– Un mensonge, répondit-elle de sa voix de basse.

– Un mensonge ?

– Autant vous le dire, monsieur Archer. N'importe comment, vous finirez par le découvrir tôt ou tard. Et cela peut avoir son importance. Psychologiquement, en tout cas, c'est important.

– Tom était-il... est-il un enfant adopté ?

Elle hocha lentement la tête.

– Peut-être faudra-t-il l'avouer publiquement, je ne sais pas. Pour l'instant, je vous demande de garder cette confidence pour vous. Personne n'est au courant, pas même Tom. Nous l'avons adopté à Los Angeles peu de temps après que mon mari eut été démobilisé et avant de nous installer ici.

– Pourtant, il ressemble à votre mari.

– C'est la raison pour laquelle Ralph avait jeté son dévolu sur lui. Mon époux est un homme très vaniteux, monsieur Archer. Même devant nos amis, il aurait eu honte d'avouer que nous ne pouvions pas avoir d'enfant. En réalité, c'est lui qui est stérile ; cette précision a son importance si on veut comprendre pourquoi il a exigé dès le début que nous nous livrions à une telle comédie. Son désir d'avoir un fils était si violent que par moments, il donnait l'impression de croire que Tom était véritablement la chair de sa chair, le sang de son sang.

– Et il ne lui a jamais dit que ce n'était pas le cas ?

– Non. Et moi non plus. Ralph ne l'aurait pas permis.

– Ne pensez-vous pas que c'était une attitude malsaine avec un enfant adopté ?

– C'est ce que je disais à mon mari. Il fallait qu'il fasse preuve d'honnêteté envers Tom, s'il voulait que lui soit honnête avec nous. Ce mensonge faussait toute notre vie familiale.

Sa voix vacilla et elle se perdit dans la contemplation du tapis comme s'il n'y avait pas de plancher au-dessous. Elle conclut tristement :

– Et voilà les conséquences : une enfance gâchée pour Tom, la désagrégation de la famille et, maintenant, cette tragédie.

– Une quasi-tragédie. Il est toujours vivant et nous le ramènerons.

– Mais pourrons-nous jamais former une vraie famille ?

– Cela dépendra de vous trois. J'ai vu des plaies plus graves se cicatriser, mais cela exige qu'on ait recours à des personnes compétentes. Je ne parle pas de Laguna Perdida et je ne pense pas seulement à une assistance psychologique pour Tom.

– Je sais. J'ai été atrocement malheureuse et mon mari s'est montré tout à fait... tout à fait déraisonnable sur ce point pendant de longues années. En réalité, je pense que cela remonte à l'épisode de Midway : l'escadrille de Ralph a pour ainsi dire été massacrée pendant cette terrible bataille. Comme de juste, il en a porté toute la responsabilité puisque c'était lui qui la commandait. C'était comme s'il avait perdu douze fils.

– Comment savez-vous cela ?

– A cette époque, il m'écrivait encore de longues lettres dans lesquelles il se livrait tout entier, comme un être humain qui se confie à un autre être humain. Certains passages où il parlait des enfants que nous aurions, de fils bien à nous, étaient très pathétiques. J'avais l'absolue conviction que cette idée était liée à la disparition des pilotes qu'il avait sous ses ordres bien qu'il ne l'ait jamais avoué explicitement. Et lorsqu'il a découvert qu'il ne pouvait pas avoir de fils et décidé d'adopter Tom, alors...

Elle laissa retomber ses mains sur ses genoux. Elle semblait ne pas savoir comment les occuper quand elle n'avait pas de tricot.

– Qu'alliez-vous ajouter, madame Hillman ?

– Je ne le sais pas moi-même. Je ne suis pas psychologue, encore que j'aie fait un peu de philosophie. J'ai parfois eu le sentiment que Ralph tentait de réaliser une sorte de rêve à travers Tom : peut-être de faire de lui le substitut des hommes qu'il avait perdus au combat. Mais on ne peut pas manipuler les êtres de cette manière, comme des personnages imaginaires. Il y a eu une cassure entre Tom et son père.

– Et Tom a compris que votre mari n'était pas son père.

Elle me décocha un regard embarrassé.

– Vous croyez ?

– J'en suis raisonnablement certain, reconnus-je en me rappelant ce que m'avait dit Fred Tyndal. Madame Hillman, que s'est-il passé ce dimanche matin, quel est l'événement qui vous a décidés à envoyer Tom à Laguna Perdida ?

– C'est Ralph qui a pris cette décision, pas moi, rectifia-t-elle précipitamment.

– Ils s'étaient disputés ?

– Oui. Ralph était furieux contre lui.

– Pour quelle raison ?

Elle inclina la tête sur sa poitrine.

– Mon mari m'a défendu d'en parler.

– Tom avait-il dit ou fait quelque chose de particulièrement répréhensible ?

Immobile, la tête toujours penchée, elle refusait de répondre.

– Je vous en ai peut-être dit plus que je ne l'aurais dû dans l'espoir de vider l'abcès jusqu'au bout, fit-elle enfin. Voudriez-vous me dire quelque chose à votre tour ? Vous avez fait allusion à un hôtel, le Barcelona, en précisant que Tom s'y était caché. Vous avez employé le mot « caché ».

– Oui.

– Il n'était pas séquestré ?

– Je ne sais pas. Il se peut qu'il ait cédé à une certaine contrainte, peut-être à une contrainte psychologique. Mais je doute qu'il ait été séquestré au sens strict du terme.

Elle me dévisagea d'un air dégoûté. Je lui avais apporté des informations dont quelques-unes étaient dures à avaler, mais celle-là était probablement la plus indigeste.

– Vous avez suggéré dès le début que Tom était de connivence avec ses ravisseurs.

– C'était une hypothèse que l'on ne pouvait – et que l'on ne peut toujours – pas écarter.

– N'éludez pas la question, s'il vous plaît : je suis capable d'encaisser une réponse directe, insista-t-elle avec un sourire. Au point où j'en suis, je puis tout entendre.

– Eh bien, soit. A mon avis, Tom a suivi Harley de son plein gré ; il a fait le voyage dans le coffre de la voiture et il est resté au Barcelona sans que personne ne l'y oblige en lui enfonçant un pistolet dans les reins. Quelles étaient ses motivations ? Je l'ignore et je ne les connaîtrai que lorsque je lui aurai parlé. Mais il est peu vraisemblable qu'il ait été au courant de la demande de rançon. En tout cas, il n'y a aucun indice qui permette de penser qu'il en a touché une partie. Il est sans le sou.

– Comment le savez-vous ? Vous l'avez vu ?

– J'ai eu un contact avec quelqu'un qui lui a parlé. Tom a dit à cette personne qu'il avait besoin d'argent.

– J'imagine que c'est une bonne nouvelle, en un sens.

– C'est mon opinion.

Je fis mine de me préparer à prendre congé mais elle me retint. Elle avait une autre idée en tête.

– Ce Barcelona dont vous avez parlé... s'agit-il de cette vieille bâtisse délabrée au bord de la route du littoral ?

– Oui. Il est fermé, à présent.

– Et c'est là que Tom se cache – ou se cachait ?

J'opinai de la tête. Je précisai :

– Le gardien, un dénommé Sipe, était associé à la tentative d'extorsion de fonds dont vous avez été victimes, M. Hillman et vous. Il se peut même qu'il ait été le cerveau de l'opération – pour autant qu'il y ait eu un cerveau derrière toute cette affaire. Il a été tué d'un coup de revolver ce matin. Son complice, Harley, a été poignardé hier soir.

L'expression d'Elaine Hillman reflétait une certaine incrédulité, comme si elle n'arrivait pas à enregistrer ces terribles événements d'un seul coup.

– C'est extraordinaire ! fit-elle dans un souffle.

– Pas tellement. C'étaient des malfaiteurs endurcis et leur mort est conforme à la logique.

– Ce n'est pas à ces morts violentes que je pense, encore qu'elles soient liées à tout le reste. Non, c'était à ces correspondances souterraines qui surgissent dans la vie que je songeais, à la jonction entre le passé et le présent.

– A quoi faites-vous allusion ?

Elle grimaça.

– A quelque chose de sordide mais dont, je le crains, je dois vous parler. Ce Barcelona Hotel où mon fils, mon fils adoptif, a apparemment vécu en compagnie de criminels... Eh bien, ce même hôtel a été le théâtre de l'aventure que Ralph a eue avec Susanna Drew. Et ne disiez-vous pas que le gardien, celui qui a été abattu d'un coup de pistolet, se nommait Sipe ?

– Oui. Otto Sipe.

– N'était-il pas autrefois le détective de l'établissement ?

– Oui, le genre de détective qui jette le discrédit sur toute une profession...

– Je suis bien placée pour le savoir. J'ai connu ce M. Sipe. C'est-à-dire que j'ai eu une fois une conversation avec lui. Et je n'ai jamais réussi à effacer de ma mémoire l'impression qu'il m'a faite. C'était un personnage répugnant. Il est venu me voir à Brentwood, où j'habitais alors, au cours de l'été 1945. C'est lui qui m'a appris que Ralph avait une liaison avec Susanna Drew.

– Et, naturellement, il voulait de l'argent ?

– Oui. Je lui ai donné les deux cents dollars qu'il réclamait et, en voyant que j'acceptais de payer sans discuter, il a exigé cinq cents dollars, tout ce que j'avais en liquide à la maison. Enfin, l'argent en soi est sans importance. Cela n'a jamais compté pour moi, ajouta-t-elle avec le détachement d'une personne qui n'avait jamais été dans le besoin.

– Que vous a dit Sipe ?

– Que mon mari me trompait – il avait une photo comme preuve – et qu'il était tenu par la loi de le mettre en état d'arrestation. Je ne sais pas s'il a jamais existé une telle loi...

– Si, mais je crois qu'elle est tombée en désuétude, sinon il y aurait un nombre effrayant de gens en prison.

– Il a en effet parlé de prison et des conséquences que son incarcération aurait sur la réputation de mon mari. C'était précisément à l'époque où Ralph commençait à croire qu'il pourrait recevoir ses galons de capitaine de vaisseau. Rétrospectivement cela semble puéril, je le sais, mais cette promotion était alors le rêve de sa vie. Il était issu d'un milieu modeste, comprenez-vous ? Son père était un petit industriel qui avait mal réussi en affaires, et il estimait qu'il lui fallait briller de toutes les manières possibles pour être digne d'une famille aussi distinguée que l'était la mienne.

Elle me considéra avec un regard triste avant d'ajouter :

– Nous avons tous besoin de petites satisfactions d'amour-propre, de morceaux de sparadrap pour réparer les brisures de l'existence.

– Vous étiez en train de parler de votre entrevue avec Otto Sipe.

– Bien sûr, mais mon esprit a tendance à évacuer les péripéties de ce genre. En dépit de ma douleur et de ma stupéfaction – je n'avais jamais soupçonné que Ralph pût m'être infidèle –, je ne voulais pas ruiner ses ambitions. Alors, j'ai donné à cet odieux individu son misérable argent et il m'a remis en échange cette horrible photographie.

– Vous a-t-il relancée par la suite ?

– Non.

– Il est étonnant qu'il ne vous ait pas harcelée après ce fructueux premier essai...

– Peut-être était-ce son intention mais Ralph l'a fait changer d'avis. Car, naturellement, je lui avais parlé de la visite de ce maître chanteur. Je ne lui ai pas montré la photo, ajouta-t-elle. Je l'avais brûlée.

– Comment votre mari l'a-t-il dissuadé d'insister ?

– Je crois qu'il lui a flanqué une correction magistrale. Ralph est resté discret à ce sujet. Il faut dire qu'à partir de ce moment-là, nous ne nous sommes plus parlé aussi librement qu'avant. Je suis retournée chez moi, à Boston, et je n'ai plus revu Ralph jusqu'à la fin de la guerre quand il a ramené son bateau au port. Nous nous sommes en quelque sorte réconciliés. Et c'est alors que nous avons décidé d'adopter un enfant.

Je n'écoutais plus ces confidences qu'avec une attention distraite. Les choses commençaient à prendre forme dans mon esprit. Ralph Hillman avait jadis connu les deux rançonneurs. Mike Harley avait servi sous ses ordres et c'est à cause de lui qu'il avait été chassé de la marine. D'autre part, il était tombé à bras raccourcis sur Otto Sipe.

Tous deux avaient voulu se venger, l'un de son supérieur, l'autre d'un homme qui l'avait rossé.

Elaine en était arrivée à peu près aux mêmes conclusions. Ce fut d'une voix accablée qu'elle murmura :

– Jamais ce Sipe ne serait entré dans notre vie si Ralph n'était pas allé dans cet hôtel sordide pour se livrer à ses sordides petits ébats.

– Il ne faut pas tout mettre sur le dos de votre mari, madame Hillman. Il a eu tort, c'est certain. Mais il nous arrive à tous de mal agir, et ce qu'il a pu faire il y a dix-neuf ou vingt ans n'est qu'une des causes du rapt – si rapt il y a eu. Ce n'est pas aussi simple.

– Je sais. Je ne lui mets pas tout sur le dos.

– Sipe, par exemple, aurait probablement participé au coup de toute façon : son complice, Mike Harley, connaissait votre époux et il lui en voulait.

– Mais pourquoi Tom, pourquoi mon pauvre petit Tom a-t-il atterri dans ce même hôtel ? Ne dirait-on pas qu'il y a là comme une fatalité ?

– Peut-être. Pour Sipe et pour Harley, c'était tout bonnement un endroit commode.

– Mais pourquoi Tom est-il resté avec eux ? Ce sont... c'étaient des individus abominables.

– Ce genre d'hommes exercent parfois une certaine fascination sur les adolescents.

– Vous avez raison. Mais je ne peux pas rejeter le blâme sur Tom, quoi qu'il ait pu faire. Ralph et moi ne lui avons pas donné de points d'ancrage suffisants. C'est un garçon sensible et introverti qui a des dons artistiques certains et cela, mon mari ne l'admettait pas : peut-être ces traits de caractère lui rappelaient-ils que Tom n'était pas réellement notre fils. Aussi s'efforçait-il de faire pression sur lui pour qu'il change. Et quand il s'est rendu compte que c'était peine perdue, il s'est désintéressé de lui. Il n'a pas cessé de l'aimer, certainement pas... Il se fait toujours beaucoup de souci pour lui.

– Mais c'est à Dick Leandro qu'il consacre le meilleur de son temps.

Ses lèvres se retroussèrent, creusant des rides sur sa joue et des pattes-d'oie à la commissure des paupières comme si l'âge et la désillusion reprenaient soudain possession de son visage.

– Vous avez un sens aigu de l'observation, monsieur Archer.

– Il faut bien dans mon métier. Notez que Dick Leandro n'en fait pas mystère. Nous nous sommes rencontrés tout à l'heure dans l'allée.

– Oui, il est parti à la recherche de Ralph. Il vit entièrement sous sa coupe, ajouta-t-elle sur un ton sec.

– Comment définiriez-vous leurs relations, madame Hillman ? Dick Leandro se substitue-t-il à Tom dans le rôle du bon fils ?

– Je suppose, en effet, que c'est ainsi que je décrirais la situation. Les parents de Dick se sont séparés, il y a plusieurs années. Le père a quitté la ville et la garde de l'enfant a été évidemment confiée à sa mère. Il manquait à Dick un père, et il s'est trouvé que Ralph avait besoin d'un homme d'équipage pour son sloop. J'ai parfois l'impression que c'est ce dont il a – ou avait – le besoin le plus urgent : quelqu'un avec qui partager des plaisirs virils, un fils par procuration en quelque sorte.

– Il aurait pu trouver mieux que ce Dick Leandro, non ?

Elle ne répondit pas tout de suite.

– Oui, peut-être. Mais quand on est dévoré par l'urgence d'un besoin, on a tendance à s'accrocher aux gens qui sont dans le même cas. Et le pauvre Dick a beaucoup de besoins. Des besoins... exigeants.

– Certains ont été satisfaits. Il m'a dit que votre mari lui avait permis de faire des études.

– C'est exact, mais n'oubliez pas que son père était employé par la société de Ralph, et Ralph est un homme loyal.

– Dick aussi ?

– Il fait preuve d'une loyauté inébranlable envers mon mari, assura Elaine avec énergie.

– Je voudrais, si vous le permettez, vous poser une question de pure forme : admettons que M. Hillman déshérite Tom, testerait-il en faveur de Dick ?

– C'est en effet une question qui ne se pose pas.

– Mais la réponse pourrait avoir des conséquences pratiques. Quelle est votre opinion ?

– Dick recevrait peut-être quelque chose. N'importe comment, mon mari lui léguera quelque chose. Mais n'allez surtout pas vous mettre dans la tête que ce pauvre bellâtre de Dick avec ses cheveux bouclés et ses allures d'athlète soit capable de comploter...

– Ce n'est pas ce que j'insinuais.

– N'allez pas lui chercher des poux dans la tête ! Il s'est comporté avec élégance dans l'épreuve que nous traversons. Mon mari et moi avons trouvé en lui un appui.

– Je sais. Soyez tranquille, je n'ai pas l'intention de le mettre dans l'embarras, fis-je en me levant. Je vous remercie de la franchise avec laquelle vous m'avez parlé.

– Il est trop tard, à présent, pour tricher avec la vérité. A quoi bon ? Si vous avez besoin d'autres informations...

– Il y aurait, en effet, une chose qui pourrait m'être utile. Pourriez-vous m'indiquer le nom de l'organisme par l'intermédiaire duquel vous avez adopté Tom ?

– Nous ne nous sommes pas adressés à un organisme officiel. Nous avons agi discrètement.

– Mais par l'intermédiaire de qui, alors ? D'un avocat ? D'un médecin ?

– D'un médecin. Je ne me rappelle plus son nom mais il a mis Tom au monde à la clinique des Cèdres. Nous avons réglé les frais d'accouchement. Cela faisait partie de l'accord que nous avions passé avec la mère.

– Qui était ?

– Une pauvre fille qui avait des ennuis. En fait, je ne l'ai jamais rencontrée – je n'en avais d'ailleurs aucune envie. Je voulais que tout se passe comme si Tom était mon propre enfant.

– Je comprends.

– Est-il tellement important de savoir qui sont ses véritables parents ? Je veux dire... compte tenu de la situation actuelle ?

– Oui, si Tom erre dans Los Angeles à leur recherche, et j'ai quelques raisons de croire que c'est précisément ce qu'il est en train de faire. Vous avez sûrement noté quelque part le nom du médecin.

– Mon mari pourrait vous le communiquer.

– Malheureusement, il n'est pas là.

– Pourquoi ne pas jeter un coup d'œil dans son bureau ?

Je la suivis dans la bibliothèque. Pendant qu'elle fouillait dans le bureau, j'examinai à nouveau les photographies accrochées au mur. Le groupe immortalisé sur le pont du porte-avions devait être l'escadrille placée sous le commandement de Hillman. Je scrutai les visages de ces jeunes hommes en me demandant lesquels d'entre eux étaient morts à Midway.

Je passai ensuite à la photo de Dick Leandro en train de manœuvrer le yacht. Un visage beau et sain, au regard vide qui ne m'apprenait rien. Peut-être quelqu'un d'autre pouvait-il en tirer quelque chose... Je m'emparai du cliché que je glissai dans la petite poche de ma veste.

Elaine Hillman ne remarqua rien. Elle avait finalement trouvé le nom qu'elle cherchait.

– Ce médecin s'appelait Elijah Weintraub, me dit-elle.

22

Le Dr Weintraub à qui je téléphonai me confirma qu'il avait servi d'intermédiaire dans l'adoption de Thomas Hillman mais il refusa d'aborder ce sujet au téléphone. Rendez-vous fut pris pour l'après-midi même à son cabinet.

Avant de repartir pour Los Angeles, je passai voir le lieutenant Bastian. Son enquête durait depuis près de trois jours et cela n'améliorait en rien son humeur. Les sillons en coups de sabre qui lui labouraient les joues paraissaient s'être creusés davantage.

– C'est gentil de votre part de faire un saut de temps en temps, Archer.

Sa voix était rauque et sa volonté de se montrer sarcastique la rendait plus rocailleuse encore.

– Je travaille maintenant pour Ralph Hillman, lui répondis-je.

– Je sais. Cela vous confère certains avantages et vous ne crachez pas dessus. Cependant, nous travaillons tous les deux sur la même affaire et nous étions censés collaborer, ce qui sous-entend des échanges réguliers d'informations.

– Pourquoi croyez-vous que je sois venu vous voir ?

Son regard enflammé s'apaisa.

– Eh bien, c'est parfait. Qu'avez-vous appris concernant le petit Hillman ?

Je lui racontai presque tout ce que je savais. Suffisamment, en tout cas, pour lui donner satisfaction à lui et à moi bonne conscience. Je me bornai à garder pour moi deux éléments d'information : l'histoire de l'adoption et de l'intervention du Dr Weintraub et l'éventualité d'une rencontre avec Tom à vingt et une heures ce soir-là à la gare routière de Santa Monica. Mais je fus d'une franchise exemplaire pour ce qui était des autres faits et gestes du garçon, y compris sur le fait qu'il avait probablement été prisonnier volontaire au Barcelona.

– Dommage qu'Otto Sipe soit mort, grommela Bastian. Il aurait pu éclairer notre lanterne sur pas mal de choses. Que lui est-il arrivé au juste ? Vous étiez là.

– Il s'est jeté sur Ben Daly en brandissant une bêche. J'avais confié mon revolver au pompiste pendant que j'examinais le corps de Harley. Le coup de feu est parti tout seul.

Bastian fit la moue, puis émit un claquement de langue réprobateur.

– Que savez-vous de ce Daly ?

– Pas grand-chose. Il tient une station-service en face du Barcelona : il n'y a que la route à traverser. Il m'a fait l'effet d'un type sur lequel on pouvait compter. Il a fait la guerre...

– Hitler aussi. La police de Los Angeles nous a informés qu'il avait été en affaires avec Sipe. Il lui procurait des voitures d'occasion, notamment.

– Cela me paraît naturel. Sa station-service était le garage le plus proche du lieu de travail de Sipe.

– Donc, vous ne croyez pas que Daly l'a tué pour le réduire définitivement au silence ?

– Non, mais je garde cette hypothèse au frais. L'autre meurtre m'intéresse davantage. Avez-vous vu le couteau qui a servi à poignarder Harley ?

– Pas encore, mais j'ai sa description, répondit Bastian en cherchant un papier au milieu du fatras qui encombrait son bureau. C'est un couteau de chasse sorti des ateliers Forstmann dans l'Oregon. Le nom de la firme y est gravé.

Il est doté d'une large lame de quinze centimètres de long, au tranchant très acéré. Le manche est recouvert de bandelettes caoutchoutées noires et blanches moulurées pour assurer une bonne tenue des doigts. Pratiquement neuf. La description est-elle fidèle ?

– Je n'ai vu que la poignée avec ses croisillons bicolores. Mais si la lame est large, tranchante et pointue, on peut supposer que c'est la même arme qui a été utilisée par le meurtrier de Carol.

– C'est ce que j'ai dit aux collègues de Los Angeles. Ils vont m'envoyer l'outil aux fins d'identification.

– Exactement ce que j'allais suggérer.

Bastian se pencha au-dessus de son bureau en posant les avant-bras sur les papiers qui le couvraient.

– Vous ne pensez pas que c'est peut-être quelqu'un d'ici qui a poignardé Harley ?

– C'est encore une hypothèse qui mérite d'être retenue.

– Pourquoi l'avoir tué ? Pour s'approprier sa part de la rançon ?

– Non, ça ne colle pas. Il n'avait plus un sou vaillant quand il a quitté Las Vegas. Je tiens le tuyau du flambeur qui l'a ratiboisé.

– Et Harley n'a pas tué le bonhomme ? C'est curieux.

– Je suppose qu'il y avait des flingueurs professionnels dans les parages immédiats. Harley n'a jamais été qu'un semi-pro.

– Mais pourquoi l'a-t-on descendu si ce n'est pas pour son fric ? s'exclama Bastian, le sourcil en accent circonflexe.

– Ça, nous ne le saurons que lorsque nous aurons mis la main sur son assassin.

– Vous n'avez pas une petite idée de son identité ?

– Non. Et vous ?

– J'y ai un peu réfléchi mais je préfère garder le silence.

– Parce que je travaille pour Hillman ?

– Je n'ai pas dit ça.

Les yeux noirs de Bastian se voilèrent et il changea de sujet :

– Un dénommé Robert Brown, le père de la victime du motel, est passé et vous a demandé. Il est descendu au City Hotel.

– Je passerai le voir demain. Tâchez de le traiter avec ménagement.

– Je traite toujours les témoins avec ménagement. Harold Harley m'a appelé il y a quelques minutes. Il est très éprouvé par la mort de son frère.

– Je n'en suis pas autrement surpris. Quand l'avez-vous remis en liberté ?

– Hier. Nous n'avions aucune raison de prolonger la garde à vue. La loi n'oblige personne à balancer son propre frère.

– Il est rentré à Long Beach ?

– Oui. Il témoignera au procès si jamais il reste encore quelqu'un à traduire en justice.

Ça, c'était un chien de sa chienne. La mort d'Otto Sipe lui était restée en travers de la gorge : il ne me la pardonnerait pas de sitôt. Sur cette ultime vacherie, je pris congé.

Avant de me rendre à mon rendez-vous avec le Dr Weintraub, je pris la route de la côte et je m'arrêtai à la station-service. Ben était devant ses pompes, la tête bardée de pansements. Dès qu'il me vit, il se précipita pour se barricader dans son bureau. Un petit gars qui était sa réplique en plus jeune en sortit au bout d'un moment. Il me demanda sur un ton rogue ce que je voulais.

– J'aimerais parler une minute avec M. Daly.

– Désolé, mais papa veut pas causer avec vous. Il a été salement marqué par ce qui s'est passé ce matin.

– Moi aussi. Dis-le-lui. Et dis-lui aussi que j'ai une photo à lui montrer pour une identification.

Le petit gars disparut à l'intérieur du bureau dont il referma soigneusement la porte. De l'autre côté de la route où grondait la circulation, le Barcelona, baigné de lumière, se dressait, massif, tel un monument érigé à la mémoire d'une civilisation éteinte. Il y avait une kyrielle de voitures officielles dans l'allée et un policier en tenue tenait en respect la foule des curieux.

Le fils de Daly ressortit du bureau, l'air maussade.

– Papa veut pas voir vos photos. Il dit comme ça que celles que vous lui avez déjà montrées lui ont porté la poisse.

– Dis-lui que j'en suis navré.

Le petit gars refit la navette en négociateur consciencieux mais, cette fois, il ne revint pas. Son père ne montra pas davantage le nez. Je jugeai préférable de laisser tomber Ben Daly pour le moment.

Le cabinet du Dr Weintraub était installé dans l'un des centres médicaux de Wilshire, tout près de la clinique des Cèdres. L'ascenseur automatique me cracha dans une salle d'attente au cinquième étage. L'élégant mobilier danois fabriqué en Californie et la musiquette d'ambiance me mirent les nerfs en pelote avant même que je ne m'assoie. Deux femmes enceintes me prirent – moi, simple représentant du sexe masculin – dans le feu croisé de leurs regards apitoyés.

– Monsieur Archer ? fit la réceptionniste ultra-maquillée derrière le comptoir d'accueil.

– Lui-même.

– Le Dr Weintraub va vous recevoir dans quelques minutes. Comme vous ne venez pas consulter, il est inutile que je fasse une fiche, n'est-ce pas ?

– Mes antécédents vous feraient dresser les cheveux sur la tête, mon petit.

Le Dr Weintraub ouvrit la porte de son bureau et me fit signe d'entrer. Il avait à peu près le même âge que moi.

Comme tant de ses confrères, il se laissait aller : sous sa blouse blanche, ses épaules étaient voûtées et sa bedaine s'arrondissait. Ses cheveux noirs et frisés s'éclaircissaient. Mais, derrière les lunettes, ses yeux charbonneux étaient étonnamment vivants. J'avais presque l'impression qu'ils me taraudaient le corps lorsque nous échangeâmes une poignée de main. Sa physionomie me rappelait vaguement quelque chose mais je n'arrivais pas à le situer.

– Vous semblez avoir besoin de repos, remarqua-t-il immédiatement. C'est un conseil d'ami.

– Je vous remercie mais on verra ça plus tard.

Je m'abstins de rétorquer que, lui, il avait besoin d'exercice.

Il s'assit pesamment derrière son bureau et je pris place en face de lui sur une chaise réservée à la clientèle. Une bibliothèque occupait toute la surface d'un mur. Les livres qui s'alignaient sur les rayonnages semblaient couvrir à peu près tout le champ des disciplines médicales, mais la psychiatrie et la gynécologie s'y taillaient la part du lion.

– Êtes-vous psychiatre, docteur ?

– Non, répondit-il avec un regard mélancolique. Je voulais l'être, mais mes études ont été interrompues par la guerre. Après, j'ai choisi une autre spécialité, l'obstétrique. C'est, aussi, très satisfaisant et les chances d'une réussite rapide sont beaucoup plus nombreuses. Je veux dire par là qu'il est rare que je perde un bébé.

– Vous avez mis Thomas Hillman au monde ?

– Oui. Je vous l'ai dit au téléphone.

– La date de sa naissance vous est-elle revenue à la mémoire ?

– J'ai chargé ma secrétaire de faire des recherches. Thomas est né le 12 décembre 1945. Une semaine plus tard – le 20 décembre pour être précis –, j'ai procédé aux formalités d'adoption pour le compte du capitaine et de

Mme Hillman. Ce fut un merveilleux cadeau de Noël pour eux, conclut-il avec chaleur.

– Quels ont été les sentiments de la vraie mère ?

– Elle ne voulait pas de l'enfant.

– Elle n'était pas mariée ?

– En fait, si. C'était une jeune mariée, mais ni elle ni son époux ne souhaitaient avoir un enfant à ce moment-là.

– Pourriez-vous me donner le nom du couple ?

– Le secret professionnel me l'interdit, monsieur Archer.

– Même si cette information devait permettre d'élucider un crime ou de retrouver un jeune fugueur ?

– Il faudrait que j'aie connaissance du dossier complet et que je prenne le temps de réfléchir. Mais je n'en ai pas le temps. Je suis déjà en train de prendre sur celui qui est réservé à... à mes autres patients.

– Vous n'avez pas eu de nouvelles de Thomas Hillman au cours de la semaine ?

– Ni cette semaine ni les précédentes.

Il se leva lourdement, alla ouvrir la porte et, s'effaçant pour me laisser le passage, attendit avec une impatience courtoise que je débarrasse le plancher.

23

Avec son portique de colonnes cannelées, la façade de l'immeuble où habitait Susanna semblait être le produit d'un croisement entre un temple grec et une demeure coloniale, sauf qu'elle était en crépi bleu au lieu d'être blanche. Je me sentais écrasé sous les colonnades du vestibule. Mlle Drew était absente.

Je consultai ma montre : pas loin de dix-sept heures. Il y avait de fortes chances pour qu'elle soit allée directement à son travail après son déjeuner avec Hillman. J'allai m'installer dans la voiture et m'absorbai dans la contemplation de la circulation.

Un quart d'heure plus tard un taxi se rangea derrière moi. Susanna en descendit. J'arrivai à sa hauteur au moment où elle réglait sa course. En me voyant, elle lâcha un billet de cinq dollars que le chauffeur attrapa prestement au vol.

– J'espérais bien que tu passerais, Lew, fit-elle sans conviction. Monte.

Comme elle éprouvait quelque difficulté à trouver le trou de la serrure, je lui pris la clé des mains. L'élégant salon parut soudain avoir une apparence miteuse comme un décor où l'on aurait trop joué. Même la lumière de fin d'après-midi qui filtrait par les fenêtres avait un je-ne-sais-quoi de souffreteux : une clarté d'occasion.

Susanna se laissa tomber sur un divan, ses longues jambes écartées.

– Je suis vannée. Sers-toi un verre.

– Pas question. J'ai une dure nuit en perspective.

– Brrr ! Voilà une déclaration de mauvais augure. Prépare-moi quand même quelque chose à boire. Un cocktail Voyage au bout de la nuit avec un trait de jusquiame, par exemple. Ou plutôt... non, une simple coupe d'eau du Léthé fera l'affaire.

– Tu es si fatiguée ?

– J'ai bossé toute la journée, mon cher. Car les hommes doivent pleurer et les femmes travailler même quand le mascaret déferle en rugissant comme dit – à peu près – le poète.

– Si tu te calmais un peu, j'aimerais qu'on parle sérieusement.

– Voilà qui promet d'être désopilant !

– Tais-toi !

Je lui préparai un cocktail dont elle but une gorgée.

– Merci, Lew. Tu es vraiment adorable.

– Arrête ton cinéma, tu veux ?

Elle me lança un regard chagrin.

– Tout ce que je dis porte à faux. Tu es en boule contre moi ? D'accord, je n'aurais peut-être pas dû partir en laissant Stella toute seule, mais elle dormait encore et il fallait bien que j'aille au boulot. D'ailleurs, elle est rentrée chez elle. Son père m'a téléphoné pour me remercier juste avant que je quitte le bureau.

– Il t'a téléphoné pour te remercier ?

– Et aussi pour me poser quelques questions, pas seulement à ton sujet : d'après ce que j'ai compris, Stella aurait encore fichu le camp. M. Carlson m'a demandé de prendre contact avec lui si jamais elle revenait ici. Qu'en penses-tu ?

– Je m'en balance. Stella n'est pas mon problème.

– C'est moi, ton problème ?

– Tu en fais partie. Tu n'as pas laissé Stella seule ce matin pour aller au boulot. Tu as pris ton petit déjeuner avec Hillman. Tu ne t'imaginais quand même pas que je ne serais pas mis au courant !

– Nous étions dans un lieu public.

La réplique tomba comme un cheveu sur la soupe.

– La question n'est pas là. Vous auriez aussi bien pu prendre votre petit déjeuner au lit, je n'en ai rien à foutre. La question, c'est que tu as essayé de dissimuler un fait, et un fait qui a une sacrée importance.

Son expression de bête blessée se mua en expression de colère l'espace d'un instant mais elle n'était pas très convaincante, dans l'indignation ; sa colère simulée n'était qu'une échappatoire de plus et elle était consciente que les faux-fuyants n'étaient plus de saison. Elle vida son verre et me demanda d'une voix pathétique :

– Veux-tu dire que c'est important pour toi personnellement ? Ou que c'est important pour ton enquête ?

– Les deux. J'ai parlé avec Mme Hillman. En fait, c'est surtout elle qui a parlé.

– Parlé de quoi ? De Ralph et de moi ?

– Oui. Ça n'a pas été une conversation particulièrement agréable, ni pour elle ni pour moi. J'aurais préféré apprendre la vérité de ta bouche.

Elle se détourna. Sa chevelure noire absorbait presque entièrement la lumière. J'avais l'impression d'avoir devant moi une flaque de ténèbres en forme de crâne.

– C'est une période de ma vie dont je ne suis pas spécialement fière.

– Parce qu'il était beaucoup plus âgé que toi ?

– Oui, mais pas uniquement à cause de ça. Avec l'expérience, je me rends compte à quel point il est ignoble de voler le mari d'une autre femme.

– Alors, pourquoi persistes-tu dans l'erreur ?

– Mais c'est absolument faux ! s'écria-t-elle avec indignation. A peine ébauchée, notre aventure a pris fin. Si Mme Hillman s'imagine que ça dure toujours, elle se trompe !

– C'est moi qui imagine... Ce matin, tu as déjeuné avec lui. L'autre jour, il t'a téléphoné et tu as refusé de me donner le nom de ton correspondant.

Lentement, elle tourna son visage vers moi.

– Mais cela n'a aucun sens. Je ne lui avais pas demandé de m'appeler. Si je l'ai accompagné ce matin, c'est parce qu'il avait désespérément besoin de parler à quelqu'un et je ne voulais pas déranger Stella, voilà tout. Et si tu veux tout savoir, c'était aussi pour l'empêcher de me faire du rentre-dedans.

– Il a tendance à se montrer entreprenant ?

– Je n'en sais rien. Nous ne nous étions pas revus depuis près de dix-huit ans. J'étais effarée par le changement qui s'était produit en lui. Il était dans un triste état, ce matin. Il avait bu et, d'après ce qu'il m'a dit, il avait passé la nuit à déambuler dans Los Angeles avec l'espoir de retrouver son fils.

– Moi aussi, je l'ai cherché, mais personne ne m'a invité à déjeuner pour me tenir la main.

– Serais-tu jaloux, Lew ? Mais ce n'est pas possible, voyons ! Il est vieux ! C'est un vieil homme brisé.

– Tes dénégations sont un peu trop vives pour être convaincantes.

– C'est pourtant la vérité. Si tu savais dans quel état j'étais ce matin ! Tout me dégoûtait : pas seulement Ralph Hillman mais toute ma vie... ma vie ratée ! s'écria-t-elle en balayant la pièce du regard comme si elle la trouvait soudain minable, elle aussi. Je suis prête à me confesser quand on voudra...

– Je n'attends que ça, Susanna. Comment as-tu fait sa connaissance ?

– Prépare-moi un autre verre.

Je m'exécutai.

– Quand et comment l'as-tu rencontré ? repris-je après l'avoir servie.

– En mars 1945 quand je travaillais à la Warner. Un groupe d'officiers de marine étaient venus aux studios pour visionner un film de guerre que nous avions produit. Ils avaient organisé une soirée à laquelle j'étais invitée. Ralph m'a fait boire et m'a ensuite emmenée au Barcelona où il m'a initiée aux délices furtives des amours illicites. En ce qui me concernait, c'était une grande première, à double titre : c'était la première fois que je me saoulais et la première fois que je couchais. Si tu ne restais pas planté là à me regarder, Lew, ce serait plus facile, ajouta-t-elle d'une voix dure.

J'approchai un pouf devant elle et je m'assis.

– Mais cela n'a pas eu de suite, disais-tu ?

– Si, ça a duré quelques semaines. Je serai franche avec toi : j'étais amoureuse de Ralph. Il était beau, il était brave... et tout et tout.

– Et marié de surcroît.

– C'est essentiellement à cause de cela que j'ai rompu. Mme Hillman... Elaine Hillman a eu vent de notre liaison et elle est venue me voir à Burbank. Quelle scène ! Je ne sais pas ce qui serait arrivé si Carol n'avait pas été là ! Elle a finalement réussi à nous calmer toutes les deux et nous avons pu parler raisonnablement.

Elle ménagea une pause avant d'ajouter sur un ton nostalgique :

– Carol avait sa part de soucis, elle aussi, mais elle avait le don d'apaiser les gens.

– Qu'est-ce qu'elle fabriquait dans cette histoire ?

– Elle habitait avec moi, ne te l'avais-je pas dit ? Je l'hébergeais. Toujours est-il qu'elle était là, immobile comme une poupée de porcelaine, tandis qu'Elaine Hillman m'exposait en long, en large et en travers tout le mal que je lui faisais, à elle et à son ménage. C'était horrible et j'ai compris que je devais arrêter les frais. C'est ce que je lui ai dit et ma promesse a paru la satisfaire. C'est une femme attachante, tu sais – du moins l'était-elle en ce temps-là.

– Elle l'est toujours si l'on gratte un peu la surface. Et Ralph Hillman est lui aussi un personnage intéressant.

– Il l'était alors, en tout cas.

Je voulus tester sa franchise :

– Tu n'as pas eu d'autres raisons de le laisser tomber, en dehors de la visite de sa femme ?

Elle échoua au test de la franchise – ou de la mémoire :

– Je ne vois pas ce que tu veux dire.

– Comment Elaine avait-elle appris que tu étais la maîtresse de son mari ?

– Oh ! ça... Mme Hillman t'a raconté, je suppose ?

Sa mauvaise conscience altéra ses traits.

– Elle a fait allusion à une photo.

– Te l'a-t-elle montrée ?

– Elle est beaucoup trop grande dame pour cela.

– C'est dégoûtant de parler comme ça !

– Ce n'est pas une vacherie. Tu deviens parano, ma parole !

– Oui, docteur. Faut-il que je m'allonge sur ce divan et que je vous raconte mes rêves ?

– J'envisageais une utilisation plus plaisante du divan.

– Pas maintenant, fit-elle précipitamment.

– Non. Pas maintenant, admis-je tout en sentant que par cette confrontation, nous avions atteint un certain degré d'intimité ou, au moins, de compréhension mutuelle. Je suis désolé d'avoir à remuer toute cette boue.

– Je sais. Je te connais suffisamment pour le savoir. Et pour savoir aussi que tu n'as pas fini.

– Cette photo, qui l'a prise ? Otto Sipe ?

– En tout cas, il était là. J'ai entendu sa voix.

– Tu ne l'as pas vu ?

– Je cachais mon visage : il y eut un éclair de flash, et ça a été comme si la réalité explosait, expliqua-t-elle en passant la main sur ses yeux. Je crois qu'il y avait un second homme dans l'encadrement de la porte, et que c'est lui qui a pris la photo.

– Harold Harley ?

– Sûrement. Mais je ne l'ai pas vu.

– A quelle date a eu lieu l'incident ?

– C'est resté gravé dans ma mémoire : le 14 avril 1945. Est-ce important ?

– La vie est faite d'un seul bloc. Le problème est de raccorder les événements entre eux.

– Et c'est là ta mission dans l'existence, n'est-ce pas ? fit-elle avec une pointe d'ironie. Ce ne sont pas les gens qui t'intéressent mais les raccords, comme tu dis. Tu es un... – elle chercha un qualificatif injurieux – un plombier.

J'éclatai de rire. Elle sourit imperceptiblement mais son regard demeurait sombre.

– Nous avons encore un raccord à ajuster. Cette fois, il ne s'agit pas de plomberie mais de téléphone.

– Tu penses à l'appel de Ralph, l'autre jour ?

– Exactement. Il voulait que tu gardes le silence sur quelque chose. Sur quoi ?

Elle se tortilla sur son siège et ramena ses jambes sous elle.

– Je ne voudrais pas lui causer d'ennuis. Je lui dois au moins ça.

– Fais-moi grâce de tes états d'âme. C'est sérieux.

– Tu n'as pas besoin de te montrer insultant.

– Je te présente mes excuses. Maintenant, raconte.

– Eh bien, voilà. Il savait que tu étais venu me voir et il m'a dit qu'il était indispensable que nous accordions nos violons. Il y avait apparemment une contradiction dans l'histoire qu'il t'avait sortie. Il t'avait dit qu'il n'avait jamais rencontré Carol mais c'était faux. Après l'arrestation de Mike Harley, elle s'était tournée vers lui et il avait fait tout ce qu'il avait pu pour elle. La consigne était que je ne te parle pas de l'intérêt qu'il lui portait.

– Parce qu'il s'intéressait à elle ?

– Pas dans le sens où tu l'entends, répondit-elle en relevant la tête. J'étais sa maîtresse. Et l'idée de laisser une jeune mariée, presque une enfant, toute seule au Barcelona le gênait. Il m'a demandé de la prendre sous mon aile – une aile quelque peu froissée, il faut bien le dire. Et c'est ce que j'ai fait.

– Tout cela me paraît tout à fait innocent.

– Ça l'était. Je te jure que ça l'était. D'ailleurs, j'avais beaucoup d'affection pour Carol. Cet été passé à Burbank a été un épisode merveilleux dans ma vie. J'avais l'impression que le bébé qu'elle portait était notre bébé à toutes les deux.

– Tu n'as pas eu d'enfant ?

Elle secoua la tête avec tristesse.

– Et maintenant, je n'en aurai plus jamais. J'ai cru que j'étais enceinte au printemps de cette année-là, mais le docteur a dit que ce n'était qu'une grossesse nerveuse : un symptôme de frustration.

– Carol se faisait-elle suivre par un médecin à l'époque où tu l'hébergeais ?

– Oui. Je l'ai obligée à aller voir le mien : le Dr Weintraub.

– C'est lui qui l'a accouchée ?

– Je n'en sais rien. N'oublie pas qu'elle m'avait quittée, à ce moment-là. Elle était repartie avec Mike Harley. Et je ne suis pas retournée voir le Dr Weintraub parce qu'il était lié, pour moi, à des souvenirs déplaisants.

– Il avait été désagréable ?

– Je parle de souvenirs associés à Ralph Hillman. C'était Ralph qui m'avait envoyée chez lui. Je crois qu'ils s'étaient connus dans la marine.

Je revis brusquement le visage poupin du Dr Weintraub. Et, en même temps, je me rappelai avoir vu le même jour une version rajeunie du médecin : Weintraub faisait partie du groupe qui avait posé sur le pont du porte-avions pour la photo accrochée sur le mur de la bibliothèque de Ralph Hillman.

– C'est drôle, disait Susanna, comme un nom que l'on n'a pas entendu prononcer pendant dix-sept ou dix-huit ans resurgit soudain et revient dans plusieurs conversations à deux heures ou deux jours d'intervalle. Le nom de Weintraub, par exemple.

– Il est revenu dans un contexte différent ?

– Cet après-midi même au bureau, j'ai eu une visite assez bizarre. Je voulais t'en parler mais avec toutes ces histoires, ça m'était sorti de l'esprit. Quelqu'un qui s'intéressait également à Weintraub.

– Qui ?

– Il ne voulait pas me dire son nom. Comme j'insistais, il a prétendu s'appeler Jackman.

– Sam Jackman ?

– Il ne m'a pas précisé le prénom.

– Sam Jackman est un Noir d'un certain âge à la peau très claire qui ressemble à un musicien de jazz dans la dèche – ce qu'il est, d'ailleurs.

– Mon interlocuteur semblait bien être dans la dèche, d'accord, mais ce n'était sûrement pas ton Sam. Son fils, peut-être : il n'avait pas plus de dix-huit, dix-neuf ans.

– Décris-le-moi, veux-tu ?

– Le visage étroit, des traits réguliers, des yeux noirs au regard intense – si intense qu'il m'effrayait un peu. Il avait l'air intelligent, mais il était trop excité pour s'exprimer de manière cohérente.

– Pourquoi était-il si excité ?

Moi aussi, j'éprouvais soudain une excitation grandissante.

– A cause de la mort de Carol, je crois. Il n'y a pas fait directement allusion mais il m'a demandé si je l'avais connue en 1945. D'après ce que j'ai cru comprendre, il n'avait pas hésité à aller jusqu'à Burbank dans l'espoir de me trouver. Il était tombé sur une ancienne secrétaire de la Warner avec qui j'ai gardé le contact et il s'est recommandé d'elle pour passer le barrage et pénétrer dans mon bureau. Il m'a interrogé sur le bébé Harley. Comme j'étais incapable de lui fournir la moindre indication, il m'a demandé quel était le médecin qui s'était occupé de Carol. J'ai retrouvé son nom en fouillant dans mes souvenirs : Weintraub, Elijah Weintraub. Ce n'est pas un nom tellement facile à oublier. Il a été satisfait et j'ai poussé un ouf de soulagement quand ce garçon a pris la porte.

– Dommage que tu l'aies laissé partir comme ça !

Elle me regarda d'un air intrigué.

– Tu crois que c'était le jeune Harley ?

Je ne répondis pas directement mais je sortis ma collection de photos. Je les battis comme un jeu de cartes. Une sorte de frémissement électrique me parcourait les mains comme si le temps se resserrait.

– Il n'est pas mort, hein, Lew ? fit Susanna, effrayée, dans un souffle. Je ne pourrais pas supporter la vue d'un autre cadavre.

– Non, il est vivant. Enfin... je l'espère.

Je lui mis le portrait de Tom Hillman sous les yeux.

– Oui, c'est bien lui ! Mais il est moins brillant, maintenant. Est-ce le petit Harley ?

– Je le pense. Et aussi le bébé que Ralph et Elaine Hillman ont adopté par l'entremise du Dr Weintraub. As-tu l'impression qu'il avait l'intention d'aller chez Weintraub en te quittant ?

– Oui, absolument, répondit-elle, surexcitée à son tour. On dirait une tragédie antique : l'histoire d'un homme en quête de ses origines.

– Le hic, c'est que ses parents sont morts tous les deux. A quelle heure as-tu eu sa visite ?

– Vers les seize heures.

Il était presque dix-huit heures, maintenant. Je décrochai le téléphone pour appeler le cabinet de Weintraub. On me répondit qu'il était fermé. La standardiste refusa de me donner le numéro personnel et l'adresse du médecin. Je dus me contenter de laisser mon nom et le numéro de Susanna pour qu'il me rappelle – s'il en avait envie.

Une heure passa. Susanna me fit griller un steak dont elle prit un petit morceau qu'elle mâchonna sans appétit, assise en face de moi dans le patio, devant la table de marbre. Elle me parlait des mythes d'identité, de leur floraison à travers les âges : Œdipe, Hamlet, Dédale. C'était le sujet d'un cours de son père. Cela faisait passer le temps mais ne faisait rien pour atténuer mon anxiété. Hamlet avait eu une mort tragique. Œdipe avait tué son père, épousé sa mère et s'était crevé les yeux.

– Thomas Harley, fis-je à haute voix. Thomas Harley Hillman Jackman. Il savait qu'il n'était pas le fils de Hillman. Il croyait qu'il y avait eu substitution d'enfants à la clinique.

– Les substitutions d'enfants, c'est courant dans les mythes.

– Moi, c'est la vie qui m'intéresse : la vie réelle. Il a quitté ses parents adoptifs pour partir à la recherche de ses véritables parents. Et il a fallu que ce soient les Harley !

– Tu es vraiment sûr que c'est leur fils ?

– Ça colle avec tout ce que je sais de lui. Et, soit dit en passant, cela explique aussi pourquoi Ralph Hillman a essayé de passer sous silence le fait qu'il s'était occupé de Carol. Il voulait que l'adoption reste ignorée.

– Mais pourquoi ?

– Il l'a gardée secrète pendant toutes ces années, même vis-à-vis de Tom. Sur ce plan, il me fait l'effet de n'être pas normal.

– C'est l'impression que j'ai eue ce matin, reconnut-elle en se penchant vers moi pour poser le bout des doigts sur les miens. Lew..., tu ne penses quand même pas qu'il aurait tué Carol au cours d'une crise de démence ?

– C'est une possibilité mais très vague. Qu'est-ce qu'il avait en tête ce matin au petit déjeuner ?

– Il pensait à lui. Surtout à lui. Il avait le sentiment que toute sa vie était en train de se briser et il s'était dit que je serais peut-être partante pour l'aider à en recoller les morceaux. Au bout de dix-huit ans, il m'a offert ma seconde chance.

Son mépris n'allait pas seulement à Hillman : il l'englobait elle aussi.

– Je ne comprends pas très bien.

– Il m'a proposé de m'épouser, Lew. Je suppose que c'est dans la ligne des mœurs contemporaines. On programme son futur mariage avant même de liquider le présent !

– Je n'aime pas le mot « liquider ». T'a-t-il fait part de ses intentions concernant Elaine ?

– Non.

Elle était pâle, les traits défaits.

– J'espère qu'il ne songeait qu'au divorce. Quelle a été ta réponse ?

– Ma réponse ?

– A ses ouvertures matrimoniales ?

– Oh ! je lui ai dit que j'attendais une offre plus intéressante.

Ses yeux noirs au regard lourd de sous-entendus me transperçaient. La sonnerie du téléphone éclata avant que j'aie eu le temps de faire le commentaire bien balancé que je cogitais. J'allai répondre.

– Archer, j'écoute.

– Ici le Dr Weintraub, annonça une voix qui avait perdu sa placidité. Je viens de vivre une expérience extrêmement pénible...

– Vous avez vu le jeune Hillman ?

– Oui. Il est arrivé au moment où je me préparais à partir. En gros, il m'a posé la même question que vous.

– Que lui avez-vous dit, docteur ?

– La vérité. D'ailleurs, il la connaissait déjà. Il voulait savoir si Mike et Carol Harley étaient ses parents. Ce sont ses parents.

– Comment a-t-il réagi ?

– De manière violente. Il m'a frappé et il a cassé mes lunettes. Sans elles, je suis pratiquement aveugle. Et il a pris la fuite.

– Avez-vous prévenu la police ?

– Non.

– Alors, faites-le immédiatement. Et dites-leur qui il est.

– Mais son père... son père adoptif ne voudrait pas que je...

– Je sais ce que c'est que d'avoir affaire à un ancien officier dont on était le subordonné, docteur. Il a été votre chef autrefois, n'est-ce pas ?

– Oui. J'étais le médecin du bord.

– Vous ne l'êtes plus et Hillman n'a plus à penser à votre place. Vous avertissez la police ? Ou c'est moi ?

– Je l'appelle. Il est certain que dans l'état où il est, ce garçon peut être dangereux.

– Quel état ?

– Il est terriblement exalté et, comme je vous l'ai dit, ses réactions sont violentes.

Avec l'hérédité qu'il avait, ce comportement n'était guère étonnant.

24

J'embrassai Susanna, lui souhaitai bonne nuit et repris la voiture. Je redescendis Wilshire. Mon intention était de me rendre à la gare routière de Santa Monica à vingt et une heures pour le cas où Tom y serait, mais j'avais encore le temps de faire une nouvelle tentative auprès de

Ben Daly. Je tournai donc dans San Vicente afin de rejoindre la route du littoral.

Le soleil, déjà bas au-dessus de l'horizon, éclaboussait de ses feux la mer et le ciel. La façade même du Barcelona se parait du rose factice des villas méditerranéennes. La foule des curieux qui se pressaient dans l'allée de l'hôtel s'était renouvelée et n'était plus aussi dense. Mais il y avait encore les irréductibles qui attendaient que se produise quelque chose de plus excitant que ce qui meublait leur existence quotidienne. La nuit était tiède et presque tout le monde était en tenue de plage. A l'exception d'un homme vêtu d'un strict costume gris foncé et coiffé d'un feutre noir. Cette silhouette me disait quelque chose.

Impulsivement, je rangeai ma voiture et en descendis.

L'homme en gris n'était autre que Harold Harley. Il portait une cravate noire – c'était sans aucun doute Lila qui la lui avait choisie – et paraissait inconsolable. Son affliction redoubla encore à ma vue.

– Monsieur Archer ?

– Vous ne m'avez quand même pas déjà oublié, Harold !

– Non, mais tout a changé. Tout... jusqu'à la figure des gens, jusqu'à cet hôtel. Ce n'est plus qu'une vieille carcasse creuse, qui n'a plus rien à voir avec le palace ultrachic de mes souvenirs. Même le ciel est différent, fit-il observer en levant les yeux vers le ciel strié de traînées rouges. On dirait une toile peinte derrière laquelle il n'y aurait rien.

Il parlait comme un artiste. Peut-être en serait-il devenu un, si son enfance avait été plus heureuse.

– Je ne m'étais pas rendu compte que vous aviez encore autant d'affection pour votre frère, Harley.

– Moi non plus. Mais il n'y a pas que ça. Je déteste la Californie. Il ne m'est jamais rien arrivé de bon en Californie. Ni à moi ni à Mike. Je voudrais être encore dans l'Idaho.

D'un geste vague, il désigna les voitures officielles. Je l'entraînai à l'écart du petit groupe des badauds, des femmes en pantalon et soutien-gorge débordant de chairs, des jeunes filles aux mèches raides comme du foin qui retombaient sur leur front jusqu'à leurs yeux ombrés de bleu, des garçons hâlés et sûrs d'eux, aux cheveux décolorés par le soleil.

Nous fîmes halte sous un magnolia crevant visiblement de soif.

– Ce qui est arrivé à votre frère a commencé dans l'Idaho, Harold.

« Et aussi tout ce qui t'est ou ne t'est pas arrivé à toi », pensai-je.

– Comme si je ne le savais pas ! Le vieux disait qu'il finirait sur l'échafaud. Eh bien, il aura au moins échappé à la potence.

– J'ai parlé à votre père.

Harold sursauta et regarda derrière lui.

– Il est en ville ?

– Je suis allé hier à Pocatello.

Il parut à la fois soulagé et anxieux.

– Comment va-t-il ?

– Il n'a guère changé, j'imagine. Vous ne m'aviez pas dit qu'il déraillait sérieusement.

– Vous ne me l'avez pas demandé. Et puis, il n'est pas tout le temps comme ça.

– Il a quand même été interné à plusieurs reprises.

– Oui.

Il baissa la tête. Dans les derniers flamboiements du soleil, je distinguai la poussière incrustée dans le pli de son feutre et les taches toutes fraîches qui en maculaient le ruban.

– Vous n'avez rien à vous reprocher. Et cela explique bien des choses, et notamment le comportement de votre frère.

– Je sais. Il terrorisait Mike, quand il était tout gosse. Maman a fini par le faire enfermer à cause de la vie qu'il nous faisait mener. Plus tard, Mike est parti et il n'est jamais revenu à la maison. Qui pourrait l'en blâmer ?

– Mais vous, vous êtes resté à la ferme ?

– Pendant un certain temps. J'avais un truc : je faisais semblant d'être ailleurs. En Californie, par exemple. Au bout du compte, j'y suis venu et je me suis inscrit dans une école de photographie.

J'en revins à la question qui m'intéressait. C'était, en fait, une série de questions portant sur leurs vies inextricablement entremêlées, sur le cheminement qui avait conduit Mike Harley et Carol Brown de l'Idaho de leurs débuts à la Californie de la fin. Le début et la fin étaient clairs. C'était la période intermédiaire qui m'intriguait. Et le dénouement, lui aussi, demeurait obscur.

– J'ai également vu les parents de Carol, Harold. Elle leur avait rendu visite cet été et elle avait laissé une valise dans sa chambre. J'y ai trouvé une lettre qui m'a fait comprendre pourquoi vous vous considériez comme responsable de l'action dirigée contre Hillman.

– Ah ? Vous avez lu ma lettre ? J'ai été stupide. Je n'aurais jamais dû écrire une telle lettre à Mike.

Il se tenait de nouveau la tête baissée.

– Il n'est pas si commode de prévoir les conséquences d'actes apparemment insignifiants. Et vous ne lui suggériez rien de criminel.

– Fichtre pas !

– D'ailleurs, votre lettre m'a aidé. Elle m'a mis sur la piste d'Otto Sipe et elle finira, j'espère, par me conduire jusqu'au jeune Hillman. Il est resté caché avec Sipe au

Barcelona de lundi matin à mercredi soir – c'est-à-dire hier.

– Sans blague ?

– Le dénommé Otto Sipe... le connaissiez-vous bien ?

Il tressaillit. S'il avait pu, il se serait volatilisé sur place, en me laissant face à un complet vide, à une cravate noire et à un chapeau flottant au-dessous des feuilles racornies tombées du magnolia.

– C'était un ami de Mike, murmura-t-il d'une voix presque inaudible. C'est comme ça que je l'ai connu. Il entraînait mon frère dont il voulait faire un boxeur professionnel.

– Et dans quelle carrière vous a-t-il entraîné, vous, Harold ?

– Moi ?

– Oui, vous. Sipe n'est-il pas intervenu pour vous faire engager comme photographe au Barcelona ?

– C'était uniquement parce que j'étais le frère de Mike.

– Que votre parenté avec lui fût pour quelque chose, je n'en doute pas. Mais Sipe ne voulait-il pas que vous l'aidiez aussi à pratiquer son violon d'Ingres ?

– Son violon d'Ingres ?

– Le chantage.

Il secoua la tête avec une telle violence que son chapeau faillit tomber.

– Je n'ai jamais vu la couleur de l'argent qu'il ramassait de cette manière, parole d'honneur. Il me payait les photos au tarif officiel : un dollar pièce... des clopinettes, quoi ! Si j'avais rué dans les brancards, ce n'est pas difficile : j'aurais perdu mon boulot. Mais j'ai laissé tomber à la première occasion. C'était une combine pourrie.

Il laissa son regard errer sur la façade délabrée de l'hôtel, maintenant éclatante de blancheur dans le crépuscule, et répéta avec véhémence :

– Je n'ai jamais touché un sou. Je n'ai même jamais su qui il faisait chanter.

– Même pas une fois ?

– Je ne vois pas ce que vous voulez dire.

– N'avez-vous pas pris un jour une photo du capitaine Hillman et de sa petite amie ?

Il était pâle et son visage se couvrit de gouttes de sueur.

– Je ne sais pas. Je vous répète que je ne connaissais pas le nom des gens que je photographiais.

– Au printemps, à Newport, vous avez pourtant reconnu le capitaine Hillman.

– Bien sûr, il était officier sur le bateau de Mike. Je l'avais rencontré quand j'étais monté à bord.

– Et vous ne l'aviez plus jamais revu ?

– Non, monsieur.

– Même quand vous avez été arrêtés, Mike et vous ? Au printemps 1945 ?

Il acquiesça.

– Le 5 mars. Je ne risque pas d'oublier cette date. Ça a été la seule et unique fois où j'ai été arrêté. Après ma libération, je n'ai plus remis les pieds ici. Jamais. Jusqu'à aujourd'hui.

Il jeta un coup d'œil autour de lui comme s'il avait été trahi pour la seconde fois.

– Si vous dites la vérité, ce n'est pas vous qui avez pris la photo qui m'intéresse. Elle a été prise en avril.

– Je ne mens pas. A cette époque, Otto Sipe avait trouvé un autre photographe.

– Qu'est-ce qui lui donnait tant de pouvoir à l'hôtel ?

– Je crois qu'il pouvait faire pression sur la direction, parce qu'il avait accepté de garder le silence sur un fait qui s'était produit longtemps auparavant. Ça concernait sans doute une actrice de cinéma, une star qui était cliente du Barcelona.

– Mike y demeurait-il au moment où il s'est fait épingler ?

– Oui. Je leur avais laissé ma chambre, à lui et Carol. J'étais logé et nourri : ça faisait partie des avantages en nature qui allaient avec l'emploi. Moi, je couchais au dortoir du personnel. Je crois que Sipe a permis à Carol d'occuper la piaule encore quelque temps après notre arrestation.

– Est-ce que c'était la chambre qui communiquait avec la sienne au fond du corridor ?

– Oui.

– Celle avec un lit de cuivre ?

– Oui. Pourquoi ?

– Juste une question que je me pose. On n'a pas changé l'ameublement après la guerre. La salle de bains commune, ça devait être pratique pour Sipe s'il en pinçait un peu pour Carol.

– Lui ? Sûrement pas ! Les femmes ne l'intéressaient pas. Et il n'intéressait pas Carol. Elle est partie dès qu'elle l'a pu. Elle s'est installée chez une amie à Burbank.

– Susanna.

Il battit des paupières.

– Oui, c'était son nom... Susanna. Je ne l'ai jamais vue, mais ce devait être une gentille personne.

– Quel genre de fille était Carol ?

– Carol ? Une beauté ! Quand une femme est aussi belle, on n'a pas tellement l'idée de gratter un peu plus profond. Enfin j'ai toujours pensé que c'était une jeune fille pure et innocente. Mais Lila dit qu'on pourrait écrire tout un livre sur ce que j'ignore en matière de femmes.

Je consultai ma montre. Il était plus de vingt heures et Harold m'avait probablement donné tous les renseignements qu'il était susceptible de me fournir. Un peu pour en avoir le cœur net, je lui proposai de m'accompagner jusqu'à la station-service pour saluer sa vieille connaissance, Ben Daly. Il ne fit pas de manières.

Le bureau était éclairé. Daly fit la gueule en nous voyant arriver mais quand il reconnut Harold, il se dérida, sortit de son cagibi, s'approcha de nous et lui serra la main en feignant de ne pas me voir.

– Ça fait une sacrée paye qu'on s'était pas rencontrés, Har !

– Tu parles !

Les quelques propos qu'ils échangèrent, pont lancé par-dessus le gouffre des années, n'étaient pas dépourvus d'une certaine chaleur. A les entendre, rien ne permettait de penser que les deux hommes étaient liés par une ancienne complicité. J'abandonnai l'idée qu'ils pouvaient être mêlés aux récents crimes.

J'interrompis leur conversation :

– Pourriez-vous m'accorder une minute d'attention, Ben ? Ça m'aiderait peut-être à élucider cet assassinat.

– Comment ? En tuant encore un autre type ?

– En me permettant d'identifier quelqu'un, répliquai-je en sortant la photo de Dick Leandro que je lui glissai dans la main. Avez-vous déjà vu cet homme ?

Il examina la photo avec soin. Sa main tremblait légèrement.

– C'est possible, mais je n'en suis pas absolument sûr.

– Quand ?

– La nuit dernière. C'est peut-être le type qui est venu à l'hôtel.

– Avec la fille ? Celui qui conduisait une Chevrolet bleue toute neuve ?

– Oui. Il se peut que ce soit lui, mais je ne l'affirmerais pas sous la foi du serment devant un jury.

25

La gare routière de Santa Monica donne sur une rue latérale en bas de Wilshire. Il était vingt heures quarante-cinq quand je rangeai ma voiture le long du trottoir. J'en descendis et pénétrai à l'intérieur de l'édifice. Pour tomber... sur Stella ! Cette fille incroyable était installée tout au bout de la cafétéria, position stratégique qui lui permettait de surveiller les entrées.

Naturellement, elle me vit et piqua illico du nez sur sa tasse de café qu'elle reposa d'un geste rageur lorsque je m'assis sur le tabouret voisin. Son café était froid depuis longtemps et recouvert d'une fine pellicule grisâtre.

– Allez-vous-en, murmura sans me regarder cette héroïne pour films d'espionnage. Vous risquez de lui faire peur et il se sauvera.

– Il ne me connaît pas.

– Peut-être, mais nous sommes convenus que je serai seule. Et puis, vous avez l'air d'un policier.

– Pourquoi Tommy est-il allergique aux policiers ?

– Si on vous avait enfermé comme on l'a enfermé, vous le seriez aussi.

– On le bouclera à nouveau si vous persistez à fuguer, Stella.

– Ça ne risque pas ! fit-elle en me lançant un coup d'œil à la dérobée. Pas plus tard qu'aujourd'hui, mon père m'a emmenée voir une psychiatre pour savoir si j'avais besoin de faire un stage à Laguna Perdida. Je lui ai tout raconté, à cette bonne femme, exactement comme à vous. Elle en a conclu que j'étais parfaitement équilibrée. Alors, quand mon père est rentré dans le bureau, pour discuter avec elle, j'en ai profité : j'ai fichu le camp. Je suis sortie par la grande porte et j'ai pris un taxi jusqu'à la station des cars. Il y en avait justement un qui partait.

– Je vais vous reconduire chez vous.

– Alors, les jeunes n'ont aucun droit ? fit-elle d'une voix de petite fille.

– Si. Y compris le droit à la protection des adultes.

– Je ne partirai pas sans Tommy !

Elle avait haussé le ton et sa voix se brisa quand elle prononça le nom de Tom. La moitié des clients présents avaient les yeux braqués sur nous. La barmaid s'approcha.

– Ce monsieur vous importune, mademoiselle ? lui demanda-t-elle.

– Non. C'est un ami. Un très bon ami.

Cette réponse ne fit qu'aggraver les soupçons de la femme mais lui cloua le bec. Je commandai un café.

– Moi non plus, je ne partirai pas sans Tommy, dis-je à Stella quand la barmaid se fut éloignée. A propos, qu'est-ce que votre copine la psychiatre pense de lui ?

– Elle ne me l'a pas dit. Pourquoi ?

– Je me posais la question, simplement.

La barmaid m'apporta mon café que je bus par petites gorgées. Il était neuf heures moins huit. Les gens commençaient à s'aligner derrière les portes, ce qui signifiait qu'un car n'allait pas tarder à arriver.

Je ressortis... et faillis entrer en collision avec Tommy. Sa chemise blanche était crasseuse et son visage pâle que mangeait un début de barbe était d'un gris sale.

– Pardon, monsieur, murmura-t-il en faisant un crochet pour m'éviter.

Il ne fallait à aucun prix qu'il parvienne à entrer à l'intérieur de la gare où je ne pourrais pas l'épingler sans créer un incident qui attirerait inévitablement l'attention de la police. Et il était indispensable que je lui parle le premier. Essayer de le convaincre de me suivre ? Je ne devais pas trop espérer y réussir. Il était bien découplé, et, dans une course-poursuite, j'étais perdant d'avance.

Toutes ces pensées me traversèrent l'esprit en une seconde, avant qu'il ne pousse la porte. L'empoignant par-derrière à bras-le-corps, je le soulevai et, bien qu'il se débattît violemment, l'entraînai jusqu'à la voiture, le poussai sur la banquette avant et m'assis à côté de lui. Pas un passant ne s'arrêta pour intervenir. Chacun poursuivit son chemin...

Tom exhala un sanglot sec, sorte de plainte nasale. Il avait sûrement compris que c'était la fin de sa cavale.

– Je m'appelle Lew Archer. Je suis un détective privé engagé par votre père.

– Ce n'est pas mon père.

– Un père adoptif est aussi un père.

– Pas pour moi. Je ne veux plus avoir affaire au capitaine Hillman. Et pas davantage avec vous, ajouta-t-il sur le ton froid et distant propre aux adolescents qui souffrent.

Je remarquai qu'il avait une coupure à la main droite à la hauteur des phalanges. L'égratignure avait saigné et il se mit à la sucer en me regardant par-dessous. Il était difficile de le prendre au sérieux en cet instant. Pourtant, c'était un jeune homme très sérieux.

– Je ne veux pas retourner chez mes soi-disant parents, ces pourris.

– Vous n'avez personne d'autre.

– Si. Moi.

– Votre liberté ne vous a pas tellement bien réussi jusqu'à présent.

– C'est encore un sermon ?

– Seulement une constatation. A vous de faire la preuve que vous êtes capable de vous conduire correctement, et vous pourrez alors revendiquer votre indépendance. Et ce n'est pas en tombant à bras raccourcis sur un docteur qui n'est plus de la première jeunesse que vous prouverez quoi que ce soit...

– Il voulait m'obliger à rentrer à la maison.

– C'est ce que vous allez faire. C'est ça ou vivre avec des paumés et des criminels.

– Vous parlez de mes parents – de mes vrais parents ? dit-il avec une emphase délibérée tandis qu'une sorte de respect mêlé d'amertume perçait dans sa voix. Ma mère n'était ni une paumée ni une criminelle. Elle était... sympa.

– Ce n'était pas à elle que je pensais.

– Mon vrai père n'était d'ailleurs pas si moche, lui non plus, conclut-il sans beaucoup de conviction.

– Qui les a tués, Tom ?

Son visage crispé se figea en un masque impénétrable dissimulant mal, pourtant, son désarroi.

– Je ne sais pas, répondit-il d'une voix monocorde. Je ne savais même pas que Carol était morte avant d'avoir vu les journaux d'hier soir et je ne savais pas davantage que Mike avait été assassiné avant d'avoir lu ceux d'aujourd'hui. Question suivante ?

– N'employez pas ce ton-là avec moi, Tom. Je ne suis pas un flic. Et je ne suis pas votre ennemi.

– Comme si je n'avais pas assez d'ennemis avec mes prétendus parents ! Tout ce que mon... tout ce que le capitaine Hillman attendait de moi, c'était que je me conduise comme un chien savant. Je suis fatigué de faire des tours de cirque pour lui plaire.

– Après votre dernier exploit, ça ne m'étonne pas. Parce que, comme tour, c'était un peu gratiné.

Il me regarda en face pour la première fois depuis le début de la conversation. Il y avait dans ses yeux de la colère mais, aussi, de la peur.

– J'avais quand même le droit d'aller retrouver mes vrais parents.

– Peut-être : c'est un autre problème. Mais une chose est sûre : vous n'aviez pas le droit de les aider à exiger une rançon de votre père.

– Ce n'est pas mon père.

– Vous me l'avez déjà dit. Vous ne pourriez pas changer un peu de refrain ?

– Et vous ? Vous ne pourriez pas arrêter de répéter sur tous les tons que c'est mon père ?

Pas facile à manier, ce garçon, mais j'étais satisfait : j'avais gagné la première manche.

– D'accord. Appelons-le M. X, appelons votre mère Mme X et vous le dauphin oublié.

– Ce n'est pas drôle.

Il avait raison. Ce n'était pas drôle.

– Revenons-en à ces vingt-cinq mille dollars qu'ils se sont appropriés avec votre concours. Je suppose que vous savez que vous vous êtes rendu complice d'un crime ?

– Pour l'argent, je n'étais pas au courant. Mike ne nous en avait pas soufflé mot. Je ne pense pas que Carol était au courant, elle non plus.

– C'est difficile à croire, Tom.

– C'est pourtant la vérité. Il ne nous a parlé de rien, ni à l'un ni à l'autre. Il s'est contenté de nous dire qu'il préparait un coup.

– Si vous ignoriez tout de cette histoire de rançon, pourquoi avez-vous fait le voyage caché dans le coffre de sa voiture ?

– Pour qu'on ne me voie pas. Mike disait que mon père (il ravala le mot avec dégoût)... que le capitaine Hillman avait lancé toutes les polices à mes trousses pour me faire ramener à Laguna Perdida...

Il prit brusquement conscience de sa situation actuelle, jeta un regard furtif autour de lui et, se glissant prestement sous le volant, tenta d'ouvrir la portière. Je le tirai en arrière et l'immobilisai au moyen d'une clé au bras.

– Tu restes avec moi, mon petit gars, même si je dois te passer les menottes.

– Crevard de flic ! cracha-t-il.

Ces mots sonnaient de manière incongrue dans sa bouche. C'était comme s'il se servait d'une langue étrangère qu'il essayait de faire sienne. Et ce comportement me tracassait : les adolescents ont besoin, tout comme les adultes, d'appartenir à une communauté, d'avoir des racines. Tom avait le sentiment d'avoir été trahi par le monde douillet et trompeur de Ralph Hillman, ce monde qui sécrétait des établissements tels que Laguna Perdida pour se protéger. C'est pourquoi il avait plongé aveuglément dans un autre univers qu'il était aussi en train de perdre. Il n'avait plus qu'une obsession : trouver un endroit où il pourrait enfin se reposer. Hélas ! je ne faisais pas grand-chose pour l'aider dans sa quête.

Un car s'engagea dans la rue. Quand il vira pour s'arrêter le long du quai, j'aperçus fugitivement derrière les glaces les passagers hébétés par le voyage : Californie, nous voici ! La boucle était bouclée.

Je relâchai un peu ma prise.

– Je ne peux pas te laisser filer, Tom ; même si je le voulais. Tu n'es pas un imbécile : essaie pour une fois de regarder les choses avec des yeux d'adulte.

– Quelles choses ?

– C'est un vrai rébus. D'abord, tu t'enfuis de la pension – ce que je ne te reproche pas, loin de là...

– Merci beaucoup.

J'ignorai le sarcasme.

– Après vient l'enlèvement bidon et tout ce qui s'ensuit. Un fils adoptif a autant d'importance qu'un fils par le sang pour ses parents. Les tiens se sont fait un sang d'encre. Ils en étaient malades.

– Causez toujours !

– L'argent, soit dit en passant, ils s'en moquaient totalement, l'un comme l'autre. C'était toi seul qui comptais – qui comptes toujours – à leurs yeux.

– Il manque quelque chose.

– Quoi ?

– Les violons, en fond sonore.

– Tu n'es pas un interlocuteur facile, Tom.

– Ce n'est pas l'avis de mes amis.

– Quels amis ? Des types qui t'ont laissé te comporter comme un fou furieux ?

– Un ami, en tout cas, c'est quelqu'un qui ne cherche pas à me précipiter dans le trou noir, plus connu sous le nom de Laguna Perdida.

– Ce n'est pas non plus dans mes intentions.

– Que vous dites. N'empêche que vous travaillez pour le capitaine Hillman et, lui, c'est bien son intention.

– Plus maintenant.

Il secoua la tête.

– Je ne vous crois pas et je ne le croirai pas davantage, lui. Quand il vous est arrivé un certain nombre de désagréments, on finit par ne plus se fier qu'à ce que les gens font, et pas à ce qu'ils disent. Pour les Hillman, une femme comme Carol était une rien du tout. Mais pour moi, c'est différent. Elle m'aimait, elle me traitait avec bonté. Même mon véritable père n'a jamais levé la main sur moi. Le seul problème, c'était sa façon de se conduire avec Carol.

Il avait cessé de crâner et abandonné le mode ironique. Sa voix était pleine d'émotion. Ce fut le moment que choisit Stella pour émerger de la gare ; la déception se lisait sur son visage.

Tom l'aperçut en même temps que moi. Son regard s'éclaira comme s'il voyait apparaître un ange venu du ciel. Il se pencha à la portière.

– Hé ! Stell !

Elle courut vers nous. Je descendis pour la laisser s'asseoir à côté de Tom et ils ne se jetèrent pas dans les bras l'un de l'autre. Ils ne s'embrassèrent pas. Peut-être leurs lèvres se frôlèrent-elles brièvement. Je m'installai derrière le volant.

– J'ai l'impression d'avoir été séparée de toi pendant des siècles, disait Stella.

– Moi aussi.

– Tu aurais dû me téléphoner plus tôt.

– C'est ce que j'ai fait.

– Enfin, je veux dire... tout de suite.

– J'avais peur que tu... que tu agisses comme tu as agi, fit-il en donnant un coup de menton dans ma direction.

– Je n'ai pas fait ce que tu penses. Pas vraiment. C'était son idée à lui. N'importe comment, il faut que tu rentres chez toi. Et moi aussi.

– Je n'ai pas de chez-moi.

– Eh bien, nous sommes tous les deux logés à la même enseigne. Chez moi, c'est devenu aussi intenable que chez toi.

– Mais non !

– Si. Et puis, tu as besoin d'un bain, tu sens mauvais. D'un bain et d'un coup de rasoir.

Je jetai un coup d'œil vers Tom : il avait une expression ahurie et embarrassée.

Je mis le moteur en marche. Pour l'instant, il n'y avait pas trop de circulation. Je fis demi-tour et démarrai en direction du sud sans que Tom émette de protestations.

Quand nous eûmes rejoint l'autoroute, univers anonyme et plongé dans des ténèbres que perçait parfois la déchirure éblouissante des phares, il commença à parler à Stella d'une voix profondément émue. Carol l'avait appelé à son numéro personnel quelques semaines auparavant. Elle voulait organiser une rencontre. Le soir même, ayant emprunté la Cadillac de Ralph Hillman, il s'était rendu au lieu de rendez-vous convenu, le belvédère qui dominait l'océan à proximité du motel.

Sous un oranger au parfum évocateur de noces, il l'avait écoutée raconter l'histoire de sa vie. Bien qu'il eût maintes fois soupçonné qu'il n'était pas le fils de Hillman, il avait eu quelque peine à admettre qu'il était le fils de Carol. Mais il se sentait irrésistiblement attiré par elle. Leur relation lui apparut comme une écoutille de secours dans le bateau du capitaine Hillman où il vivait claustré. Il la revit plusieurs fois et, finalement, la crut. Il commença même à l'aimer d'une certaine manière.

– Pourquoi ne m'as-tu pas parlé d'elle ? l'interrompit Stella. J'aurais été heureuse de la connaître.

– Non, répondit Tom avec rudesse. Et puis d'ailleurs, il fallait d'abord que j'apprenne à la connaître moi-même, que je me fasse à l'idée qu'elle était ma mère. Ensuite, j'aurais pris une décision. Tu comprends, elle voulait quitter mon père qui lui en faisait voir de toutes les couleurs. Ça avait toujours été comme ça. Elle disait que si elle ne le quittait pas maintenant, elle n'en serait plus jamais capable. Mais, livrée à elle-même, elle se sentait perdue. Elle voulait que je l'aide. De plus je crois qu'elle savait qu'il préparait un mauvais coup.

– Tu veux dire l'enlèvement et tout le reste ?

– Pour moi, elle le savait et, en même temps, elle ne le savait pas. Tu sais comment sont les femmes...

– Je connais ma mère, répondit Stella sans se compromettre.

Ils avaient oublié ma présence. J'étais le chauffeur sympa, le bon vieux Lew Archer aux tempes grisonnantes, et nous roulions, et nous roulerions jusqu'au bout des temps à travers une nuit si remplie de périls qu'on finissait par s'y sentir en sécurité. Une sorte de poème ou de parabole que Susanna m'avait cité des années auparavant me revint en mémoire : un oiseau entre par une fenêtre dans un couloir éclairé, le traverse d'un bout à l'autre et ressort dans la nuit par la fenêtre opposée. C'était toute la durée d'une existence humaine. Les phares qui apparaissaient au loin, nous croisaient et s'évanouissaient derrière nous me rappelaient l'oiseau de Susanna. J'aurais voulu qu'elle soit là.

Tom racontait à Stella sa première entrevue avec son père. Pendant une semaine, Mike ne s'était pas manifesté. Il était censé être à Los Angeles et chercher du travail. Finalement, la rencontre avait eu lieu le samedi soir au motel.

– Le jour où tu as emprunté notre auto ?

– Oui. Mon p... Ralph m'avait interdit de prendre la voiture. Carol avait renversé un peu de vin sur le siège et il en avait senti l'odeur. Il croyait que je me saoulais en conduisant.

– Carol buvait beaucoup ?

– Drôlement ! Qu'est-ce qu'elle avait picolé ce soir-là ! Et Mike ne s'était pas gêné, lui non plus. J'avais bu un peu de vin, moi aussi.

– Tu es mineur : ils t'en ont quand même servi ?

– Au cours du repas. Carol avait fait des spaghettis, des spaghettis à la Pocatello, comme elle disait. Elle m'a chanté de vieux airs, *Sentimental Journey*, entre autres. C'était assez marrant.

Il ne semblait pas très sûr de ce qu'il disait.

– Et c'est à cause de ça que tu n'es pas rentré chez toi ?

– Non. Je... je...

Ça ne passait pas. Je l'observais dans le rétroviseur. Ses traits étaient crispés par l'effort, mais il ne parvint pas à aller jusqu'au bout de sa phrase.

– Tu voulais rester avec eux ? lui demanda Stella au bout d'un moment.

– Non. Enfin, je ne sais pas.

– Ton père et toi, ça a collé ?

– Ben, c'était plutôt un brave mec jusqu'au moment où il a commencé à être vraiment rond. On a joué au gin-rummy et comme il perdait, il a interrompu la partie et s'en est pris à Carol. Un peu plus, je lui volais dans les plumes. Il m'a dit qu'il avait fait de la boxe et que je n'avais pas intérêt à me frotter à lui, parce qu'il était capable de me massacrer rien qu'avec ses poings.

– Eh bien, ça a l'air d'avoir été marrant comme soirée !

– Il y avait eu des moments sympa...

– Lesquels ?

– Quand elle chantait des vieilles chansons. Elle m'a parlé aussi de mon grand-père de Pocatello.

– Et ça vous a pris toute la nuit ?

Il y avait une certaine amertume dans la voix de Stella.

– Je ne suis pas resté avec eux toute la nuit. Je suis parti vers dix heures quand on a failli se bagarrer. Je...

A nouveau, les mots ne passaient pas, comme s'il s'agissait d'un secret inavouable.

– Alors, qu'as-tu fait ?

– J'ai repris la voiture et je me suis arrêté au belvédère, là où elle m'avait fixé le premier rendez-vous. J'y suis resté jusqu'à deux heures du matin ou presque à regarder les étoiles et à écouter... à écouter le bruit de la mer, quoi. La mer et la rumeur de la circulation. J'essayais de faire le point : de savoir où j'en étais ; ce que je devais faire ; à quelle famille j'appartenais. Je ne suis pas plus avancé à l'heure actuelle. Maintenant, ajouta-t-il sur un ton différent à mon adresse, je crois que je n'ai plus le choix : ils vont me réexpédier dans le trou noir.

Stella eut un petit rire nerveux.

– Moi aussi. On pourra s'envoyer des messages clandestins et communiquer en tapant sur les barreaux des fenêtres. Le grand jeu, quoi !

– Ça n'a rien de drôle, Stell. Tout le monde est dingue, là-bas, même certains profs. Ça leur tape sur le système.

– Ne change pas de conversation. Qu'est-ce que tu as fait à deux heures du matin ?

– Je suis passé voir Sam Jackman à la sortie de son travail. Je voulais lui demander ce que je devais faire mais je n'ai pas pu. J'étais incapable de lui avouer que Mike et Carol étaient mes parents. Alors, j'ai roulé dans la campagne pendant... des heures. Je ne voulais pas rentrer ; ni retourner au motel.

– Et tu as essayé de te tuer en fonçant dans un arbre avec la voiture ?

– Je...

Le silence parut interminable. Tom, raide comme la justice, les yeux fixés droit devant lui, regardait les phares qui jaillissaient de la nuit. Au bout d'un moment, je remarquai que Stella lui avait passé un bras autour des épaules. Elle avait le visage barbouillé de larmes.

26

Je déposai d'abord Stella chez elle. Mais elle n'accepta de descendre qu'après avoir obtenu de Tom la promesse qu'il ne se sauverait plus sans la prévenir.

M. Carlson sortit de la maison et la serra dans ses bras. Stella nicha sa tête dans le creux de son épaule avec une sorte de tendresse résignée. Peut-être ses parents avaient-ils appris ou étaient-ils en train d'apprendre une chose capitale. Ça peut arriver...

Quand le père et la fille furent rentrés, je fis demi-tour.

– C'est un sale menteur, fit Tom. Stella m'avait prêté la voiture et, après l'accident, il est allé raconter à la police que je l'avais piquée.

– Je crois qu'il était sincère sur le moment.

– Peut-être, seulement même quand il a su la vérité parce que Stella la lui avait dite, il a continué à soutenir mordicus que je l'avais fauchée.

– La mauvaise foi est un mal très répandu et contre lequel il nous faut lutter à tout instant.

Il médita sur cette belle formule et en arriva à la conclusion que je l'avais sciemment outragé.

– C'est une vanne que vous me balancez dans les gencives ?

– Non, je te considère comme un type honnête pour autant que tu saches de quoi tu parles. Mais tu vois les choses selon une optique personnelle et tu les déformes, parce que tu es un révolté.

– Oui, c'est vrai, je suis un révolté, reconnut-il avant d'ajouter après une courte pause : Mais vous vous trompez quand vous m'accusez d'être partial. Je me doute de ce que mes... mes parents adoptifs peuvent éprouver, mais je sais aussi ce que, moi, j'éprouve. Je ne peux pas continuer à vivre écartelé comme je l'étais ces derniers temps – comme si quelqu'un m'avait fendu en deux avec un couperet. Je suis resté des nuits entières éveillé, couché dans le vieux lit de cuivre où Mike et Carol m'avaient conçu, avec le vieux Sipe qui ronflait dans la chambre d'à côté. J'étais là et, en même temps, j'étais ailleurs. Vous comprenez ? Je veux dire que je n'arrivais pas à me faire à l'idée que j'étais moi, que c'était ma vie, que cet homme et cette femme étaient mon père et ma mère. D'ailleurs, je n'ai jamais cru non plus que les Hillman étaient mes parents. Ils avaient toujours l'air de jouer la comédie. Peut-être suis-je tombé d'une autre planète, ajouta-t-il, mi-souriant, mi-sérieux.

– Tu lis trop de romans de science-fiction.

– Non, je dis ça pour rigoler. Je sais qui étaient mes parents. Carol me l'a dit. Mike me l'a dit. Le toubib me l'a dit et, du coup, ça a pris un caractère officiel. Mais qu'est-ce que j'ai encore comme mal à m'en convaincre !

– Arrête de te mettre martel en tête. Savoir qui sont ses parents n'a pas tellement d'importance, au fond.

– Pour moi, ça en a, répliqua-t-il avec énergie. C'est ce qu'il y a de plus important dans ma vie.

Nous approchions de la boîte aux lettres des Hillman. Jusque-là, j'avais roulé lentement, en ne pensant qu'à notre conversation. Je fis halte dans l'allée.

– Il y a des moments où je pense que les enfants devraient naître anonymes.

– Qu'est-ce que vous voulez dire, monsieur Archer ?

C'était la première fois qu'il me donnait du « monsieur Archer ».

– Il ne s'agit que d'une idée en l'air. J'aimerais juste que les relations humaines soient légèrement modifiées. Les gens s'acharnent à vivre à travers leurs enfants et les enfants s'acharnent à être dignes – ou indignes – de leurs parents. Tout le monde vit par personnes interposées : on est pour ou contre quelqu'un d'autre. Je trouve que c'est un peu absurde et ça ne marche pas tellement bien.

J'essayais, en fait, de lui changer tant soit peu les idées pour lui donner le courage de faire face au nouveau traumatisme qui l'attendait, mais j'en fus pour mes frais :

– Ça ne marche pas quand on ment, riposta-t-il. Et ils n'ont pas arrêté de me mentir. Ils faisaient comme si j'étais la chair de leur chair, le sang de leur sang, et comme je n'arrivais pas à me sentir réellement leur fils, j'avais l'impression d'être un handicapé.

– J'ai parlé de ce problème à ta mère... à Elaine Hillman. Elle est profondément désolée.

– Vous pouvez toujours causer !

– On ne va pas recommencer, Tom !

Il demeura silencieux un moment.

– Je pense qu'il faut que je leur parle, reprit-il enfin. Mais je ne veux pas vivre auprès d'eux, je ne peux pas jouer à faire semblant.

Ne pas faire semblant... c'était le mot de passe de cette nouvelle génération, tout au moins des jeunes qui avaient quelque chose dans le ventre. Mais cet idéal tout à fait estimable, une fois mis en pratique, les faisait cruellement souffrir.

– Tu ne peux pas leur pardonner Laguna Perdida ?

– Vous pourriez, vous ?

Je réfléchis avant de répondre.

– Il faut comprendre leurs raisons. J'imagine que des parents découragés peuvent finir par en arriver là, en dernier recours, quand leur fils ou leur fille fait de grosses bêtises.

– Découragés ? Oui, je ne dis pas. Mais Ralph et Elaine ont le découragement facile. Les embêtements, il ne leur en faut pas beaucoup. Hop ! un coup de balai et on les cache sous le tapis. La seule chose qu'ils attendaient quand j'en ai eu assez de jouer les singes savants, c'était une occasion de se débarrasser de moi. Et j'avais toutes ces choses terribles dans la tête.

Il porta la main à son front pour calmer la sarabande que faisaient ces choses terribles à l'intérieur de son crâne. Il s'en fallait d'un rien qu'il ne craque.

– Excuse-moi de te poser cette question, Tom, mais s'est-il produit un événement d'une importance exceptionnelle ce fameux dimanche matin ?

Il me lança un coup d'œil par-dessous.

– Ils vous ont dit, hein ?

– Non. Et c'est à toi que je le demande.

– Vous n'avez qu'à les interroger.

Il refusa d'en dire plus.

Je remontai l'allée sinueuse jusqu'au perron. La maison était illuminée, au-dehors comme à l'intérieur. Dans cette lumière crue les murs de stuc étaient d'une laideur quasi irréelle. Hillman surgit sous les arcades. Ce n'était pas, extérieurement tout du moins, l'homme désemparé que Susanna m'avait décrit. Pas un seul de ses cheveux d'argent ne s'écartait de l'alignement. Son visage restait impénétrable. Il se tenait très droit et il fit même quelques pas en courant vers la voiture. Il portait une veste lie-de-vin sur un col roulé.

– Le fils prodigue est de retour, lança Tom d'une voix mal assurée. Mais c'est lui qu'on va tuer, pas le veau gras.

– Je croyais que c'était le lieutenant Bastian, me dit Hillman.

– Vous attendez sa visite ?

– Oui. Il paraît qu'il a quelque chose à me montrer.

Comme il se baissait pour me parler par la portière, il aperçut Tom et ses yeux s'écarquillèrent.

– Mon petit ! s'exclama-t-il d'une voix rendue rauque par une trop forte absorption de whisky. Tu es de retour...

– Oui. Je suis là.

Hillman fit le tour de l'auto au petit trot et ouvrit la portière opposée.

– Descends que je te regarde.

Après m'avoir lancé un bref coup d'œil, Tom mit pied à terre. Ses mouvements étaient raides et hésitants comme ceux d'un vieillard. Hillman le prit par les épaules et, le tenant à bout de bras, le fit pivoter sur lui-même afin que sa figure apparût dans la lumière.

– Comment te portes-tu, Tom ?

– Je suis O.K. Et toi, ça va ?

– Merveilleusement bien, maintenant que tu es là.

Je ne doutais pas de la sincérité de ses sentiments, mais il y avait je ne sais quoi d'artificiel dans la façon qu'il avait de les exprimer. Le faux-semblant... Et le tressaillement de Tom qu'il tenait toujours par les épaules ne m'échappa pas.

Elaine Hillman sortit à son tour et j'allai à sa rencontre. Les projecteurs multipliaient les rides qui marquaient son visage et lui donnaient un teint cireux. Son visage était si émacié qu'elle me fit vaguement penser aux rescapés des camps de concentration. Mais une lueur d'espoir scintillait dans ses yeux.

– Vous l'avez ramené, monsieur Archer. Dieu vous bénisse.

Elle glissa une main sous mon bras, et me laissa la conduire jusqu'à Tom. Se dressant alors sur la pointe des pieds elle posa sur la joue malpropre et barbouillée de traces de larmes de l'adolescent un baiser qu'il reçut avec toutes les apparences d'une soumission filiale.

Soudain, il se dégagea et il recula jusqu'à la voiture contre laquelle il s'appuya, les pouces passés dans la ceinture de son pantalon. Ce n'était pas le premier garçon que je voyais ainsi collé contre une carrosserie, à la fois bouillonnant de révolte et parfaitement froid ; la plupart du temps ils étaient plantés au bord d'un trottoir ou sur le bas-côté d'une autoroute pendant que des hommes en uniforme les fouillaient ! La lointaine rumeur de la circulation remplissait le silence.

– Je ne veux faire de mal à personne, laissa finalement tomber Tom. Je n'en ai jamais fait. Ou peut-être que si... je ne sais pas. Toujours est-il qu'il est inutile de continuer à jouer la comédie. Je sais qui je suis, comprenez-vous ? Le fils de Mike et de Carol Harley. Vous étiez au courant, n'est-ce pas ?

– Non, fit vivement Elaine.

– Mais tu savais que tu n'étais pas ma mère ?

– Naturellement.

Elle baissa la tête, puis se tourna avec une sorte de désenchantement résigné vers son mari qui détourna le regard. Son visage était livide. On aurait dit qu'il s'efforçait de dissimuler une souffrance qui le tenaillait depuis trop longtemps.

– L'un de vous deux devait forcément savoir qui j'étais en réalité, lui lança Tom. Tu le savais, n'est-ce pas ?

Comme Hillman ne répondait pas, le jeune homme reprit d'une voix que le désespoir rendait stridente :

– Je ne peux pas rester ici. Vous êtes l'un et l'autre des imposteurs. Pendant toutes ces années vous avez fait tout un cinéma autour de « votre » fils, mais dès que je n'ai plus marché droit, vous m'avez largué.

Hillman retrouva la parole :

– J'aurais pensé que c'était le contraire.

– Bon, d'accord, j'ai eu tort. Alors, qu'est-ce que vous attendez pour me coller au mur et me fusiller ?

Ce n'était pas son ton qui frôlait pourtant l'hystérie qui m'inquiétait le plus. Il adoptait un comportement différent de celui que son appartenance à la classe sociale des Hillman lui avait imposé pour essayer de trouver la place qui serait la sienne. Je m'approchai de lui.

– Personne ne parle de te punir, dit Hillman. Mais une tentative d'homicide volontaire n'est pas une chose qu'on peut prendre à la légère.

– Tu dis des conneries.

Hillman redressa la tête, le menton en avant.

– Je t'interdis de me parler sur ce ton !

– Sinon quoi ? Tu me boucleras avec une bande de dingues et tu jetteras la clé ?

– Je n'ai pas dit cela.

– Non... mais c'est ce que tu as fait.

– J'ai peut-être agi avec trop de hâte.

Elaine intervint alors :

– Oui, ton père a agi avec précipitation. Maintenant, oublions tout ça, rentrons et faisons la paix.

– Ce n'est pas mon père, gronda Tom, buté.

– Nous pouvons quand même être amis, tu ne crois pas, Tom ? implora Elaine. Ne pouvons-nous pas tirer un trait sur cet épisode dramatique, et être simplement heureux que ce soit fini et que nous soyons réunis ?

– Je ne sais pas. J'aimerais m'éloigner quelque temps, vivre tout seul pour faire le point. Qu'est-ce qui m'en empêcherait ? Je suis assez grand.

– C'est ridicule ! s'exclama Hillman qui se rendit compte presque immédiatement qu'il n'aurait pas dû dire ça. Au fond, ce n'est pas une si mauvaise idée, se reprit-il en posant sa main sur l'épaule du garçon. Nous sommes des gens intelligents et nous devrions être capables de trouver un terrain d'entente. Je pense, par exemple, à notre chalet dans l'Oregon où nous avions prévu de passer quelques jours tous les deux le mois prochain. Pourquoi ne pas avancer la date de ce séjour et en profiter pour remettre les pendules à l'heure ? Qu'en dis-tu ?

Son numéro de charme sonnait faux. Tom l'écoutait sans manifester le moindre intérêt. Au bout d'un moment, Elaine prit son mari par le bras et l'entraîna vers la maison. Tom et moi emboîtâmes le pas au couple.

Mme Perez attendait devant la porte. Elle accueillit Tom avec chaleur et celui-ci se dérida un peu. Il fut question du dîner. Il déclara qu'il aimerait un hamburger et du potage aux pois cassés. Mme Perez s'éclipsa en sautillant.

Hillman examina le garçon sous le lustre.

– Tu devrais monter prendre un bain et te changer.

– Tout de suite ?

– Ce n'est qu'une suggestion, déclara Ralph Hillman sur un ton conciliant. Le lieutenant Bastian, un des collaborateurs du shérif, va bientôt arriver et j'aimerais que... que tu sois davantage toi-même.

– Et il vient pour m'embarquer ?

– Pas si je peux l'en empêcher. Monte, je t'accompagne.

– Je suis assez grand pour m'habiller tout seul, papa !

Ce « papa » lui avait échappé. C'était irrémédiable, il n'y avait plus moyen de revenir en arrière.

– D'accord, mais il serait bon que nous préparions ta déposition. Ce n'est pas la peine de te passer toi-même la corde au cou... je veux dire...

– Je lui dirai purement et simplement la vérité.

Sur ces mots, Tom se dirigea vers l'escalier. Ralph et Elaine Hillman le suivirent des yeux jusqu'à ce qu'il fût hors de vue, puis continuèrent de suivre son ascension en tendant l'oreille, attentifs au bruit de ses pas qui ébranlaient les marches. Le dieu du foyer était de retour et le foyer se remettait à fonctionner, difficilement.

Nous passâmes au salon. Hillman alla directement au bar et se servit un verre d'un air absent comme s'il cherchait seulement à occuper d'abord ses mains, ensuite sa bouche. Lorsqu'il nous rejoignit, il me fit l'effet d'un acteur quittant le proscenium pour se mêler au public.

– Les fils ingrats sont comme les crocs du serpent, fit-il d'une voix quelque peu hésitante.

– Si tu veux citer *Le Roi Lear*, dit Elaine, qui s'était assise sur le chesterfield, tâche au moins de le faire correctement. La citation exacte est : « L'ingratitude de l'enfant est morsure plus cuisante que celle des dents du serpent. » Mais elle porte à faux puisque Tom n'est pas notre enfant. La réplique d'Edmund serait plus en situation : « Et maintenant, dieux, affrontez les bâtards ! »

Hillman avala son verre d'un trait et avança vers sa femme. Sa démarche manquait d'assurance.

– Ce que tu dis est humiliant pour moi.

– Te sentir humilié est ton privilège. Et ton habitude.

– Tom n'est pas un bâtard. Ses parents étaient mariés légalement.

– Ce qui ne change pas grand-chose compte tenu de leur passé. Qu'est-ce qui vous a contraints, toi et ton cher Dr Weintraub, à choisir la progéniture de deux criminels ?

La voix d'Elaine Hillman était froide et cassante. On aurait dit qu'après des années de silence, elle se libérait d'un poids qu'elle avait sur le cœur.

– Écoute... il est rentré. J'en suis heureux et toi aussi. Et que désirons-nous de plus que de le garder avec nous ?

– Je désire ce qui est souhaitable pour lui.

– Je sais parfaitement ce qui l'est.

Il brassa l'air d'un large mouvement de bras comme s'il faisait don à Tom de la demeure et de tout ce qu'elle contenait.

– Tu ne le sais pas, Ralph. Pour personne. Sous prétexte que tu avais des hommes sous tes ordres, tu as fini par te persuader du contraire. Mais tu te fais encore des illusions. Je serais curieuse de connaître l'opinion de M. Archer. Venez vous asseoir près de moi, monsieur Archer, et dites-moi ce que vous pensez.

– A quel sujet exactement ? m'enquis-je en prenant place à côté d'elle sur le divan.

– Au sujet de Tom. Comment devons-nous préparer son avenir ?

– Je ne crois pas que vous puissiez en décider pour lui. Son avenir, il l'organisera lui-même.

– Mais la seule chose qu'il veut, c'est foutre le camp ! s'exclama Ralph Hillman.

– J'admets que ce n'est pas une idée particulièrement réjouissante, fit Elaine. Le mieux serait encore de le convaincre d'en changer. En le laissant vivre au sein d'une autre famille pendant un an, par exemple. Ou en l'envoyant dans une classe préparatoire aux grandes écoles. N'importe comment, il faudra bien qu'il fasse des études supérieures.

– Tu crois qu'il en sera capable ?

– Bien sûr que oui, Ralph.

Elle se tourna vers moi pour demander :

– Mais est-il en état de supporter le pensionnat ? Pourra-t-il y survivre ?

– Il survit depuis deux semaines.

– Oui. Nous devons en remercier Dieu. Et vous.

Hillman vint se planter devant moi. Les glaçons cliquetaient dans le verre qu'il s'était resservi.

– Quels étaient ses rapports avec ces gens, monsieur Archer ? Faisait-il cause commune avec eux contre nous ? Comprenez-moi bien : je n'ai nullement l'intention de le punir ; je veux seulement savoir ce qu'il en est.

Je répondis en marchant sur des œufs :

– Peut-on dire d'un garçon qu'il s'est fait le complice de sa propre mère et de son propre père ? Il était paumé, et il l'est encore. Il est persuadé que vous avez voulu rompre les ponts avec lui, en l'envoyant à Laguna Perdida. Pas besoin d'être psychiatre pour se rendre compte que ce n'était pas le genre d'établissement qui lui convenait.

– Je crains que vous ne soyez pas au courant de tous les faits, monsieur Archer.

– Quels faits ? Expliquez-vous, je ne demande pas mieux.

Il secoua la tête.

– Continuez votre récit. Tom était-il de mèche avec... ces personnes ?

– Pas dans le sens où vous l'entendez. Mais Mike et Carol lui offraient une issue, matérielle et émotionnelle, et il s'est jeté dessus. Apparemment, sa mère était gentille avec lui.

– Moi aussi, j'ai toujours été gentille avec lui ! se récria Elaine en décochant un coup d'œil féroce à son mari. Mais le mensonge régnait en maître dans cette maison et il a tout détruit.

– Le mensonge régnait aussi au motel, madame Hillman. Il est évident que Mike Harley a sciemment utilisé Tom pour monter cette histoire d'enlèvement. Ses sentiments paternels n'entraient pas en ligne de compte. Pour ce qui est de Carol, ce n'était pas la même chose. Si elle a abusé Tom, elle s'abusait elle-même. C'est à peu près ce que m'a dit Tom : elle n'ignorait pas que Harley était en train de préparer un sale coup mais elle préférait ne rien savoir. Voilà comment on réagit quand on vit depuis vingt ans avec un individu de cet acabit.

Elaine opina imperceptiblement de la tête. Je pense qu'elle faisait un rapprochement avec son propre comportement au bout de vingt ans de mariage.

– Ce qui m'inquiète, c'est l'hérédité de Tom. Quand on a des parents pareils...

Le visage de Ralph s'empourpra...

– Bon Dieu de bon Dieu, c'est vraiment se compliquer la vie !

– Je n'ai pas besoin de la compliquer, rétorqua Elaine sur un ton tranquille. Elle est déjà suffisamment compliquée comme ça.

Elle le dévisagea comme s'il était responsable de toutes ses difficultés d'être. Ralph lui tourna le dos et alla au bar, rajouta du whisky et un glaçon dans son verre qu'elle le regarda vider d'un œil sévère. Il s'en rendit compte et marmonna :

– Le whisky me calme les nerfs.

– Tiens ? Je n'avais pas remarqué.

Il consulta sa montre et se mit à arpenter la pièce comme un ours en cage. A un moment donné, il trébucha et dut faire un pas de côté pour recouvrer l'équilibre.

– Mais qu'est-ce que Bastian fabrique, sapristi ? Je voudrais qu'on en finisse. Il commence à se faire tard. J'attendais Dick mais je suppose qu'il a trouvé une façon plus passionnante d'occuper sa soirée. Cette maison est sinistre, ajouta-t-il à l'adresse de sa femme.

– Il y a pas mal d'années que je m'en suis aperçue, figure-toi. J'ai essayé de maintenir notre foyer à bout de bras pour Tom. Amusant, non ?

– Je ne vois rien de drôle là-dedans.

Moi non plus. Tout cela ne me paraissait pas hilarant. Ce ménage branlant me faisait penser à un os fracturé qui n'arriverait jamais à se ressouder.

Bastian arriva enfin, une petite mallette noire à la main et la mine sombre. Même la nouvelle du retour de Tom, sain et sauf, ne le dérida pas – ou si peu.

– Où est-il ?

– Il prend son bain, lui répondit Hillman.

– Il faut que je lui parle. J'exige une déposition en bonne et due forme.

– Pas ce soir, lieutenant. Il n'en peut plus après ce qu'il a vécu.

– Mais c'est notre témoin numéro 1.

– Je sais. Il vous fera une déclaration complète demain.

Bastian me lança un coup d'œil. Il se tenait sur le seuil du salon et Hillman ne semblait pas avoir l'intention de l'inviter à entrer.

– J'avais espéré plus de coopération, monsieur Hillman. La nôtre vous a été acquise. Mais, somme toute, nous n'avons rien reçu en échange.

– Je n'ai pas de leçons à recevoir de vous, lieutenant. Mon fils est rentré et si nous l'avons retrouvé, ce n'est pas grâce à vous.

Je jugeai bon d'intervenir :

– La police a beaucoup travaillé sur cette affaire. Le lieutenant Bastian et moi avons étroitement collaboré. Et nous continuons encore, je l'espère.

Du coup, ce fut sur moi que Hillman fixa un regard irrité. Il semblait sur le point de nous prier tous les deux de vider les lieux. Je me tournai vers Bastian :

– Vous avez quelque chose à nous montrer si je ne me trompe, lieutenant ?

– Oui, répondit-il en brandissant sa mallette. Vous avez déjà vu l'objet, Archer. Mais je ne sais pas si M. Hillman, lui, l'a vu.

– De quoi s'agit-il ?

– Je vais vous le montrer. Je préfère ne pas vous le décrire au préalable. Pourrions-nous nous installer autour d'une table ?

Hillman nous conduisit à la bibliothèque et nous fit asseoir autour d'une table éclairée par une lampe de bureau coiffée d'un abat-jour vert, qu'il alluma. Elle illuminait violemment le plateau de la table mais le reste de la pièce, y compris nos trois visages, baignait dans une pénombre glauque.

Bastian ouvrit la mallette, découvrant le poignard à la poignée recouverte de bandelettes entrecroisées que j'avais vu pour la première fois planté dans la poitrine de Mike Harley.

Hillman en eut le souffle coupé.

– Vous reconnaissez ce couteau, n'est-ce pas ? lui demanda Bastian.

– Non, je ne le reconnais pas.

– Prenez-le en main et examinez-le attentivement. Vous pouvez le tripoter autant que vous voudrez. Le laboratoire a déjà relevé les empreintes et analysé les taches de sang.

Hillman ne fit pas un mouvement.

– Du sang ?

– C'est l'arme qui a été utilisée pour tuer Mike Harley. Nous avons, en outre, la quasi-certitude qu'elle a également servi à tuer la première victime, Carol Harley.

L'analyse a permis d'identifier son groupe sanguin en même temps que celui de son époux. Nous savons, enfin, par l'autopsie, que les caractéristiques de la lame correspondent aux blessures. Prenez-le en main, monsieur Hillman.

Hillman avança le bras et soupesa le poignard avec précaution avant de le retourner pour lire le nom du fabricant gravé sur la lame étincelante.

– Ça a l'air d'un bon outil, mais je crains de ne pas le connaître.

– L'affirmeriez-vous sous serment ?

– Absolument. C'est la première fois que je le vois.

Bastian lui prit le couteau des mains comme un adulte qui retire un jouet dangereux à un enfant.

– Je m'en voudrais de vous traiter de menteur, monsieur Hillman, mais j'ai un témoin qui est en contradiction formelle avec vous sur ce point. M. Botkin, propriétaire du magasin de surplus de Main Street, a déclaré que c'était à vous qu'il avait vendu ce couteau de chasse.

Hillman avait une expression à la fois effrayée et butée. Il avait également l'air d'avoir mal au cœur.

– Il se trompe. Il confond certainement avec quelqu'un d'autre.

– Non. Il vous connaît personnellement.

– Mais je ne le connais pas, moi.

– Vous êtes une notabilité locale, monsieur Hillman, et M. Botkin est sûr de vous avoir vu dans son magasin au début du mois. Je vais essayer de rafraîchir vos souvenirs. Vous avez dit à ce commerçant à propos de l'achat de cet instrument que vous aviez l'intention de faire un séjour dans l'Oregon en compagnie de votre fils. Vous vous êtes également plaint à Botkin du prétendu laxisme dont ferait preuve un établissement de son quartier, le Barroom Floor. Vous protestiez, semble-t-il, contre le fait qu'on y servait de l'alcool à des mineurs. Vous rappelez-vous cette conversation, maintenant ?

– Non. Cet homme ment.

– Pourquoi mentirait-il ?

– Je n'en ai pas la moindre idée. A vous de le découvrir. Ce n'est pas à moi de faire le travail de la police.

Hillman se leva, signifiant ainsi à Bastian qu'il n'avait plus qu'à se retirer. Mais le lieutenant ne l'entendait pas de cette oreille.

– Je ne crois pas qu'il soit très sage de vous retrancher derrière une pareille attitude, monsieur Hillman. Si vous avez acheté ce couteau à M. Botkin, c'est le moment de le dire. Vos dénégations resteront un secret entre nous.

Hillman implora mon aide du regard. Je me rappelai ce que Botkin m'avait dit à propos du Barroom Floor. Il était pratiquement certain que cette conversation entre Hillman et lui avait bien eu lieu. Il ne s'ensuivait pas obligatoirement que Hillman avait acheté le couteau de chasse mais c'était probable.

– Le moment est venu d'étaler les cartes sur la table, monsieur Hillman, lui conseillai-je.

– Je ne peux quand même pas dire une chose qui n'est pas vraie !

– Non, je ne vous le conseillerais pas. Avez-vous songé à parler de tout cela à votre avocat ?

– C'est justement ce à quoi je suis en train de penser.

Il était dégrisé, des gouttes translucides perlaient à son front comme si, pris dans l'étau de ses contradictions, il se vidait de tout l'alcool qu'il avait ingurgité. Il dit enfin :

– Si je comprends bien, lieutenant, vous m'accusez d'assassinat ?

– Non, affirma Bastian qui ajouta néanmoins sur un ton officiel : Vous pouvez naturellement vous retrancher derrière vos droits constitutionnels.

Hillman secoua la tête avec irritation. Quelques mèches de cheveux retombaient sur son front et ses yeux étaient semblables à deux triangles de métal luisant. C'était un homme remarquablement beau, et il en avait une conscience aiguë : cela se voyait rien qu'au geste caressant avec lequel il repoussait ces mèches indisciplinées.

– Ne pourrions-nous pas reprendre cette séance demain ? fit-il. J'ai eu une semaine exténuante. J'aimerais dormir et réfléchir un peu à tout ça. Je n'ai pas vraiment dormi depuis lundi.

– Moi non plus, répliqua Bastian.

– Vous avez peut-être besoin de sommeil, vous aussi. Cette tactique de harcèlement n'est pas une excellente idée.

– Je ne cherche pas à vous harceler.

– Permettez-moi d'en être seul juge, répliqua Hillman en haussant le ton. Vous êtes venu chez moi avec ce couteau et vous me l'avez brandi sous le nez... J'ai un témoin.

C'était à moi qu'il faisait allusion.

– Ne nous perdons pas dans ce genre de querelles dérisoires, monsieur Hillman. Le lieutenant Bastian et moi avons à parler.

– Si vous avez quelque chose à lui dire, dites-le-lui devant moi.

– Comme vous voudrez.

– Il faut d'abord que je parle avec le jeune homme, laissa tomber Bastian.

Hillman leva sèchement la main.

– Il ne saurait en être question. Et je ne crois pas non plus que vous lui parlerez demain. Il y a, après tout, des considérations d'ordre médical...

– Vous êtes médecin ?

– J'ai un médecin à ma disposition.

– Je n'en doute pas. Nous aussi.

Les deux hommes se mesurèrent du regard avec fureur. Ils avaient des caractères diamétralement opposés : Bastian était un puritain taciturne d'une intégrité absolue, un maniaque du détail, un policier avant d'être un homme ; la personnalité de Hillman était moins transparente. Il y avait en lui un romantique et un histrion, mais ce sont là des traits de caractère qui servent d'échappatoire. Il avait fait une carrière fulgurante dans la marine, le genre de carrière qui laisse un homme les mains vides au milieu de son existence.

– Avez-vous quelque chose à dire au lieutenant, monsieur Archer ? Avant qu'il s'en aille ?

– Oui. Et ce que j'ai à lui dire ne vous plaira sans doute pas, monsieur Hillman. Cela ne me plaît d'ailleurs pas davantage. La nuit dernière, un jeune homme au volant d'une Chevrolet bleue, d'un modèle récent, a été vu dans l'allée principale du Barcelona Hotel, là où l'on a retrouvé Mike Harley poignardé avec le couteau que le lieutenant nous a montré. Le jeune homme en question a été identifié comme étant Dick Leandro.

– Qui l'a identifié ? demanda Bastian.

– Ben Daly, le pompiste de la station-service qui se trouve devant le Barcelona.

– Le type qui a tué Sipe ?

– Oui.

– Ou cet homme se trompe ou il ment ! s'exclama Hillman. Dick a bien une voiture bleue, mais c'est une voiture de sport, une Triumph.

– Peut-il disposer, éventuellement, d'une Chevrolet bleue ?

– Pas à ma connaissance. Vous n'essayez quand même pas de mêler Dick à cette histoire ?

– S'il y est impliqué, il importe que nous le sachions, dis-je à Bastian. Peut-être vous sera-t-il possible de savoir s'il a emprunté ou loué une Chevrolet bleue hier soir. A moins, ce n'est pas tout à fait impossible, qu'il l'ait volée.

– On va s'en occuper.

Hillman demeura muet.

27

Bastian referma le couvercle de sa mallette avec un claquement sec, la prit par la poignée et sortit sans nous saluer. Il traitait Hillman comme s'il n'existait plus et moi comme s'il me mettait dans le même sac.

Hillman l'accompagna jusqu'à la porte de la bibliothèque, et le suivit des yeux pendant qu'il traversait le vestibule comme pour s'assurer qu'il vidait bien les lieux. Alors seulement, il se retourna mais, au lieu de se diriger vers la table devant laquelle je me trouvais toujours, il s'approcha du mur où étaient accrochées les photos prises sur le pont du porte-avions.

– Mais qu'est-ce que cela signifie ? s'exclama-t-il. Quelqu'un a pris la photo de Dick.

– C'est moi. J'en avais besoin pour une identification.

Je la sortis de ma poche. Hillman s'avança et me l'arracha littéralement des mains. Il essuya le verre maculé de traces de doigts sur sa manche.

– Vous n'aviez pas le droit ! Et qu'est-ce que vous lui voulez, à Dick, d'abord ?

– Connaître la vérité.

– Sa vérité n'a rien de particulièrement mystérieux. C'est un gentil garçon plutôt banal.

– Je l'espère.

– Écoutez-moi bien, Archer : vous avez rempli la mission pour laquelle je vous avais engagé. Ne me prenez pas pour un ingrat : j'ai l'intention de vous accorder une prime substantielle. Mais ce n'est pas pour enquêter sur ces meurtres que j'ai fait appel à vos services.

– Et je ne toucherai pas le premier sou de cette prime si je n'abandonne pas mes recherches, c'est bien ça ?

– Je n'ai pas dit cela.

– Vous n'en avez pas eu besoin.

Il posa les mains à plat sur la table et se pencha au-dessus de moi, puissant, le front buté.

– Vous arrive-t-il souvent de parler sur ce ton à ceux qui vous sont supérieurs ?

– Par « ceux qui me sont supérieurs », vous entendez les gens qui ont de l'argent ?

– Entre autres, oui.

– Je vais vous dire une bonne chose, monsieur Hillman. Vous m'êtes plutôt sympathique et j'essaie d'employer avec vous un langage franc et direct parce qu'il faut bien que quelqu'un le fasse. De la façon dont se présentent les choses, vous allez entrer en conflit ouvert avec la justice. Si vous ne changez pas d'attitude, il vous en cuira.

Ses traits se figèrent et ses yeux se rétrécirent. Il n'aimait pas qu'on lui fasse la leçon : il préférait la faire aux autres.

– Je pourrais acheter Bastian.

– A condition qu'il soit à vendre et vous savez très bien qu'il ne l'est pas.

Il se redressa. Dans la pénombre verdâtre sa tête semblait coulée dans du bronze, n'étaient ses traits grimaçants.

– Que me conseillez-vous de faire ? me demanda-t-il au bout d'un moment.

– Commencer par dire la vérité.

– Mais bon Dieu de bon Dieu ! Insinuez-vous que je ne l'ai pas dite ?

– Je fais plus que l'insinuer, monsieur Hillman.

Il leva le poing, prêt à me frapper. Je ne bronchai pas. Il s'éloigna, revint vers moi. En manque de whisky, il devenait nerveux.

– Je suppose que vous croyez que je les ai tués.

– Je me garde bien de ce genre de spéculation. Mais j'ai l'intime conviction que vous avez bien acheté ce couteau à Botkin.

– Comment pouvez-vous parler avec autant d'assurance ?

– J'ai parlé à ce Botkin.

– Qui vous y a autorisé ? Je ne vous paye pas pour réunir des preuves contre moi.

– Ne nous serait-il pas possible d'oublier un instant votre fabuleuse fortune et de parler comme deux êtres humains ? fis-je non sans une certaine lassitude. Deux êtres humains qui sont dans la mélasse ?

Il réfléchit à ma suggestion avant de répondre :

– Vous n'êtes pas dans la mélasse. Moi, si.

– Parlez-moi de vos problèmes. A moins que vous n'ayez effectivement commis ces deux meurtres ; auquel cas je vous conseillerais de les confier à votre avocat et à personne d'autre.

– Je ne les ai pas tués. Et je le regrette presque, répondit-il en s'asseyant en face de moi, le corps légèrement tassé, les avant-bras posés sur la table. Je reconnais avoir acheté ce couteau, mais je ne l'admettrai jamais devant quelqu'un d'autre que vous. Il va falloir convaincre Botkin de revenir sur sa petite histoire.

– Comment comptez-vous vous y prendre ?

– Sa boutique ne lui rapporte pas un clou. Je suis bien placé pour le savoir : mon père possédait un commerce identique à South Boston. J'ai les moyens d'offrir assez d'argent à Botkin pour qu'il puisse se retirer au Mexique.

J'étais un peu effaré : moins par la grossièreté de ce projet de subornation de témoin – ce n'était pas la première fois que j'en entendais parler – que par le fait que l'idée en était venue à Hillman. Il avait dû dégringoler de pas mal de degrés dans l'échelle morale depuis l'époque où il commandait une escadrille à Midway.

– Un bon conseil, monsieur Hillman : renoncez à ce genre d'entreprise. On risque gros à entrer en conflit ouvert avec la justice. Ce serait vous couler définitivement.

– Je suis déjà en train de couler, fit-il d'une voix égale.

Il posa sa tête sur ses bras repliés et ses cheveux se répandirent sur la table comme une gerbe découvrant un cercle de peau rose qu'habituellement ils dissimulaient. Cette tonsure m'apparut comme le stigmate de la vanité de toute vie humaine.

– Qu'avez-vous fait de ce couteau ? L'avez-vous donné à Dick Leandro ?

– Non. Et c'est bien dommage !

Il se redressa en prenant appui sur la table. Ses paumes moites glissaient sur le plateau de bois verni, avec une sorte de chuintement.

– C'est à Tom que vous l'avez donné ?

– S'il n'y avait que ça ! gémit-il. J'ai dit à Botkin que c'était un cadeau que je lui destinais, cette saloperie de poignard. Bastian le sait sûrement, mais il garde ça pour lui.

– Peut-être. Cependant, il ne s'ensuit pas nécessairement que Tom s'en soit servi pour tuer son père et sa mère.

– Comme s'il avait besoin de motifs ! Vous ne le connaissez pas.

– C'est ce que vous ne cessez de me répéter mais, en même temps, vous refusez de remplir certains vides.

– La réalité n'est pas bien belle à regarder.

– Il a été fait allusion tout à l'heure à une tentative d'homicide ?

– Je n'avais pas l'intention de déballer cette histoire sur la place publique.

– Qui a attaqué qui et pourquoi ?

– Tom a menacé Elaine avec un revolver chargé. Et ce n'était pas pour rire.

– S'agit-il de l'incident survenu le dimanche matin et sur lequel vous avez toujours observé le silence ?

Il acquiesça.

– Je pense que cet accident d'auto lui avait brouillé la cervelle. Quand je suis revenu de chez le juge, Elaine était dans sa chambre et il lui collait le canon de mon revolver sur la tempe. Il l'avait fait mettre à genoux pour implorer pitié. Littéralement... j'emploie le mot « implorer » à dessein. Je ne savais pas s'il me rendrait l'arme. Pendant une minute, il l'a pointée sur moi. Je m'attendais presque à ce qu'il tire.

Mes cheveux se hérissaient sur ma tête. Non, la réalité n'était pas belle, Hillman avait raison. Le pire était qu'on se trouvait face à un modèle classique : le scénario du tueur schizophrène...

– A-t-il dit quelque chose quand vous lui avez repris le revolver ?

– Pas un mot. Il me l'a tendu d'un geste solennel. Il se comportait comme un automate. Il ne semblait pas avoir conscience de ce qu'il venait de faire.

– Et a-t-il dit quelque chose à votre femme ?

– Oui. Qu'il la tuerait si elle ne le laissait pas tranquille. Elle était simplement venue dans sa chambre pour essayer de le convaincre de manger. C'est cette intrusion qui l'a mis dans cet état de rage folle.

– Il brassait des tas de choses dans sa tête, monsieur Hillman, et il n'avait pas dormi de la nuit. Il m'a fait quelques confidences. On peut dire que cette nuit-là a été le moment crucial de sa jeune existence. Il avait vu son père pour la première fois... et la confrontation avait dû le traumatiser. Il était en quelque sorte écartelé entre deux univers, et il vous en voulait, à vous et à votre femme, de ne pas l'avoir préparé à cette situation. Vous avez eu tort, vous savez. Vous n'aviez pas le droit de le tenir dans l'ignorance, que la vérité vous plaise ou non. Quand il s'est finalement trouvé confronté à elle, il a perdu pied. L'accident de voiture qu'il a eu ce matin-là a été volontaire.

– Vous voulez dire que c'était une tentative de suicide ?

– Je pense que son geste était plutôt un signal d'alarme. C'était un message disant que le contrôle de sa propre vie lui échappait. En fait il n'a pas lâché le volant et n'a pas été grièvement blessé. Comme personne ne l'a été lors de l'incident du revolver.

– Ce n'est pourtant pas une péripétie à prendre à la légère. Il était tout à fait sérieux.

– Peut-être. Je ne cherche pas à minimiser cet épisode. En avez-vous parlé à un psychiatre ?

– Non. Certaines choses ne doivent pas sortir de la famille.

– Tout dépend de la famille en question.

– J'avais peur qu'on refuse de l'admettre à Laguna Perdida si l'on savait qu'il était sujet à de pareils accès de violence, comprenez-vous ?

– Et cela aurait été tellement tragique ?

– Il fallait que je fasse quelque chose de lui. Et je ne sais pas ce que je vais en faire, maintenant.

Il pencha sa tête aux cheveux en désordre.

– Vous avez besoin de quelqu'un susceptible de vous conseiller tant sur le plan juridique que sur le plan psychiatrique.

– Vous tenez pour établi qu'il est l'auteur des deux meurtres ?

– Pas nécessairement. Pourquoi ne demanderiez-vous pas au Dr Weintraub de vous recommander quelqu'un ?

– Cette espèce de lavette ?

– J'avais cru comprendre que c'était un de vos vieux amis. Et il a de solides connaissances psychiatriques.

– Indirectes, je suppose, cracha Hillman avec un mépris grinçant. Il a fait une dépression nerveuse après Midway et on a dû l'évacuer pendant que les hommes mouraient. Pendant que les hommes mouraient, répéta-t-il.

Puis il sembla se murer dans le silence. J'attendis. Son expression se fit peu à peu plus sereine et ce fut d'une voix différente qu'il enchaîna :

– Bon Dieu, quelle journée ça a été ! Nous avons perdu la moitié de nos zincs. Les Zéké japonais les tiraient comme à la foire. Je ne pouvais pas les rappeler. Je ne reproche pas à Weinie d'avoir craqué. Il a vu tant de garçons lui claquer dans les mains.

Sa voix n'était qu'un murmure et son regard était perdu dans le vague. Il paraissait avoir oublié ma présence. Son esprit était ailleurs, à l'autre bout du monde, là où ses hommes étaient morts, et où il était mort, lui aussi, et pas qu'en partie.

– J'aime Tom, sacré bon Dieu ! reprit-il. Cela fait des années qu'il n'y a plus d'intimité entre nous. Il n'est pas facile à manier, mais c'est mon fils et je l'aime.

– Je n'en doute pas. Mais peut-être exigez-vous de lui plus qu'il ne peut vous donner. Il ne peut pas faire revivre les pilotes abattus, par exemple.

Il ne me comprenait pas. Il eut l'air ébahi et un voile d'incrédulité passa devant ses yeux gris.

– Qu'est-ce que vous avez dit ?

– Que vous attendiez peut-être trop de ce garçon.

– En quel sens ?

– N'en parlons plus.

Je l'avais blessé.

– Vous pensez que j'en demande trop ? Eh bien, sachez que je n'ai vraiment pas reçu grand-chose en échange de ce que je suis prêt à lui donner ! s'exclama-t-il en embrassant d'un geste large la maison tout entière. Je mettrai tout l'argent que j'ai dans la balance pour assurer sa défense – jusqu'à mon dernier sou. Nous l'en tirerons et nous partirons vivre dans un autre pays.

– Vous mettez la charrue avant les bœufs, monsieur Hillman. Tom n'a pas encore été inculpé.

– Il le sera.

Il y avait à la fois du fatalisme et du défi dans sa réponse.

– Peut-être, mais il faut envisager les différentes possibilités. Le seul élément de preuve qu'il est possible de retenir contre lui est le couteau, et c'est un indice bien aléatoire si l'on y réfléchit. Il ne l'avait sûrement pas sur lui quand vous l'avez conduit à Laguna Perdida.

– Peut-être que si : je ne l'ai pas fouillé.

– Je vous parie tout ce que vous voulez qu'il l'a été, là-bas.

Hillman cligna des yeux jusqu'à ce qu'ils ne fussent plus qu'un mince trait lumineux entre ses paupières.

– Vous avez raison, Archer. Il ne l'avait pas en sortant de la maison. Je me rappelle l'avoir vu dans l'après-midi, ce jour-là.

– Où ?

– Dans un des tiroirs de sa commode, dans sa chambre.

– Et vous l'avez laissé à cette même place ?

– Il n'y avait aucune raison pour que je le reprenne.

– Alors, n'importe quelle personne ayant ses entrées chez vous aurait pu s'en emparer ?

– Oui, y compris Tom lui-même, malheureusement. Il aurait fort bien pu passer ici après s'être sauvé de son école.

– Cela inclut aussi Dick Leandro qui n'aurait même pas eu besoin de s'y introduire subrepticement. Il passe son temps à entrer chez vous et à en sortir librement, n'est-ce pas ?

– Sans doute, mais ça ne prouve rien.

– En effet. Seulement, si l'on rapproche sa liberté de mouvement du fait qu'il a été vu la nuit dernière au Barcelona, on est en droit de se poser des questions. Il manque encore un maillon de la chaîne.

– Dick n'est pas votre maillon manquant, fit-il précipitamment.

– Vous avez une attitude très protectrice à son égard.

– Pourquoi pas ? Je l'aime bien. C'est un garçon attachant et je suis heureux d'avoir pu l'aider. Que diable, Archer ! ajouta-t-il d'une voix plus sourde. Quand un homme arrive à un certain âge, il a besoin de transmettre son expérience, toute ou en partie, à quelqu'un de plus jeune.

– Envisagez-vous de lui transmettre aussi une part de votre fortune ?

– C'est une éventualité qui n'est pas à exclure, mais cela dépendra de ma femme. La majeure partie de la fortune lui appartient. En tout cas, je puis vous assurer que l'argent est une chose à laquelle Dick n'attache aucune importance.

– Tout le monde y attache de l'importance et je crois que Dick en a grand besoin. C'est un charmeur.

– Que voulez-vous insinuer ?

– Vous le savez fort bien. Il se sert des gens en usant de cette séduction naturelle. J'aimerais que vous me disiez une chose, monsieur Hillman : est-il au courant de l'incident du revolver ?

– Oui. Il était avec moi ce matin-là. Il m'a déposé chez le juge et m'a ramené.

– Dick Leandro m'a l'air d'être un peu trop au courant de vos problèmes familiaux.

– C'est normal. Il fait pratiquement partie de la famille. D'ailleurs, je l'attendais ce soir. Il paraît qu'il avait quelque chose à me dire. Mais il est trop tard, maintenant, constata-t-il en regardant sa montre. Onze heures passées.

– Faites-le venir quand même, voulez-vous ?

– Pas ce soir. Je n'ai pas envie de me forcer à faire bonne figure pour accueillir Dick.

Il m'adressa un regard penaud. Il avait baissé sa garde et s'était découvert, se révélant tel qu'il était : un être vaniteux toujours en représentation, un homme secret qui s'abritait derrière une assurance de façade.

Il repoussa en arrière sa chevelure argentée et la lissa pour lui rendre son irréprochable ordonnance.

– C'est ce soir ou jamais, rétorquai-je. Vous pouvez être sûr que Bastian, le shérif et, sans doute, le district attorney frapperont à votre porte demain à la première heure. Vous ne vous débarrasserez pas d'eux en vous bornant à nier que vous ayez acheté ce couteau. Il vous faudra vous expliquer.

– Vous pensez vraiment que c'est Dick qui l'a pris ?

– Pour moi, Dick est un suspect plus sérieux que Tom.

– Très bien. Je l'appelle.

Il se leva et se dirigea vers le téléphone du bureau.

– Ne lui dites pas pourquoi vous le convoquez. Il risquerait de prendre la fuite.

– Bien sûr.

Il composa le numéro de mémoire. Quand il parla, le timbre de sa voix me parut s'être encore modifié : c'était la voix d'un homme plus jeune, presque désinvolte.

– Dick ? Tu avais laissé entendre à Elaine que tu ferais un saut ce soir et je me demandais si je devais t'attendre... Oui, je sais qu'il est tard... Tu ne te sens pas bien ? C'est ennuyeux, ça. Que t'arrive-t-il ?... Je suis désolé. Écoute, viens quand même, juste un instant. Tom est de retour. N'est-ce pas formidable ? Il sera tellement content de te voir. Et j'ai besoin, moi aussi, de te parler... Oui, c'est un ordre... Eh bien, c'est parfait, je t'attends.

Il raccrocha.

– Qu'est-ce qu'il a ?

– Il paraît qu'il est patraque.

– Il est malade ?

– Déprimé. Mais la nouvelle du retour de Tom lui a remonté le moral. Il ne va pas tarder.

Il vint se planter derrière moi. Je distinguais mal son visage dans la pénombre verte.

– Avant que vous l'interrogiez, il faut que vous sachiez quelque chose, Archer, dit-il.

J'attendis la suite mais comme rien ne venait, je lui demandai :

– Est-ce à propos de Tom ?

– C'est à propos de nous deux.

Il hésita. Je sentais son regard peser sur moi.

– Réflexion faite, je préfère garder cela pour moi, fit-il enfin.

– Vous n'aurez peut-être pas une seconde chance de vider votre sac.

– Vous vous trompez : personne en dehors de moi n'est au courant de... cette chose.

– Et elle concerne Tom et vous ?

– Exactement. Maintenant, oublions cela.

Pourtant, il ne pouvait pas l'oublier. Il souhaitait partager son secret avec quelqu'un mais n'osait pas prendre la responsabilité de le dévoiler. Il s'attarda devant la table, les yeux toujours fixés sur moi.

Je repensai à l'émotion qui avait vibré dans sa voix quand il avait parlé de son amour pour Tom. Peut-être était-ce précisément le maillon manquant...

– Tom est-il votre fils naturel ?

– Oui, répondit-il dans la foulée. La chair de ma chair, le sang de mon sang.

– Et vous êtes le seul à le savoir ?

– Carol le savait, évidemment. Et Mike Harley. Il a accepté cet arrangement en échange de certains services que j'étais en mesure de lui tendre.

– Vous lui aviez évité la prison militaire ?

– Je suis intervenu en sa faveur. N'allez surtout pas imaginer que j'ai tenté d'organiser je ne sais quel complot. Cela s'est passé de façon tout à fait naturelle. Carol est venue me voir après l'arrestation de Mike et de son frère pour me supplier de faire quelque chose. J'ai répondu « d'accord ». C'était une fille ravissante et elle m'a manifesté sa reconnaissance de la manière la plus simple qui soit.

– En couchant avec vous ?

– Oui. Elle m'a fait cadeau d'une nuit, une seule. Je suis allé la rejoindre dans la chambre qu'elle occupait au Barcelona Hotel. Ah ! si vous l'aviez vue, Archer, quand elle s'est déshabillée pour moi ! Toute la chambre avec son lit de cuivre en était illuminée...

Je le coupai dans son envolée lyrique :

– Le lit de cuivre est toujours là. Et Otto Sipe y était aussi jusqu'à hier au soir. Était-il au courant de cette nuit sublime que vous avez passée dans le grand lit de cuivre ?

– Sipe ?

– Le détective de l'hôtel.

– Carol m'avait dit qu'il serait absent.

– Et vous n'êtes allé qu'une seule fois au Barcelona ?

– Une seule fois avec Carol, oui. Par la suite, j'y suis retourné avec quelqu'un d'autre. Je suppose que je voulais retrouver l'ivresse que j'avais connue dans les bras de Carol. Mais malgré toute ma bonne volonté, l'autre fille ne soutenait pas la comparaison.

Je me levai. Je devais faire une drôle de tronche car il eut un mouvement de recul.

– Qu'est-ce qui vous arrive, Archer ? Quelque chose qui ne va pas ?

– Susanna Drew est une amie, une amie très chère.

– Comment vouliez-vous que je le sache ? fit-il avec un rictus qui lui découvrit les dents.

– Vous ne savez pas grand-chose. Vous ne savez pas, par exemple, que ça me rend malade de vous écouter vous vanter de vos petites coucheries minables au goût de réchauffé.

Ma réaction le laissa pantois. Elle me stupéfiait moi-même. Il n'y a que les procureurs de second ordre qui se laissent aller à vitupérer les témoins à la barre.

– Personne ne m'a jamais parlé sur ce ton, hoqueta-t-il. Sortez de cette maison, et n'y remettez jamais plus les pieds.

– Ce sera avec le plus grand plaisir.

J'allai jusqu'à la porte avec l'impression de marcher dans une fondrière dont la boue me collait aux pieds.

– Attendez !

Je me retournai. C'était Hillman qui me rappelait depuis le fond du vestibule. Il se dirigea vers moi, passa sous le lustre menaçant et, levant légèrement les mains, paumes en l'air, il soupira :

– Je ne tiendrai pas le coup tout seul, Archer. Si je vous ai personnellement offensé, vous m'en voyez navré.

– C'est bon, n'en parlons plus.

– Si, parlons-en. Aimez-vous Susanna ?

Comme je ne répondais pas, il poursuivit :

– Au cas où vous vous poseriez des questions, sachez que je ne l'avais pas revue depuis 1945. J'ai eu quelques petites difficultés avec le détective de l'hôtel, le fameux Sipe...

– Je sais. Vous l'avez mis K.-O.

– Je lui ai flanqué la plus belle raclée de sa vie, précisa-t-il avec une sorte de fierté candide. Après, il n'a plus jamais tenté de m'extorquer de l'argent.

– Jusqu'à cette semaine.

La repartie lui cloua le bec un instant.

– Toujours est-il que Susanna n'a pas voulu poursuivre...

– Je n'ai pas envie de parler de Susanna.

– Je ne demande pas mieux.

Tout en dialoguant, nous étions revenus sur nos pas. Dans le couloir qui menait à la bibliothèque, hors de portée de voix de la pièce où se tenait sa femme, il fit halte et s'appuya contre le mur, comme un badaud dans une ruelle. Cette attitude me fit brusquement comprendre à quel point il se sentait un intrus dans sa propre demeure.

– Il y a une ou deux choses qui m'échappent, monsieur Hillman. Vous n'avez passé qu'une nuit avec Carol, dites-vous. Et pourtant, vous êtes certain d'être le père de son fils.

– Il est né exactement neuf mois plus tard. Le 12 décembre.

– Ce n'est pas une preuve absolue de paternité. Il n'est pas rare que la durée d'une grossesse excède légèrement neuf mois, surtout si c'est la première fois. Mike Harley aurait très bien pu concevoir l'enfant avant de se faire appréhender par la gendarmerie maritime. Lui ou n'importe quel autre homme.

– Il n'y a pas eu d'autre homme. Carol était vierge.

– Vous plaisantez ?

– Pas le moins du monde. Elle était l'épouse de Mike mais le mariage n'avait jamais été consommé. Il était impuissant. C'est d'ailleurs une des raisons pour lesquelles il voulait faire passer l'enfant pour le sien.

– Qu'est-ce que ça lui apportait ? Pourquoi ne vous êtes-vous pas chargé de Tom ?

– C'est ce que j'ai fait.

– Je veux dire... pour l'élever ouvertement comme votre propre fils.

– Je ne pouvais pas. Ma situation me l'interdisait. J'étais déjà marié avec Elaine, et Elaine est un pur produit de la Nouvelle-Angleterre : c'est une puritaine de la plus belle eau.

– Nantie d'une fortune de la plus belle eau, également.

– Je reconnais que j'avais besoin de son aide pour démarrer mon affaire. Dans la vie, on est obligé de faire des choix.

Il leva les yeux vers le lustre dont l'éclat accusait crûment son masque de bronze, puis il détourna la tête.

– Qui vous a appris que Mike Harley était impuissant ?

– Carol. Et elle ne mentait pas : elle était vierge. Elle m'a beaucoup parlé, cette nuit-là. Elle m'a tout raconté de sa vie. Mike prenait son plaisir en se faisant donner des fessées avec une ceinture.

– Par elle ?

– Oui. Cela n'amusait pas Carol outre mesure, certes, mais elle estimait qu'elle s'en tirait encore à bon compte. Elle avait l'air de penser que c'était un exercice moins dangereux que des rapports sexuels normaux.

J'éprouvai un vague malaise. Cela n'avait rien de physique mais j'avais dans les narines l'odeur de l'étable du vieux Harley, j'avais dans les oreilles les gémissements plaintifs de son chien.

– Je croyais que c'était vous qui étiez censé être impuissant, ou stérile.

Il me lança un vif coup d'œil.

– Avec qui en avez-vous parlé ?

– Avec votre femme. C'est d'ailleurs elle qui a fait tous les frais de la conversation.

– Et elle croit toujours que je suis stérile ?

– Oui.

– Parfait, conclut-il avec un petit gloussement de satisfaction. Il est facile de tirer cela au clair. J'ai dit à Elaine, à l'époque où nous avons adopté Tom, que Weintraub m'avait examiné et que les tests qu'il m'avait fait passer étaient négatifs. J'avais peur qu'elle ne finisse par deviner que j'étais le père naturel de l'enfant.

– Vous pouvez quand même être stérile.

Il ne saisit pas le sens de ma remarque.

– Non, c'est Elaine qui l'est. Je n'avais nul besoin de passer des tests. J'ai Tom pour prouver que je suis un homme.

Non, il n'avait pas Tom, justement.

28

Nous entrâmes dans le salon, la salle d'attente comme disait Elaine. Et Tom avait beau être de retour, il semblait que l'attente continuait, qu'elle ne faisait plus qu'un avec le temps, en quelque sorte. Mme Hillman, assise à sa place favorite sur le canapé Chesterfield, s'était remise à son ouvrage et les aiguilles scintillaient au-dessus d'une bandelette de tricot rouge. Elle adressa à son mari un regard enjoué.

– Où est Tom ? lui demanda-t-il. Il n'est pas encore redescendu ?

– J'ai entendu son pas dans l'escalier de service. J'imagine que Mme Perez est en train de le faire dîner à la cuisine. J'ai l'impression qu'il s'y sent plus à l'aise qu'au salon. C'est sans doute normal, compte tenu de son hérédité.

– Nous n'allons pas revenir sur ce sujet, hein ?

Hillman gagna le renfoncement où était installé le bar et se servit un whisky bien tassé. Se rappelant que j'étais là, il me proposa de me joindre à lui mais je déclinai l'invitation.

– Que te voulait ce policier ? s'enquit Elaine.

– Il tenait à me poser des questions idiotes. J'aime mieux ne pas en parler.

– Cela fait vingt-cinq ans que tu ressors la même rengaine. Tu aimes mieux ne pas aller au fond des choses. Sauver les apparences et ne jamais tenir compte de ce qu'elles dissimulent.

– Ne pourrais-tu pas nous épargner tes tirades mélodramatiques ?

– Le mot de tragédie conviendrait mieux que celui de mélodrame. Une tragédie s'est déroulée dans cette maison, mais tu te refuses à regarder la réalité en face. Tu vis dans un monde d'illusions dont tu es toi-même la dupe.

– Je sais, je sais.

Hillman lui avait donné la réplique sur un ton badin mais il n'aurait sûrement pas fallu le pousser beaucoup pour qu'il balance le contenu de son verre à la figure de sa femme.

– Je suis un ingénieur ignare qui n'a jamais fait d'études de philosophie, poursuivit-il.

Les aiguilles cliquetaient, inlassablement.

– Ton ignorance, je pourrais la supporter, mais cette façon que tu as de biaiser et de te réfugier dans les faux-fuyants, non, je ne peux plus.

Hillman vida une bonne partie de son verre.

– Bon Dieu, Elaine, combien de couleuvres faudra-t-il encore que tu me fasses avaler ? Ce n'est ni l'heure ni le lieu de m'infliger tes remarques humiliantes.

– Ce n'est jamais ni l'heure ni le lieu, répliqua-t-elle. Si c'est l'heure, hop ! tu changes les pendules – cela s'appelle traverser la ligne Ralph. Tu sais ? La ligne internationale de changement de date : brusquement, il est six heures du matin à Tokyo. Et s'il s'agit du lieu, tu trouves toujours une sortie de secours. Tes jambes se trémoussent et d'un seul coup tu disparais de l'autre côté de la ligne Ralph. Jamais au cours de ton existence tu n'as affronté la réalité.

Cette attaque cinglante le fit tiquer :

– Ce n'est pas vrai, protesta-t-il, mal à l'aise. Ce soir, nous avons réellement plongé dans les profondeurs, Archer et moi.

– Pour patauger dans les fonds tièdes de ta nature ? Je croyais que c'était un passe-temps que tu réservais à tes maîtresses. A Susanna Drew, par exemple.

Mon cœur se serra brusquement en l'entendant prononcer ce nom. C'était un joli nom, innocent, carré, avec un zeste d'absurde, qui ne méritait pas de servir de balle de ping-pong à ce couple haineux. Si les Hillman avaient jamais connu l'innocence, des années et des années de faux-semblants avaient détruit toute leur candeur. Subitement, je pris conscience que la liaison que Hillman avait eue avec Susanna avait, elle aussi, été une partie de dupes. Il l'avait persuadée de s'occuper de Carol en se gardant bien de faire la moindre allusion au fait qu'il était le père de l'enfant que portait la jeune femme.

– Seigneur ! soupirait Hillman. Après toutes ces années, on va encore reparler de cette fille ?

– C'est bien possible.

Heureusement, le téléphone sonna. Il alla décrocher l'appareil du bar, se tourna vers moi et, plaçant sa main sur le pavillon, me dit :

– C'est Bastian. Il veut vous parler. Prenez la communication dans l'office. Je resterai en ligne sur ce poste.

Il n'y avait pas à discuter. Je traversai successivement le salon de musique, puis la salle à manger et, une fois arrivé à l'office, je tâtonnai dans le noir à la recherche du téléphone. La voix à l'accent chantant de Mme Perez qui, dans la cuisine, parlait à Tom du Sinaloa, sa province natale, parvenait jusqu'à moi. Par comparaison, celle de Bastian semblait particulièrement sèche et inhumaine.

– Archer ?

– Je suis là.

– Bon. Je me suis renseigné sur les mouvements de Dick Leandro. Une simple petite conversation avec une de ses amies, une étudiante du nom de Katie Olgivie, a suffi. Cette Katie Olgivie possède une conduite intérieure Chevrolet, de couleur bleue, dont l'année de sortie correspond au modèle repéré. Elle a reconnu l'avoir prêtée hier soir à Leandro. D'après le compteur, il a parcouru plus de cent cinquante kilomètres.

– Êtes-vous certain que votre informatrice n'était pas avec lui ? Il était accompagné d'une fille ou d'un autre garçon, Daly n'a pas pu être plus précis.

– En tout cas, il ne s'agissait pas de cette demoiselle Olgivie qui n'a pas digéré que Leandro ait utilisé sa bagnole pour sortir avec une autre de ses conquêtes.

– Comment sait-elle que c'était une fille ?

– La personne en question a oublié son tube de rouge à lèvres sur le siège, un très joli tube plaqué or. Je ne crois pas que Mlle Olgivie aurait apporté un témoignage aussi spontané s'il n'y avait pas eu ce tube, ajouta Bastian d'un ton coupant. Selon toute vraisemblance, Leandro avait exigé d'elle le secret absolu.

– A-t-il dit pourquoi ?

– Ça avait un rapport avec le rapt du jeune Hillman, elle n'en sait pas davantage. Alors, le Leandro, on l'épingle ? Vous avez l'air de mener le jeu, non ?

– Nous l'attendons ici. Il ne devrait pas tarder. Vous seriez peut-être bien inspiré de venir, vous aussi.

– On dirait que les choses se précisent.

– Oui.

L'ébauche de conclusion dont je voyais se dessiner les contours me brûlait la rétine à l'instar des lumières du Dack's Auto Court. Bastian avait raccroché. Assis dans le noir, je clignais des paupières mais ces lumières aveuglantes, loin de s'estomper, grandissaient dans l'obscurité, se confondaient avec le monde réel.

Le Sinaloa, disait – fredonnait, plutôt – Mme Perez dans la cuisine, le Sinaloa était un pays où les rivières ne manquaient pas. Il y en avait onze en tout. Sa famille habitait si près de l'une d'elles que ses frères allaient se baigner tous les jours. Son père y pêchait le dimanche et partageait ses prises avec les voisins. Tout le monde avait droit au poisson dominical.

– Ça devait être une vie amusante, répondait Tom.

Ah oui, c'était comme le paradis et le père de Mme Perez jouissait de l'estime de tout le *barrio*. Bien sûr, l'été était torride ; c'était le principal inconvénient : il faisait parfois jusqu'à des cinquante degrés à l'ombre. Et puis, de gros nuages noirs s'amoncelaient au-dessus de la Sierra Madre et quand la pluie tombait, c'était en cataractes. En deux heures, on avait de l'eau jusque-là ! Le soleil revenait après. Le beau temps, le beau temps, le beau temps ! Ainsi allait la vie au Sinaloa.

Tom lui demanda si son père était encore vivant. Mme Perez répondit allégrement qu'à plus de quatre-vingts ans, il se portait toujours comme un charme. C'était justement pour lui rendre visite que Perez s'était rendu au Mexique.

– J'aimerais aller voir votre père, moi aussi, madame Perez.

– Peut-être... un jour.

J'ouvris la porte. Tom, assis devant la table de la cuisine, finissait son potage. Mme Perez était penchée sur lui, le regard lointain, avec un sourire maternel aux lèvres. Elle me regarda avec méfiance : j'étais un étranger en terre de Sinaloa.

– Qu'est-ce que vous voulez ?

– Dire un mot à Tom. Je suis obligé de vous prier de nous laisser seuls quelques instants.

En la voyant se raidir, je fis marche arrière :

– Réflexion faite, il n'y aura bientôt plus de secrets dans cette maison. Vous pouvez aussi bien rester, madame Perez.

– Merci, fit-elle sur un ton appuyé.

Elle s'empara de l'assiette vide qu'elle mit dans l'évier et ouvrit à fond le robinet d'eau chaude. De l'autre côté de la table, Tom me contemplait avec cet air d'ennui non dissimulé, qui est le propre de la jeunesse. Il était propre comme un sou neuf et très pâle.

– Cela m'ennuie de revenir sur certains détails mais tu es la seule personne qui puisse me renseigner, Tom.

– Allez-y, posez vos questions.

– Ce qui s'est passé hier, pendant la nuit en particulier, demeure flou. Étais-tu encore au Barcelona quand Mike est revenu de Vegas ?

– Oui. Et il n'était pas à prendre avec des pincettes. Il m'a dit de foutre le camp en vitesse avant qu'il ne me descende. N'importe comment, j'avais l'intention de m'en aller.

– Et personne ne t'en a empêché ?

– Il voulait se débarrasser de moi.

– Mais Sipe ?

– Il était tellement saoul qu'il ne savait même pas ce qu'il faisait. Il s'est endormi avant que je parte.

– Et à quelle heure es-tu parti ?

– Un peu après huit heures. Il faisait encore clair. J'ai pris un bus au coin.

– Tu n'étais plus là quand Dick Leandro est arrivé ?

– Non, monsieur, fit-il en écarquillant les yeux. Il était à l'hôtel ?

– Apparemment. Sipe ou Harley ont-ils, à un moment ou un autre, fait allusion à lui ?

– Non.

– As-tu une idée de ce qu'il pouvait fabriquer au Barcelona ?

– Non. Je ne suis pas tellement au courant de ce qu'il fait. C'est leur ami à eux.

Il leva une épaule et tendit le doigt en direction du salon.

– L'ami de qui plus particulièrement ? De lui ou d'elle ?

– De lui. Mais elle fait aussi appel à ses services.

– Comme chauffeur ?

– Pour tout et n'importe quoi... tout ce qui lui passe par la tête, fit-il observer avec la rage dérisoire d'un fils qui souffre d'être évincé. Quand il fait ce qu'elle veut, elle lui promet de le coucher sur son testament, et s'il refuse, quand il a rendez-vous avec une fille, par exemple, elle le menace de lui couper les vivres. Alors, en général, il ne va pas à son rancard.

– Est-ce qu'il serait capable de tuer si elle lui en donnait l'ordre ?

A l'autre bout de la cuisine, Mme Perez avait refermé le robinet. Dans la vapeur qui montait de l'évier et qui l'environnait, elle émit une exclamation sourde qui résonna comme une petite explosion dans le silence.

– Je ne sais pas, répondit Tom d'une voix lente. C'est un traîne-savates, amateur de yachting, et ils sont tous les mêmes. Mais ils sont, aussi, tous différents. Ça dépendrait des risques, et de ce que ça lui rapporterait.

– Harley a été poignardé avec le couteau que ton père t'avait donné, le couteau de chasse au manche recouvert de lanières de caoutchouc blanches et noires.

– Ce n'est pas moi qui l'ai tué !

– Où était ce couteau la dernière fois que tu l'as vu ?

Il réfléchit.

– Dans ma chambre. Dans le premier tiroir de la commode avec les mouchoirs et le linge de corps.

– Dick Leandro savait-il qu'il était là ?

– Je ne le lui avais pas montré. Il ne mettait jamais les pieds dans ma piaule.

– Ta mère... Elaine Hillman le savait-elle, elle ?

– J'imagine que oui. Elle venait tout le temps fouiller dans mes affaires.

– C'est la vérité vraie, confirma Mme Perez.

Le regard que je lui décochai lui ôta toute envie de faire d'autres commentaires.

– D'après ce que je sais maintenant, elle est entrée dans ta chambre une fois de trop, un dimanche matin... Tu as menacé de l'abattre avec le revolver de ton père.

Cette affirmation provoqua une nouvelle explosion chez Mme Perez. Tom se mordilla le pouce. Il regardait par-dessus mon épaule comme s'il y avait quelqu'un derrière moi.

– C'est l'histoire qu'ils vous ont racontée ?

Mme Perez, incapable de se contenir, éclata :

– C'est faux ! J'ai entendu Mme Hillman crier. Elle est descendue chercher le revolver dans le bureau de la bibliothèque et elle est remontée avec.

– Pourquoi ne l'en avez-vous pas empêchée ?

– J'avais peur. D'ailleurs, M. Hillman arrivait : j'avais entendu sa voiture. Alors, je suis sortie pour l'avertir qu'il risquait d'y avoir du vilain là-haut. Qu'est-ce que je pouvais faire d'autre, toute seule avec mon Perez en voyage ?

– C'est sans importance, fit Tom. Il ne s'est rien passé. Je l'ai désarmée.

– A-t-elle essayé de te tirer dessus ?

– Elle m'a dit qu'elle le ferait si je ne retirais pas ce que j'avais dit.

– Et qu'avais-tu dit ?

– Que j'aimais mieux vivre dans un motel avec ma vraie mère que dans cette maison avec elle. C'est là qu'elle a piqué un coup de sang et qu'elle est descendue chercher le pétard.

– Pourquoi n'as-tu pas parlé de cet incident à ton père ?

– Ce n'est pas mon père.

Je ne discutai pas. La paternité n'est pas seulement une affaire de gènes.

– Pourquoi ne lui as-tu pas parlé, Tom ?

Il eut un geste d'agacement.

– Ça aurait servi à quoi ? Il ne m'aurait pas cru. Et puis, j'étais en boule contre elle parce qu'elle m'avait menti en ne me disant pas qui j'étais. Je lui ai posé le revolver sur la tempe.

– Tu voulais la tuer ?

Il acquiesça. Sa tête semblait trop lourde pour lui. Brusquement, Mme Perez découvrit qu'elle avait quelque chose d'urgent à faire et sortit en trombe. Au passage, elle pressa l'épaule du garçon et, comme si ç'avait été un déclic, la sonnette de l'office se mit à grésiller.

– C'est la porte d'entrée, dit-elle sans s'adresser à personne en particulier.

Je me précipitai dans le hall où j'arrivai en même temps que Ralph Hillman. Il ouvrit à Leandro. L'accélération du vieillissement dont le processus s'était déclenché au cours de la semaine se manifestait aussi chez ce dernier ; seule sa chevelure brune paraissait encore bien vivante. Il avait les traits défaits, le teint bilieux. Son regard se posa sur moi puis, implorant, sur Hillman :

– Je voudrais vous parler seul à seul, capitaine. C'est important.

– Ce ne saurait être important au point de nous faire oublier les bonnes manières, lui lança Elaine qui apparut à cet instant, debout dans l'encadrement de la porte du salon. Entrez, Dick, et tâchez de ne pas vous conduire comme un rustre. J'ai l'impression d'avoir été livrée à moi-même depuis le début de la soirée.

– Nous te rejoindrons plus tard, fit Hillman.

– Il est déjà très tard, riposta-t-elle sur un ton cassant.

Les yeux de Leandro allaient de l'un à l'autre comme s'il suivait une partie de tennis dans laquelle il aurait misé jusqu'à sa chemise.

– Si vous n'êtes pas gentil avec moi, reprit Elaine, narquoise, je ne serai pas gentille avec vous.

– Ça m-m'est égal.

Une pointe de défi était perceptible dans la voix crispée de Dick.

– C'est ce qu'on verra !

Mais elle battit en retraite et retourna dans le salon d'une démarche raide et compassée.

– Ne perdons pas davantage de temps, dis-je à Leandro. Avez-vous servi de chauffeur à Mme Hillman la nuit dernière ?

Il recula et murmura fébrilement à l'adresse de Hillman, auquel il se cramponnait presque :

– Il faut absolument que je vous parle sans témoin, capitaine. Il se passe des choses que vous ne savez pas.

– Allons dans la bibliothèque.

J'intervins :

– Si vous y allez, je vous suivrai. Mais il serait préférable que la conversation se déroule ici. Je préfère ne pas trop m'éloigner de Mme Hillman.

Leandro me dévisagea avec un regard égaré mais, aussi, une expression de soulagement : il savait que je savais.

« Hillman le sait également », me dis-je. La proposition qu'il avait faite à Susanna semblait confirmer mon intuition. En m'avouant que Tom était son fils naturel, il m'avait fourni le mobile. Adossé au mur, les yeux mi-clos, énigmatique, il faisait penser à une statue.

– L'avez-vous conduite au Barcelona Hotel, Dick ? demandai-je à Leandro.

– Oui, reconnut-il en se tortillant. Je ne pouvais pas s-savoir ce qu'elle mijotait. Et je ne le sais toujours pas.

– Mais vous avez quand même une petite idée sur la question. Pourquoi tous ces mystères ?

– Elle m'a dit qu'il fallait que j'emprunte une auto, qu'on avait téléphoné pour une nouvelle rançon et qu'elle devait l'apporter elle-même puisque le capitaine n'était pas là. Si l'argent n'était pas versé, prétendait-elle, ils tueraient Tom. On ne devait pas avertir la police et, après, je ne devrais rien dire à personne.

– Et vous avez cru à cette histoire ?

– Ab-absolument.

– Quand avez-vous commencé à avoir des doutes ?

– Eh bien, je ne voyais pas co-comment elle pourrait réunir une s-somme pareille.

– Combien ?

– Vingt-cinq mille dollars de plus, elle m'a dit. D'après elle, l'argent était dans son sac. Elle avait pris son grand sac à ouvrage, mais je n'ai pas vu les billets de mes yeux.

– Qu'est-ce que vous avez vu ?

– Rien, dit-il en relevant ses cheveux qui glissaient, menaçant de retomber sur ses yeux. C'est-à-dire que...

enfin, j'ai vu le type, celui qu'elle... j'ai vu ce type sortir de l'hôtel. Ils sont allés par-derrière et j'ai entendu le cri.

Il se gratta la pomme d'Adam.

– Qu'avez-vous fait ?

– Je suis resté dans la voiture. Elle m'avait ordonné de ne pas en bouger. Quand elle est revenue, elle m'a dit que c'était le cri d'un hibou que j'avais entendu.

– Et vous l'avez crue ?

– Je ne m'y connais pas beaucoup en matière d'oiseaux. Pas vrai, capitaine ?

Elaine était revenue sur le seuil de la porte et elle nous lança avec bonne humeur :

– Mais de quoi parlez-vous, tous les trois ?

Je m'avançai vers elle.

– De vous. Ce hibou que vous avez entendu crier la nuit dernière dans le parc de l'hôtel..., quelle espèce de hibou était-ce ?

– Un cri perçant...

Elle porta la main à sa bouche.

– Je l'ai trouvé plutôt humain, moi. Ce n'était peut-être pas un spécimen humain particulièrement brillant, mais c'était quand même un être humain.

Elle haletait.

– C'était un démon, la lie de la terre !

– Parce qu'il réclamait une rallonge ?

– Cela aurait continué perpétuellement et il fallait en finir une fois pour toutes, répliqua-t-elle en frissonnant de la tête aux pieds avant de reprendre le contrôle d'elle-même au prix d'un farouche effort de volonté. Puisque nous parlons argent, vous n'avez aucun souci à vous faire de ce côté-là. Je suis sûre que la police comprendrait mon point de vue, mais il est inutile que je sois mêlée à ce... à cette...

Elle laissa sa phrase en suspens, incapable de trouver les mots convenables.

– Je vous verserai une généreuse indemnité, conclut-elle. Et à Dick aussi.

– Combien ?

Elle me toisa du haut de plusieurs générations de grands bourgeois dont elle avait hérité le sens moral en même temps que la fortune.

– Passons au salon. Nous serons plus à l'aise pour parler.

Nous la suivîmes et nous nous assîmes tous les trois, face au chesterfield. Hillman me regarda d'un air intrigué. Muet, docile, il continuait à faire tourner la machine à calculer qu'il avait dans la tête : cela se voyait dans ses yeux. Dick Leandro, quant à lui, était en train de renaître. Son regard s'était éclairé. Peut-être s'imaginait-il que, d'une manière ou d'une autre, un jour ou l'autre, l'argent des Hillman lui tomberait comme une caille toute rôtie dans le bec.

– Combien ? répétai-je.

– Vingt-cinq mille.

– C'est mieux qu'un couteau dans les côtes. Mais il faudrait préciser : vingt-cinq mille en tout ou vingt-cinq mille pour chaque meurtre ?

– Pour chaque meurtre ?

– Il y en a eu deux, commis avec le même poignard et vraisemblablement par la même personne. Vous.

Je pointai mon index dans sa direction et elle détourna la tête comme une jeune première effarouchée. Mais, cette fois, la jeune première incarnait le personnage d'une femme vieillissante au visage de macaque, dont les splendides cheveux blonds étaient mêlés de fils blancs.

– Soit, disons cinquante mille.

– Il se moque de toi, dit Hillman. Archer n'est pas un homme qu'on achète.

Elle lui fit face :

– Feu mon père m'a dit un jour que l'on pouvait acheter tout le monde, absolument tout le monde. J'en ai fait l'expérience en t'achetant, toi. Et je le regrette bien, ajouta-t-elle avec un geste d'écœurement. En définitive, j'ai fait une mauvaise affaire.

– Tu ne m'as pas acheté. Tu as seulement loué mes services.

Ils se dévisageaient avec une horreur réciproque.

– Était-il indispensable que tu me refiles son bâtard ?

– Je voulais un fils. Ce n'était pas programmé. C'est arrivé, voilà tout.

– Parce que tu as fait en sorte que cela arrive. Vous étiez de connivence pour introduire son bébé dans ma propre maison. Tu m'as laissée le nourrir, l'élever, l'appeler mon enfant à moi. Comment as-tu pu te faire le complice d'une pareille imposture ?

– Ne me parle pas d'imposture, Elaine. Il m'a semblé que c'était le meilleur moyen de résoudre le problème.

– Un étalon, voilà ce que tu es ! Un être immonde et bestial !

J'entendis bouger dans la pièce voisine et, dans l'ombre, je distinguai la silhouette de Tom, assis sur le tabouret du piano. La première idée qui me vint fut de fermer la porte mais il était trop tard. Au fond, il valait peut-être mieux qu'il entende tout.

– Je n'ai jamais compris votre mentalité, à vous les puritains, Ellie, dit Hillman d'une voix étonnamment calme. Pour toi, les petites histoires de fesses sont le péché capital : c'est plus grave qu'un meurtre. Seigneur ! quand je me rappelle notre nuit de noces ! On aurait cru que je t'assassinais.

– Je préférerais aujourd'hui que tu l'aies fait.

– Je regrette, moi aussi, de ne pas l'avoir fait. Tu as tué Carol, n'est-ce pas, Ellie ?

– Bien sûr ! Elle a téléphoné ici lundi après ton départ. Tom lui avait donné son numéro. J'ai pris la communication dans sa chambre et elle m'a tout raconté. Soi-disant qu'elle venait juste de comprendre ce que son mari projetait et qu'elle avait peur que cela ne se retourne contre Tom qui, en réalité, n'était pas le fils de Harley. Il ne fait aucun doute que ce n'était là qu'un prétexte pour retourner le couteau dans la plaie.

– Le couteau ? répétai-je.

– L'image est plutôt mal choisie, je vous l'accorde. Ce que je voulais dire, c'est qu'elle cherchait à m'écraser, à réduire à néant toute une vie de sacrifices.

– Je pense qu'elle essayait simplement de sauver son fils.

– Son fils à elle, pas le mien. Son fils et celui de Ralph. Tout se ramenait à cela, comprenez-vous ? C'était comme si elle m'avait tuée. Je n'étais plus qu'un fantôme en train de se dissiper, un spectre auquel il restait juste assez de force pour rendre coup pour coup. En sortant de la Cadillac, là où je l'avais laissée, je me sentais presque immatérielle. Apparemment son mari l'avait surprise alors qu'elle téléphonait. Il l'avait ramenée à leur bungalow et l'avait rouée de coups avant de partir. Elle gisait sur le sol, évanouie. Il m'a été facile de la tuer. La lame est entrée comme dans du beurre. Je n'avais pas pensé que ce serait aussi simple. Mais la seconde fois, ça a été plus dur. Elle s'est coincée entre les côtes de Harley, et il me fut impossible de retirer le couteau.

Elaine parlait d'une voix aiguë d'enfant sur le point de se mettre à pleurer. La petite fille embusquée derrière le réseau de rides qui lui couvrait le visage avait été prise au piège de ce monde malveillant où les choses refusaient de coopérer et les hommes de se laisser acheter.

– Pourquoi l'avoir poignardé ? lui demandai-je.

– Il me soupçonnait d'avoir tué Carol. Il m'a appelée en utilisant le numéro personnel de Tom pour m'accuser de l'avoir assassinée. Bien entendu, c'était à mon argent qu'il en avait.

Elle parlait comme si le fait d'être à la tête d'une fortune comme la sienne l'autorisait à fustiger la vénalité d'autrui.

– Cela aurait pu continuer comme ça, éternellement, conclut-elle.

Oui, cela aurait pu continuer... Tom émergea de l'obscurité du salon de musique, l'œil hagard et la mine bouleversée. Elaine détourna la tête comme si elle était affligée d'une maladie dégoûtante.

– Pourquoi ne me l'as-tu pas dit ? demanda le garçon à Hillman. Cela aurait pu changer bien des choses.

– Elles peuvent encore changer, répondit-il d'une voix déformée par une espérance plus lourde à porter que son désespoir précédent. Mon fils...

Il avança, les bras tendus, vers Tom, mais le jeune homme recula et sortit de la pièce. Hillman le suivit, d'une démarche mal assurée. Je les entendis monter l'escalier. Ils ne marchaient pas du même pas.

Dick Leandro se leva, hésitant comme s'il avait été délivré d'un obscur esclavage, et alla se servir un verre au bar.

Pour Elaine il n'était toujours question que d'argent :

– Eh bien, monsieur Archer ? Êtes-vous à vendre, oui ou non ?

Elle parlait avec le plus grand calme. Les ressorts que lui avait donnés sa fureur étaient arrivés à bout de course.

– Vous ne pourrez pas m'acheter.

– N'aurez-vous pas au moins pitié de moi ?

– Ma compassion ne saurait aller jusque-là.

– Je ne vous demande pas grand-chose : laissez-moi seulement dormir encore une nuit chez moi, dans ma maison.

– A quoi cela vous avancerait-il ?

– Je vais vous le dire. Je me suis constitué petit à petit une réserve considérable de somnifères...

– Depuis longtemps ?

– Pas loin d'un an. Cela fait au moins un an que j'ai touché le fond du désespoir...

– Vous auriez dû prendre vos cachets plus tôt.

– Avant tout ça ? C'est ce que vous voulez dire ?

Elle balaya la pièce d'un geste circulaire comme si elle était jonchée de cadavres.

– Avant tout ça, oui.

– Mais je ne pouvais mourir sans savoir. Ma vie était vide et dépourvue de sens. Il fallait que je découvre pourquoi.

– Et maintenant, elle vous semble plus riche, vous lui avez trouvé une signification ?

– Elle est terminée. Écoutez, monsieur Archer, j'ai été franche avec vous aujourd'hui. Vous me devez bien quelque chose en échange. Tout ce que je vous demande, c'est un peu de temps. Juste le temps d'avaler mes pilules.

– Non, madame Hillman.

– Vous me le devez bien, insista-t-elle. Je vous ai aidé autant que j'ai pu cet après-midi.

– Vous n'avez pas cherché à m'aider, madame Hillman. Vous ne m'avez rien dit de plus que ce que je savais déjà ou que ce que j'étais sur le point de découvrir. Vous m'avez bien avoué que Tom était un enfant adopté, mais en me dissimulant un fait d'une tout autre importance : qu'il était le fils naturel de votre mari. Et vous avez prétendu envers et contre tous que M. Hillman était stérile dans le seul but de brouiller les pistes : c'était en effet, pour vous, un mobile suffisant pour assassiner Carol Harley.

– Je crains que votre raisonnement ne soit trop subtil pour moi.

– Cela m'étonnerait. Vous êtes une personne subtile, madame Hillman.

– Subtile, moi ? Mais je ne suis qu'une pauvre sotte ! Le premier venu en savait plus long que moi sur ma propre vie... Donc, vous ne voulez pas m'aider ?

– Je ne peux pas. Je suis désolé. La police sera bientôt là.

Elle me dévisagea d'un air songeur.

– J'aurais encore le temps de me faire sauter la cervelle avec le revolver.

– Non.

– Vous êtes très dur.

– Ce n'est pas moi qui suis dur, madame Hillman. C'est la réalité qui vous rattrape.

La voiture du shérif roulait à présent dans l'allée. J'allai jusqu'à la porte du salon et criai à Bastian d'entrer. Elaine, derrière moi, poussa un soupir, le soupir d'une femme dévorée par le feu de la passion.

Mais sa passion était celle d'une solitaire. Elle tenait son tricot à deux mains : elle s'enfonça alors les deux aiguilles d'acier dans le cœur. Elle réitéra son geste avant que j'aie eu le temps de l'atteindre. Elle était parvenue à ses fins : elle mourut le lendemain au milieu de la journée.

ACHEVÉ D'IMPRIMER SUR LES PRESSES
DE COX & WYMAN LTD. (ANGLETERRE)

N° d'édition : 2551
Dépôt légal : juillet 1995
Imprimé en Angleterre